国际中文教育心理研究

蔡燕　编著

山东大学出版社
SHANDONG UNIVERSITY PRESS
·济南·

图书在版编目(CIP)数据

国际中文教育心理研究/蔡燕编著. --济南:山东大学出版社,2024. 12. -- ISBN 978-7-5607-8570-7

Ⅰ. H195;G44

中国国家版本馆 CIP 数据核字第 20246TK027 号

策划编辑　傅　侃
责任编辑　李淑敏
封面设计　连易安

国际中文教育心理研究

GUOJI ZHONGWEN JIAOYU XINLI YANJIU

出版发行　山东大学出版社
社　　址　山东省济南市山大南路 20 号
邮政编码　250100
发行热线　(0531)88363008
经　　销　新华书店
印　　刷　济南华林彩印有限公司
规　　格　720 毫米×1000 毫米　1/16
　　　　　16.5 印张　297 千字
版　　次　2024 年 12 月第 1 版
印　　次　2024 年 12 月第 1 次印刷
定　　价　86.00 元

编委会

（按音序排列）

本书系教育部中外语言交流合作中心国际中文教育研究课题“基于技术接受模型的中文学习者线上课程学习意愿研究”(项目批准号:21YH23C)、世界汉语教学学会全球中文教育主题学术活动资助计划“国际中文智慧教育背景下学习者线上学习投入实证研究”(项目批准号:SH23Y15)、山东省课程思政示范项目“教育心理学课程思政示范项目建设”(项目批准号:GJKCSZ014)、山东大学本科教育教学改革项目“基于虚拟学习社区的汉语通识课程创新案例与实证研究”(项目编号:2023Y082)研究成果。本书的出版得到山东大学国际教育学院经费资助。

前言

国家高度重视国际传播能力建设，同样高度重视国际中文教育和中外语言交流合作。在2023年5月29日中共中央政治局就建设教育强国进行的第五次集体学习上，习近平总书记强调，要积极参与全球教育治理，大力推进“留学中国”品牌建设，讲好中国故事、传播中国经验、发出中国声音，不断增强我国教育的国际影响力和话语权。习近平主席还多次复信来华留学生，勉励他们与中国伙伴、同行加强交流、互学互鉴，通过中文这一窗口深入了解中国、读懂中国，积极为深化国家间友谊与合作、推动构建人类命运共同体贡献力量。当前，国际中文教育的“朋友圈”持续扩大。截至2023年，全球已有180多个国家开展中文教育，8万余所大中小学及各级各类教育机构开设中文课程。海外学习中文人数超过3000万，累计学习和使用中文者接近2亿。蓬勃发展的国际中文教育，正有力促进中外人文交流、文化交融、民心相通，日益彰显语言交流合作在推动构建人类命运共同体进程中的重要作用。[①]

国际中文人才的培养质量直接影响“留学中国”品牌的树立，不仅关乎我国教育的国际影响力，还关乎国际传播事业的整体成效。高质量人才的培养，离不开对中文学习心理、中文学习者心理及中文教育教学心理研究成果的深度支撑与科学引领。作为与国际中文教育学科发展关系密切的基础学科之一，教育心理学能够为其提供深厚的学术理论滋养与严谨的研究范式支持。

那么，教育心理学是怎样一门学科？根据安妮塔·伍尔福克在《教育心理学（主动学习版）》中的定义，它“是一门研究学校内外学生的发展、学习、动机、教学与评估的学科。教育心理学家致力于理解教育提供者（如教师、家长或一台电脑）、教学内容（如数学、编织技术或跳舞）、受教育者（学生或一个团队）、教

① 马建飞：《国际中文教育：有力促进中外人文交流、文化交融、民心相通》，《中国新闻发布》（实务版）2023年第6期。

学环境(如教室、剧场或者健身房)之间的互动过程及其结果。”[1]教育心理学家们不仅探究学习和教学的理论问题,同时也致力于推动教育实践的改进。

自大学时代接触教育心理学以来,我便对这一学科深感兴趣。2003 年投身对外汉语教学,2005 年起开始讲授“教育心理学”课程。在二十余年的国际中文教育实践中,我日益感受到“教育心理学”与“国际中文教育”两大学科领域存在深刻的相通相融之处。前者聚焦于学习、学习者及教育教学心理的普遍规律与科学决策;后者则着眼于中文作为第二语言所特有的学习过程、学习者心理及教学应对策略。然而,或因国际中文教育学科发展初期的历史因素,以及从业者群体的特殊性,教育心理学对其学科发展的影响尚未充分显现。这体现在教育心理学理论成果的借鉴尚未充分展开,也在于相关研究范式与方法的系统引入仍有待推进。本书期望在这两个学科的交叉地带进行探索,以期促进国际中文教育与其他相关学科的深度融合,进而丰富国际中文教育学科自身的发展维度。

本书参照教育心理学的理论体系与核心内容,聚焦三大研究领域开展实证探索:学习与教学心理研究领域:围绕元认知、学习障碍、教学模式、教学质量评价等主题;社会文化对教育的影响研究领域:关注社会学习策略、跨文化人际交往、文化适应与职业适应等主题;智慧学习领域:探讨多媒体教学、微课、虚拟学习社区等主题。研究紧密结合国际中文教育的特殊性,充分考量其教育对象、教学内容及教学手段的独特性,采用以量化方法为主、质性方法为辅的研究路径,最终形成 15 篇学术论文的实证研究成果。

本书第一部分聚焦于国际中文教育学与教的心理研究。在教育心理学学科中,策略性知识、教学模式与质量评价均属核心概念与研究议题,且在普通教育学及学科教学研究领域已积累了丰硕成果。由此出发,本部分聚焦国际中文教育领域的相关问题展开探讨。《蒙古国大学生中文学习元认知调查研究》以引起和维持认知过程的“元认知”为核心内容,采用问卷法探讨蒙古国大学生中文学习中的元认知知识、元认知体验和元认知监控水平及个体差异。《来华预科学困生中文学习障碍质性研究》使用 Nvivo11 软件针对学困生的访谈资料进行基于扎根理论的研究,对照学优生学习行为表现,概括出学困生在学习障碍方面的浅层表现与深层表现。《汉语学习者听力策略与个体因素的相关性研

---

① [美]安妮塔·伍尔福克:《教育心理学(主动学习版)》,伍新春等译,机械工业出版社 2019 年版,第 18 页。

究》讨论性别、年龄、地域来源、学习动机、自我效能感、汉语水平等个体因素对听力策略使用的影响机制。《中级泰国学习者汉语语音偏误个案研究》聚焦语言要素之一——语音的偏误问题，结合对比分析理论、偏误分析理论和声调格局理论基于个案研究概括泰国学习者语音偏误的普遍共性与独特个性。《来华留学生课外汉语阅读调查研究》重点关注汉语学习者对课外自主阅读的行为、认知与预期。《泰国中文阅读课程项目教学法实验研究》探讨新型教学模式的应用及其在提高学生阅读能力的可靠性和学习者满意度问题。《学习者视角下的智利天主教大学孔子学院教学质量评价研究》利用教学效果评价问卷了解学习者对智利天主教大学孔子学院中文和文化学习体验的整体质量评价。本部分聚焦国际中文教育教与学的核心问题，旨在以点带面，探究中文学习者的学习心理机制，总结教学实践中的规律与特征，从而为学习者提供方法指导，并与教师及研究者分享教研见解，协同提升教学水平。

本书第二部分聚焦国际中文教育社会文化适应心理研究。教育心理学领域的重要理论——社会文化理论，关注个体心理发展，并深入探究文化与社会因素对学习者学习与发展的影响。该理论由苏联学者维果茨基(L. S. Vygotsky)首创。维果茨基认为，人类活动内嵌于特定文化情境之中，脱离这些文化环境便无法理解人类行为。我们独特的心理结构与思维过程源于社会互动，这些互动不仅影响认知发展，实质上正是它们构建了我们的认知结构与思维模式。维果茨基将发展定义为“外部社会互动向内部过程的转化”①。其关于语言、文化与认知发展的思想，已成为心理学与教育研究的主流，并构成第二语言教学研究领域的重要理论基石。分析中文学习者的学习过程与成效，必须将其置于新的社会文化环境中考量。因此，本部分重点探讨中文学习者在中国语境下的社会文化适应心理。《蒙古国来华留学生人际交往情况调查》描述蒙古国来华留学生朋友圈的基本情况和交际认知心理，归纳出交往类型，探讨影响人际交往的主要障碍及其原因。《来华中文学习者社会策略调查研究》调研社会策略使用频率与中文学习者个体因素差异之间的关联，帮助国际中文教师和学习者增强对社会策略的科学认识。《来华留学生对中国传统节日认知、情感与体验调查研究》较为详细地了解来华留学生对中国传统节日的认知程度、情感态度、参与动机，对于节日是如何以“一种活态文化形式”潜移默化地为留学

---

① [美]安妮塔·伍尔福克：《教育心理学(主动学习版)》，伍新春等译，机械工业出版社2019年版，第43页。

生所感知、接受和参与的问题做了较为深入的探讨。《“一带一路”沿线国家职业中文教育的发展及前景分析》从国家发展战略、语言本身属性、个体自身发展角度阐述职业中文教育的重要价值,提出若干发展路径,以服务于“一带一路”沿线国家的紧密合作和高质量发展。国际中文教育是教育国际交流合作的重要组成部分,是促进中国融入世界、世界了解中国的重要平台,同时助力各国民众拓展人生和职业发展。学习者在进行中文学习或职业中文学习的过程中,新语言与异文化不仅带来了新知识、新技能与新体验,也为他们的社会化提供了滋养,同时,也带来了学业适应、文化适应、社会适应与心理适应等多方面的跨文化适应挑战。本部分内容聚焦于社会文化适应心理问题,开展了多维度的考察与探究,期望研究成果能为提升国际中文教育品质、加强我国国际传播能力建设提供参考。

本书第三部分聚焦于国际中文教育的智慧学习心理研究。“技术应如何促进学习?”是教育心理学领域的核心议题,多媒体学习的认知理论与实践、虚拟学习社区的建设与应用等前沿方向已成为研究热点。本部分以技术的教育应用为切入点,围绕国际中文教育中的相关问题展开深入探讨。《泰国学习者中文学习软件使用情况调查研究》针对深受泰国年轻人青睐的中文学习软件进行调研,分析各类软件的功能特点,并详细探讨学习者使用评价。《蒙古国汉字课程多媒体教学研究》详述教学实验过程,比较实验组和对照组的汉语学习成绩,讨论蒙古国汉字课程多媒体教学成效。《基于具身认知理论的中文语法实景微课建设与应用研究》阐述研发语法实景微课的原则,介绍项目建设要素和过程,阐述基于实景系列微课的语法教学目标和实际教学应用。《Padlet 虚拟学习社区的国际中文课程应用与学习者满意度研究》以 Padlet 交互平台虚拟学习社区建设实践为依托,剖析课程创新案例,基于实证研究数据对其主要功能模块开展满意度评价。随着计算机与网络技术的迅猛发展,国际中文学习者日益沉浸于技术丰富的学习环境中,国际中文教育也在技术革命的推动下孕育着新变革,中文智慧学习应运而生。本部分聚焦技术赋能下的国际中文教育智慧学习、教学实践、平台与资源建设等核心议题,旨在凝练教学经验,探究智慧学习的心理机制。当前,国际中文智慧教育发展方兴未艾,相关学习与教学心理研究主题丰富、内容广泛,未来此领域具有广阔的探索空间。

在持续关注教育心理学与国际中文教育学科关联性的过程中,我们越发认识到教育心理学丰厚的理论积淀与研究成果,能够为国际中文教育研究提供丰富的富有趣味的研究命题与内容，并在研究范式与方法论上提供重要借鉴与支撑。随着国际中文教育事业向专业化与国际化纵深发展，该学科亟需秉持更加开放的学术姿态，积极汲取相关学科滋养，运用更为严谨多元的研究方法，深入开展教与学的创新实践与科学研究。本书坚持以学习者为中心，贯彻有效学习与有效教学的理念。一方面，从教育心理学中汲取研究主题，综合运用量化与质化方法开展实证研究，旨在推动国际中文教育领域心理研究的材料、内容、方法及理论创新，努力契合学科跨学科融合发展的内在需求，为国际中文教育学科开辟新的创新增长点；另一方面，期望研究成果能够为中文教与学实践中的真实问题情境提供科学依据与实践参照，以有效回应国际中文教育实践发展的现实挑战。

本书由我与研究团队共同完成，也是科研育人实践成果的集中呈现。团队成员主要由我指导的在读及已毕业的博士研究生、硕士研究生和本科生构成，包括 11 名中国学生与 8 名国际学生。本书共汇集 15 篇论文，每篇论文在选题、文献综述、研究设计、数据收集（含调查与访谈）、数据处理、统计分析、文稿撰写与修改润色等各环节，均由我与一至两名团队成员协作完成。下文将逐一列示各篇论文除本人以外的合作作者信息。

1. 蒙古国大学生中文学习元认知调查研究（满都海、王婷）
2. 来华预科学困生中文学习障碍质性研究（王婷）
3. 汉语学习者听力策略与个体因素的相关性研究（赵世浩）
4. 中级泰国学习者汉语语音偏误个案研究（王鑫杰）
5. 来华留学生课外汉语阅读调查研究（杨肖）
6. 泰国中文阅读课程项目教学法实验研究（伍玉宁、张晋）
7. 学习者视角下的智利天主教大学孔子学院教学质量评价研究（白希希、宋颐）
8. 蒙古来华留学生跨文化人际交往问题研究（策温佳布、李婷玉）
9. 来华中文学习者社会策略调查研究（周思丽、李扬）
10. 来华留学生对中国传统节日认知、情感与体验调查研究（刘安怡、宋颐、王丽华）
11. “一带一路”沿线国家职业中文教育的发展及前景分析（刘菁琨）
12. 泰国学习者中文学习软件使用情况调查研究（王雪明、李扬）
13. 蒙古汉字课程多媒体教学研究（祖拉、康琰）

14. 基于具身认知理论的中文语法实景微课建设与应用研究(张秋雨)

15. Padlet虚拟学习社区的国际中文课程应用与学习者满意度研究(洪碧凤)

各位作者目前的单位如下,按音序排列:

蔡 燕:山东大学国际教育学院教授,硕士研究生导师,博士研究生合作导师

洪碧凤:山东大学新闻传播学院硕士研究生

康 琰:山东大学国际教育学院硕士研究生

李婷玉:深圳小学光明学校中心校区教师

李 扬:2020年9月至2023年7月就职于山东轻工职业学院

刘菁琨:中国教育学会发展规划部项目主管

宋 颐:北京第一实验学校教师

王 婷:河南开放大学辅导员

王丽华:山东技师学院高级讲师

王鑫杰:深圳市高级中学高中园有为高中教师

杨 肖:天津滨海高新技术产业开发区第一学校教师

赵世浩:韩国加图立大学中语中文学科博士研究生

张 晋:中国人民大学附属中学朝阳学校教师

张秋雨:新加坡国立大学苏州研究院教育管理办公室职员

[蒙古国]Mandukhai Sainzaya(满都海):山东大学国际教育学院硕士毕业生,中国驻蒙古国大使馆工作人员

[智利]María Cecilia Balharry Rovegno(白希希):山东大学国际教育学院硕士毕业生,智利天主教大学孔子学院教师

[泰国]Jiranut Boonkong(伍玉宁):山东大学国际教育学院博士研究生,泰国清莱府攀县中学教师

[泰国]Sarida Poom-amorn(王雪明):山东大学国际教育学院本科毕业生,南方航空物流有限公司曼谷营业部货运销售

[法国]Titiworada Kaewkalong(刘安怡):山东大学国际教育学院硕士毕业生,法国雷恩二大CIREFE语言中心学生

[蒙古国]Tseveenjav Enkhbayar(策温佳布):山东大学国际教育学院硕士毕业生,蒙古国光明外语培训中心教师

［泰国］Warisara Sawaengsri（周思丽）：山东大学国际教育学院硕士毕业生，海尔电器（泰国）有限公司职员

［蒙古国］Zulgerel Jargalsaikhan（祖拉）：山东大学国际教育学院博士研究生，蒙古国国立教育大学教师

如今，我的学生们有的继续深造，有的已毕业投身职场。中国学生大多从事教育工作，外国学生则投身国际中文教育事业或从事与中国经贸紧密相关的工作。当得知我们将出版论文集的消息时，大家无不欣喜万分。回想当初我们共同投入一个个国际中文教育心理研究课题的时光，心中仍感兴奋与喜悦。每一篇论文都是集体智慧的结晶，记录着我和同学们并肩奋斗的点点滴滴。愿我们对于国际中文教育心理研究的认识、理解和思考，能为同行们带来些许启发；也愿我们每个人，都能永远心怀温暖、身披光芒，在各自的道路上坚定前行！

我所在的山东大学国际教育学院始终支持教师教学与科研发展，同时关心学生通过科研参与经历获得成长，并对本书的出版提供了经费资助。在此，我和同学们向学院表示深切的感激！此外，谨向山东大学出版社傅侃编辑致以诚挚谢意，感谢其高效的工作与鼎力支持！在书稿撰写过程中，我们参考并汲取了学界前辈的诸多研究成果，在此深表谢忱。囿于学识、精力与阅历，书中疏漏之处在所难免，恳请专家学者不吝赐教，也诚恳地欢迎读者朋友批评指正！我们更期盼能与志同道合的学界同仁，未来就国际中文教育心理学相关议题展开深入研讨。

蔡燕

2024 年 3 月 20 日

目　录

第一部分　国际中文学与教的心理研究

第二部分　国际中文跨文化适应心理研究

第三部分　国际中文智慧学习心理研究

第一部分

国际中文学与教的心理研究

蒙古国大学生中文学习元认知调查研究*

【摘要】元认知对第二语言学习活动具有积极影响，是保证学业成功的高级认知技能。本篇主要采用量化方法调查了蒙古国大学生中文学习元认知的总体情况，并探索了个体差异。研究结果表明，蒙古国大学生中文学习元认知水平整体较高；在性别、学历、中文学习所在国、喜欢中文程度以及中文水平上呈现一定的差异性。基于实证研究发现，在增强学习策略知识、提高学习执行力、树立学习榜样等方面提出有针对性的建议。

【关键词】蒙古国大学生　中文学习　元认知　个体差异

引　言

随着心理学家对元认知研究的深入，二语习得研究者逐步认识到元认知的重要作用和价值。马里和查莫特(Malley and Chamot)、奥克斯福德(Oxford)等学者将元认知成分纳入第二语言学习策略研究中。贝克和布朗(Baker and Brown)认为元认知对各种外语学习活动都有积极影响，是保证学习活动成功的更高级的技能。①

随着全球中文学习者的数量不断增加，教育部于 2018 年首次专门针对来

* 本研究系世界汉语教学学会全球中文教育主题学术活动资助计划“国际中文智慧教育背景下学习者线上学习投入实证研究”(项目批准号：SH23Y15)的阶段性研究成果。

① 参见肖武云：《元认知与外语学习研究》，上海交通大学出版社 2011 年版，第 29 页。

华留学生制定了《来华留学生高等教育质量规范（试行）》①，旨在以质量促发展。中文学习者的元认知水平既影响着学习效果，也关系到外国留学生的培养质量。

蒙古国是中国的友好邻邦。近年来，中蒙两国在经贸、科技等领域的合作进一步扩大，在文化与教育方面的交流也越来越丰富。与此同时，蒙古国掀起了学习中文的热潮，学习中文的人数日益增加。开展蒙古国大学生中文学习元认知研究对引导学生自主学习、促进国际中文教育事业发展具有理论价值和实践意义。

二、文献综述

（一）元认知的定义与分类

弗拉维尔（Flavell）在 1976 年提出元认知（Metacognition）的概念。元认知是关于认知的认知，是关于自我认知过程的知识和调节这些过程的能力。元认知概念被引入国内之后，中国学者也不断反思元认知概念的内涵，深入思考其要素。目前的观点多倾向于元认知由三部分构成，元认知知识、元认知体验和元认知监控，如董奇②、汪玲等③。

元认知知识是指那些会对学习过程产生影响的知识。它包括三方面：一是有关个人作为学习者的知识，二是有关学习对象的知识，三是有关学习策略方面的知识。元认知体验是伴随认知活动而产生的认知体验或情感体验，积极的元认知体验会激发认知热情，调动认知潜能，从而提高认知加工的速度和有效性。元认知监控是指个体在认知活动进行中，为达到预定的目标，借助元认知体验，运用元认知知识对认知活动不断进行积极、自觉的监控和调节，包括计划、评价、调整。

---

① 参见《教育部关于印发〈来华留学生高等教育质量规范（试行）〉的通知》，2018 年 10 月 9 日，http://www.moe.gov.cn/srcsite/A20/moe_850/201810/t20181012_351302.html。

② 参见董奇：《论元认知》，《北京师范大学学报》1989 年第 1 期。

③ 参见汪玲、郭德俊：《元认知的本质与要素》，《心理学报》2000 年第 4 期。

(二)英语作为第二语言学习元认知的研究

目前关于英语学习者元认知的研究主要集中在以下三个方面。

第一,元认知在教学和学习中的应用。主要包括元认知策略训练与培养,元认知在英语听力、阅读、写作等方面的应用研究,如赵彩然、马玉学[①]、陈意德[②]、邓莉[③]、李少玲[④]、刘芳[⑤]。

第二,元认知与其他学习心理要素的相关性探讨。主要涉及元认知与学习动机、焦虑、学业成绩等关系的研究,如邓巧玲[⑥]、苏琪[⑦]。

第三,元认知策略对比分析。包括学业成绩高分者和低分者对比、不同专业学生对比等,重点分析学习者在计划、评价等策略使用上的差异,如文秋芳[⑧]、陶文好[⑨]。

(三)中文作为第二语言学习元认知的研究

目前关于中文学习者元认知的研究主要集中在以下两个方面。

第一,将元认知策略作为中文学习策略总体研究的一个部分开展探讨。主要有计划、监控和调节能力的调查研究,涉及中文整体元认知策略的使用情况,如江新[⑩]、李强等[⑪]、王全义[⑫];涉及具体学习类型中元认知策略的使用,在阅读、

① 参见赵彩然、马玉学:《外语教学中的元认知策略训练实证研究》,《河北大学学报》(哲学社会科学版)2010 年第 4 期。

② 参见陈意德:《大学英语专业学生元认知语言学习策略能力培训研究》,《湖南科技大学学报》(社会科学版)2011 年第 1 期。

③ 参见邓莉:《基于元认知策略的高职英语听力教学实证研究》,《教育与职业》2011 年第 24 期。

④ 参见李少玲:《元认知理论在英语阅读教学中的运用》,《教学与管理》2012 年第 33 期。

⑤ 参见刘芳:《旨在培养学生元认知能力的英语写作教学实践》,《外国语文》2014 年第 3 期。

⑥ 参见邓巧玲:《中国非英语专业大学生听力元认知意识、听力焦虑和听力水平的相关性研究》,《外语教学》2015 年第 5 期。

⑦ 参见苏琪:《远程学习者外语学习中的元认知与自我效能感研究》,《北京邮电大学学报》(社会科学版)2016 年第 3 期。

⑧ 参见文秋芳:《管理策略在英语学习中的作用》,《教学与教材研究》1996 年第 4 期。

⑨ 参见陶文好:《非英语专业学生英语元认知策略对比——个案研究》,《外语教学》2009 年第 1 期。

⑩ 参见江新:《汉语作为第二语言学习策略初探》,《语言教学与研究》2000 年第 1 期。

⑪ 参见李强、姚怡如、刘乃仲:《汉语学习策略与个体因素的相关性研究》,《语言教学与研究》2011 年第 1 期。

⑫ 参见王全义:《预科留学生汉语学习成功者的策略调查研究》,《云南师范大学学报》(对外汉语教学与研究版)2013 年第 5 期。

写作、听力等方面，如吴华①、徐丽华等②、陈东芳等③；此外，还涉及部分国别的研究，包括韩国、日本等，如钱玉莲④、吴思娜⑤。蒙古国学生中文学习元认知的研究文献相对匮乏，一些关于蒙古国学生中文学习策略的研究中涉及元认知策略，如武怡宏⑥、张瑞芳等⑦。

第二，中文元认知的培养问题。如吴勇毅论述了对中文学习者学习策略培训的重要性，并在意大利学生中文学习策略使用的个案分析中提到了中文元认知策略的提高方法。⑧

从目前成果来看，首先，国内关于英语作为第二语言学习的元认知研究框架比较全面，但关于中文元认知情况的探讨多限于元认知策略，对元认知的认识有窄化倾向；其次，有关蒙古国大学生元认知情况的研究数量有限，需要开展探索性的研究。本篇尝试采用量化方法，探讨包括蒙古国大学生元认知知识、监控和体验在内的元认知整体面貌，并分析个体差异，以期增强对蒙古国大学生中文学习元认知的全面认识。

三、研究设计

（一）研究对象

调查对象涉及蒙古国立大学中文系大二至大四的学生和山东大学蒙古国大学生。本次共发放调查问卷 100 份，回收 87 份，有效问卷 70 份。其中，男生

① 参见吴华：《元认知策略在对外汉语阅读教学中的应用》，《民族教育研究》2010 年第 3 期。

② 参见徐丽华、彭璐莹：《外国学生汉语写作元认知策略研究》，《浙江师范大学学报》（社会科学版）2010 年第 6 期。

③ 参见陈东芳、孔雪晴：《中亚留学生汉语听力元认知策略论析——以新疆师范大学中亚留学生为例》，《云南师范大学学报》（对外汉语教学与研究版）2012 年第 5 期。

④ 参见钱玉莲：《韩国学生中文阅读学习策略调查研究》，《世界汉语教学》2006 年第 4 期。

⑤ 参见吴思娜：《词汇、句法和元认知策略对日本学生汉语阅读理解的影响》，《语言教学与研究》2016 年第 2 期。

⑥ 参见武怡宏：《蒙古国初级汉语学生学习策略研究》，山东大学硕士学位论文，2012 年，第 1 页。

⑦ 参见张瑞芳、格萨茹拉：《蒙古国留学生汉语学习策略特征及差异性研究》，《内蒙古师范大学学报》（自然科学汉文版）2015 年第 1 期。

⑧ 参见吴勇毅：《不同环境下的外国人汉语学习策略研究》，上海师范大学博士学位论文，2007 年，第 115～189 页。

20人、女生50人。蒙古国立大学中文系学生共51人，其中，二年级学生8人、三年级学生23人、四年级学生20人；山东大学蒙古国学生19人。

(二)研究工具

调查问卷分为两部分。第一部分为基本信息，主要包括姓名、性别、中文水平、中文学习时长等，共12道题目。第二部分为蒙古国大学生中文学习元认知量表，共32道题目，分为3个维度：元认知知识、元认知监控、元认知体验。元认知知识包括关于个人的元认知知识、关于任务的元认知知识和关于学习策略的元认知知识；元认知监控包括计划、调整和评价；元认知体验包括坚持程度、兴趣程度、信心程度、满意程度。量表采用李克特(Likert)5点计分法，从"我从来没有或几乎没有"到"我一直如此或几乎如此"5个等级来计分。分值越大，表示元认知水平越高。

三、结果与分析

(一)蒙古国大学生中文学习元认知总体情况

为探究蒙古国大学生中文学习元认知总体情况，对元认知的3个维度进行描述性统计，结果如表1所示。

表1　蒙古国大学生中文学习元认知总体情况描述

维度	最小值	最大值	均值	标准差
元认知知识	2.29	4.79	3.6531	0.5959
元认知监控	2.00	4.71	3.5837	0.6024
元认知体验	1.75	4.75	3.6571	0.62869

整体而言，蒙古国大学生中文学习元认知知识、元认知监控、元认知体验3个维度均值都大于3.5，元认知水平整体较高，但三者之间差异不显著。均值从高到低依次为元认知体验、元认知知识、元认知监控。

元认知知识主要涉及关于自己的知识、关于任务的知识和关于学习策略的知识。关于自己的元认知知识主要指学习者了解自己的学习风格、学习能力、长处和不足等。关于任务的知识包括对学习材料、学习内容、学习任务等的认知。关于学习策略的元认知知识涉及认知活动的策略类型，各种策略的优缺点，它们使用的具体条件、情境以及对于不同的认知活动和认知任务采取什么样的策略最有效等。

在元认知知识维度，如表 2 所示，关于任务的元认知知识均值最高，这说明蒙古国大学生明确中文学习任务的目的和性质，了解学习材料的结构特点、呈现方式等。关于自己的元认知知识均值位列第二，这说明他们自我定位比较清晰，能认识到自己的学习能力、优点、缺点等。关于学习策略的元认知知识均值最低，说明蒙古国大学生的学习策略知识有待增强。

表 2　蒙古国大学生中文学习元认知知识情况描述

维度	最小值	最大值	均值	标准差
关于自己的元认知知识	2.20	5.00	3.6886	0.6695
关于任务的元认知知识	2.00	5.00	3.7607	0.7115
关于学习策略的元认知知识	1.40	4.80	3.5314	0.6469

元认知监控包括计划、调整和评价的能力。计划是认知活动的准备过程。调整是积极体验学习过程，并不断做出不同的反应，主要体现在学习者能否意识到自己学习过程中遇到的问题并及时解决，能否根据学习情况灵活调整学习内容，能否积极地排除外界干扰等。评价是学生在完成学习任务后，及时进行回顾总结的能力。完成学习任务后，学习者对自己的学习结果进行评价，检验自己的学习结果是否达到了目标要求，如果没有，则分析其原因及不足之处。

在元认知监控维度，如表 3 所示，计划均值最高，这说明蒙古国大学生在学习中文的过程中善于制订计划，能够自主安排学习时间，以及根据学习任务设置合理的学习目标，这种方式有利于学习者取得良好的学习效果。其次是评价，均值最低的是调整，两者均值比较接近。这说明相较于制订计划，学习者的评估、调节能力稍弱。学习过程由学习者自己掌控，但很多蒙古国大学生更习惯在传统课堂上由老师通过分数来进行评价，这可能使学生在学习过程中缺乏自我评价的意识和主动性。

表 3　蒙古国大学生中文学习元认知监控情况描述

维度	最小值	最大值	均值	标准差
计划	2.40	4.80	3.6200	0.6196
调整	1.75	4.75	3.5607	0.6869
评价	1.40	4.60	3.5657	0.6724

元认知体验是认知活动过程中所产生的情绪体验，能够直接影响学习者的学习热情和认知潜能。积极的情绪体验会激发学习者的热情，消极的情绪体验则不利于调动学习者的认知潜能。

表 4　蒙古国大学生中文学习元认知体验情况描述

维度	最小值	最大值	均值	标准差
坚持程度	1.00	5.00	3.5000	0.7755
兴趣程度	1.00	5.00	3.6571	0.8145
信心程度	1.00	5.00	3.8143	0.9056
满意程度	1.00	5.00	3.6571	0.9307

在元认知体验维度，如表 4 所示，信心程度均值最高，其次为兴趣程度和满意程度，坚持程度均值最低。这表明，蒙古国大学生学习中文时充满信心，坚信自己可以学好中文，也有较浓的兴趣和较高的满意度，相对来说，学习者的毅力问题需予以重视。

（二）蒙古国大学生中文学习元认知差异分析

本次调查的蒙古国大学生的性别、学历、中文学习所在国、喜欢中文程度、中文水平不同，由于个体差异的存在，学习者的元认知情况可能会存在不同。

1.不同性别的蒙古国大学生中文学习元认知差异

本次调查中，有女生 50 人、男生 20 人，我们将其分为 2 组来探索不同性别的蒙古国大学生中文学习元认知情况是否存在差异。

如表 5 所示，总体来看，在学习中文过程中男生的元认知水平较高，两者在元认知体验上差异较显著。不同性别的蒙古国大学生的中文学习元认知水平具有一定的区别。从图 1 可以更为直观地发现，在关于个体的元认知知识这一子类上，两者均值相似；在关于任务的元认知知识，关于学习策略的元认知知识、计划、调整、评价、坚持、兴趣、信心和满意方面，男生的均值高于女生，尤其是在坚持、兴趣、满意 3 个子类上，两者差异较大。

表 5　不同性别的蒙古国大学生中文学习元认知情况描述

维度	性别	人数	均值	标准差
关于自己的元认知知识	女	50	3.6920	0.7117
	男	20	3.6800	0.5672
关于任务的元认知知识	女	50	3.7350	0.7977
	男	20	3.8250	0.4376
关于学习策略的元认知知识	女	50	3.4840	0.6352
	男	20	3.6500	0.6771
计划	女	50	3.5600	0.6312
	男	20	3.7700	0.5778
调整	女	50	3.4750	0.6532
	男	20	3.7750	0.7385
评价	女	50	3.5040	0.6848
	男	20	3.7200	0.6305
坚持程度	女	50	3.4000	0.7559
	男	20	3.7500	0.7864
兴趣程度	女	50	3.5200	0.7624
	男	20	4.0000	0.8584
信心程度	女	50	3.7400	0.9649
	男	20	4.0000	0.7255
满意程度	女	50	3.4800	0.9311
	男	20	4.1000	0.7881

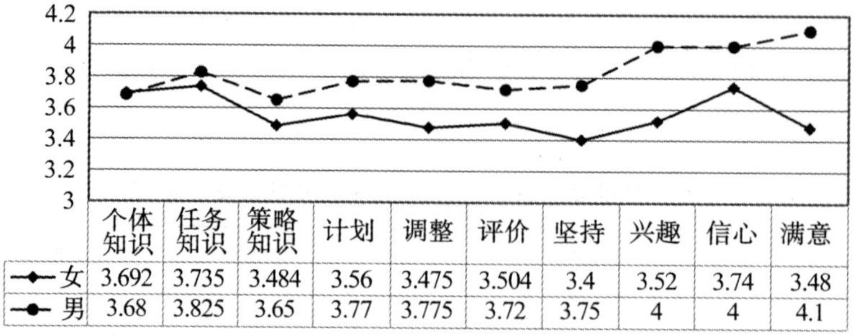

图 1　不同性别的蒙古国大学生中文学习元认知差异折线图

从个体的心理发展特点来看，男生具有较高的元认知水平，这可能是因为其更具有发散性、批评性思维，在自我意识上反思性较强。男生和女生在元认知体验上差别较大的原因可能与男女性格有关，多数蒙古国男生性格比较外向、爱动、喜欢质疑，而蒙古国女生比较内向、喜静。

2.不同学历水平的蒙古国大学生中文学习元认知差异

本次调查中，有本科生 55 人、硕士生 15 人，将其分为 2 组来探索不同学历水平的蒙古国大学生的中文学习元认知情况是否存在差异。

从表 6 和图 2 可见，在关于个体和学习策略的元认知知识上，本科生和硕士生比较接近；在计划、调整、评价、坚持、兴趣、满意方面，本科生高于研究生；在关于任务的元认知知识和信心这两方面，研究生高于本科生。造成差异的原因可能与学习者所处的学习状态不同有关。

表 6　不同学历水平的蒙古国大学生中文学习元认知情况描述

维度	学历水平	人数	均值	标准差
关于自己的元认知知识	本科生	55	3.6909	0.6264
	研究生	15	3.6800	0.8343
关于任务的元认知知识	本科生	55	3.6727	0.6453
	研究生	15	4.0833	0.8643
关于学习策略的元认知知识	本科生	55	3.5309	0.5928
	研究生	15	3.5333	0.8406
计划	本科生	55	3.6655	0.6038
	研究生	15	3.4533	0.6696

续表

维度	学历水平	人数	均值	标准差
调整	本科生	55	3.6409	0.6558
	研究生	15	3.2667	0.7408
评价	本科生	55	3.6255	0.5988
	研究生	15	3.3467	0.8831
坚持程度	本科生	55	3.6364	0.6767
	研究生	15	3.0000	0.9258
兴趣	本科生	55	3.7091	0.76189
	研究生	15	3.4667	0.99043
信心	本科生	55	3.7636	0.79264
	研究生	15	4.0000	1.25357
满意	本科生	55	3.7818	0.85399
	研究生	15	3.2000	1.08233

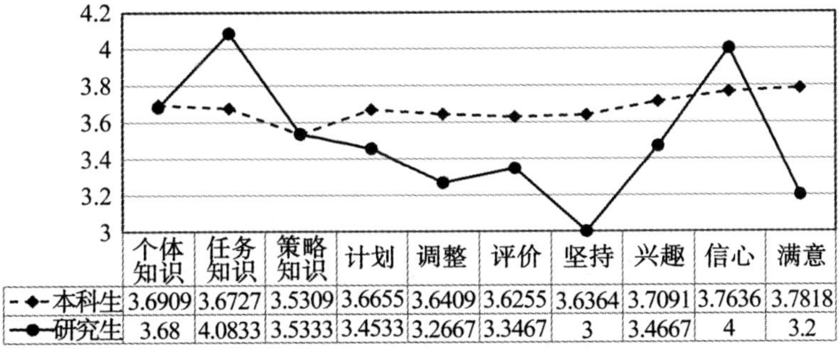

图 2　不同学历水平的蒙古国大学生中文学习元认知差异折线图

参与本次调查的蒙古国本科学生处于中文学习的初级阶段，一般接受蒙古国老师的母语授课，能比较容易地理解各类中文知识，学习任务轻、难度小，因此，学习兴趣和满意度较高。同时，教师定时布置作业、安排复习、进行检查，对学生学业的关注和管理也较多，这能引导学生持续地调控自己的学习进程。

参与本次调查的蒙古国研究生学习中文的时间相对更长，具有更多学习经验，因此，对待学习任务有更清晰的认识，在中文听、说、读、写技能方面更为自信。但来到中国攻读研究生，蒙古国学生面临的压力更大、挑战更多，学业要求更高。用中文听专业课的压力、完成专业作业或报告的难度越来越大，来自教师的监督却越来越少，有些学生的自主学习意识和能力有待提高。因此，蒙古国研究生可能会出现自我学习监控能力不足，学习满意度不高的情况。

3.不同学习所在国的蒙古国大学生中文学习元认知差异

根据中文学习所在国的情况，将调查对象分 2 组来探讨学习元认知是否存在差异，具体情况见表 7。其中，在中国学习的蒙古国大学生 19 人，在蒙古国学习的蒙古国大学生 51 人。

表 7　不同学习所在国的蒙古大学生中文学习元认知情况描述

维度	学习所在国	人数	均值	标准差
关于自己的元认知知识	中国	19	3.7579	0.7618
	蒙古国	51	3.6627	0.6381
关于任务的元认知知识	中国	19	4.0263	0.8287
	蒙古国	51	3.6618	0.6439
关于学习策略的元认知知识	中国	19	3.6000	0.8083
	蒙古国	51	3.5059	0.5829
计划	中国	19	3.5158	0.6710
	蒙古国	51	3.6588	0.6017
调整	中国	19	3.3553	0.7697
	蒙古国	51	3.6373	0.6448
评价	中国	19	3.5158	0.8877
	蒙古国	51	3.5843	0.5822
坚持程度	中国	19	3.1579	0.8983
	蒙古国	51	3.6275	0.6917
兴趣程度	中国	19	3.4737	1.0203
	蒙古国	51	3.7255	0.7233

续表

维度	学习所在国	人数	均值	标准差
信心程度	中国	19	3.9474	1.1291
	蒙古国	51	3.7647	0.8146
满意程度	中国	19	3.2632	1.0976
	蒙古国	51	3.8039	0.8251

在元认知知识上，在中国学习中文的蒙古国大学生的整体均值高于在蒙古国学习中文的蒙古国大学生。尤其是关于任务的元认知知识方面，差异明显。这说明在中国学习中文的蒙古国大学生自我定位更清晰，对学习任务的认识更到位，掌握更多的学习策略知识。

在元认知监控上，在蒙古国学习中文的蒙古国大学生的整体均值高于在中国学习中文的蒙古国大学生，这说明在自己国家学习中文的蒙古国大学生更注重监控、调节自己的中文学习情况。在中国学习的蒙古国大学生除了完成课堂学业任务外，在课下有了更多元的选择，他们可以去参加各类活动、交友、旅游等等，这对自我监控能力较弱的学生必然带来一些影响，可能会导致学业计划性、监控度、满意度等不够理想。

在元认知体验上，除信心程度外，其他类别的元认知均值都是在蒙古国学习中文的蒙古国大学生高于在中国学习中文的蒙古国大学生。这说明，在自己国家学习中文的蒙古大学生兴趣较浓、韧性较强、满意度较高，而在中国学习中文的蒙古国大学生信心更足。这一结果可能跟在中国学业难度加大、学习者自我调节学习能力有限、环境因素干扰等有关。此外，可能也受研究对象数量的限制，本次调查对象中在蒙古国的学习者远多于在中国的学习者，这可能对结果造成了一定影响。

4.喜欢中文程度不同的蒙古国大学生中文学习元认知差异

根据调查对象喜欢中文的程度将其分为 3 组，探索喜欢中文程度不同的蒙古国大学生元认知情况是否存在差异(见表 8)。其中，33 人喜欢中文、21 人比较喜欢中文、16 人很喜欢中文。

表 8　喜欢中文不同程度的蒙古大学生中文学习元认知情况描述

维度	喜欢中文程度	人数	均值	最小值	最大值	标准差
元认知知识	喜欢	33	3.3247	2.29	4.36	0.5179
	比较喜欢	21	3.9048	2.86	4.64	0.4740
	很喜欢	16	4.0000	2.43	4.79	0.5545
元认知监控	喜欢	33	3.3074	2.00	4.43	0.5388
	比较喜欢	21	3.7755	2.57	4.71	0.5635
	很喜欢	16	3.9018	2.43	4.64	0.5470
元认知体验	喜欢	33	3.4318	1.75	4.50	0.6413
	比较喜欢	21	3.8214	2.50	4.75	0.5485
	很喜欢	16	3.9062	2.50	4.75	0.5692

在元认知知识、监控、体验 3 个维度的水平会随着喜欢中文程度的升高而升高，这说明喜欢中文程度不同的蒙古国大学生的元认知水平具有一定的差异。蒙古国大学生越喜欢中文，那么自我定位就越清晰，越了解自身的情况以及学习任务的特点，越能积极地寻找适合自己的学习策略；越善于进行自我管理，主动制订计划，更好地安排自己的学习日程，定期检查、评估学习情况，及时总结、补救、调整；情感体验也越良好，也更能坚持不懈、持之以恒，学习兴趣浓厚，充满信心，对自己的学习情况更为满意。

5.不同中文水平的蒙古国大学生中文学习元认知差异

我们又将被调查的学习者按中文水平分为 3 组，来探索中文学习元认知水平是否存在差异（见表 9）。以汉语水平考试（HSK）为标准，区分为低水平组（HSK3 级及以下水平），中水平组（HSK 4 级水平），高水平组（HSK 5 级、6 级水平）。其中，低水平组学生 15 人，中水平组为 16 人，高水平组为 39 人。

表 9　不同中文水平的蒙古国大学生中文学习元认知情况描述

维度	中文水平	人数	均值	最小值	最大值	标准差
元认知知识	低水平	15	3.0619	2.43	3.64	0.4066
	中水平	16	3.7946	3.07	4.43	0.3868
	高水平	39	3.8223	2.29	4.79	0.5908

续表

维度	中文水平	人数	均值	最小值	最大值	标准差
元认知监控	低水平	15	3.1667	2.43	3.86	0.4850
	中水平	16	3.6920	2.86	4.50	0.4146
	高水平	39	3.6996	2.00	4.71	0.6458
元认知体验	低水平	15	3.2500	2.25	3.75	0.4725
	中水平	16	3.8594	3.25	4.50	0.3976
	高水平	39	3.7308	1.75	4.75	0.6963

总的来看，中水平组和高水平组的蒙古国大学生在元认知知识、元认知监控和元认知体验三方面差别较小。但是，低水平组和中水平组、高水平组的学生之间存在较为显著的差异。

中高水平的中文学习者元认知水平都比较高。经过一段时间的学习，学习者不断摸索，会比较了解自己的情况，能把握一定的中文学习规律，努力寻找适合自己的学习方法，逐步提高自我监控能力，不断积累成功经验。学习结果的自我满意，会让学习者的学业情感体验渐入佳境，让整个学习进入良性循环。

低水平的学习者均值最高的是元认知体验，其次是元认知监控，均值最低的是元认知知识。中文初学者学业情感体验较好，可能与初期学习任务较为简单有关。但学习者刚开始学习中文，一切都处于摸索阶段，因此，可能对自己的中文学习情况了解不够深入，还缺乏较为丰富的学习策略。

五、研究发现与建议

元认知对第二语言学习活动具有积极影响，是保证学业成功的高级认知技能。本篇主要采用量化方法调查了蒙古国大学生中文学习元认知的总体情况，并探索了个体差异。研究结果显示，蒙古国大学生中文学习元认知水平整体较高，但仍有提升空间。在元认知知识上，关于学习策略的元认知知识均值最低，有待增强；在元认知监控上，相较于计划维度，评估和调节维度均值较低，学习者的执行力有待提高；在元认知体验上，坚持程度均值最低，学习者的毅力问题须予以重视。性别、学历、中文学习所在国、喜欢中文程度以及中文水平的不同，会导致蒙古国大学生的中文学习元认知水平具有一定的差别。

元认知在第二语言学习中不可或缺，它有利于帮助学习者改进学习方法，提高自主学习能力，增强学习效果。因此，中文教师应注重培养学生的元认知意识与能力，根据个体差异，为学生制订个性化的元认知训练方案。针对研究中发现的问题，我们主要提出以下建议。

（一）增加学习策略知识

学习策略的形成，除了靠学习者自己的感悟和不断积累之外，教师对中文学习者开展有关学习策略的指导也发挥着举足轻重的作用。一方面，教师要深入了解二语习得相关知识，如第二语言学习者的学习策略等方面的理论前沿，以便在教学中传授相关内容；另一方面，在教学中，教师要特别重视中文学习者元认知知识的动态变化，帮助学习者实现专业知识掌握与学习策略提升的统一。

教师可以结合具体的学习任务，记录历届学习者学习中文的有效策略，加以归纳总结，形成学习策略实践的典型案例，科学地渗透在中文教学中，以中文知识讲解为主，策略知识介绍为辅，形成教与学的良性循环。

为使学习者快速、系统地形成自己的学习策略，教师也可以班级的形式开设学习策略训练课。训练要合理安排，数量、难度适中。可分为以下几个步骤进行：第一，结合典型的案例，介绍具体的学习策略，如归纳和总结策略，并阐释其功用及合理性；第二，针对具体的学习任务，告诉学习者可参照的归纳和总结策略，针对任务自由地加以选用；第三，给学生布置任务，如近义词，让学生运用自己选中的学习策略来归纳和总结近义词之间的语义、结构、功能差异等；第四，任务结束后，组织学生分组交流自己学习策略的运用情况及效能；第五，教师听取小组汇报，对所选择的学习策略的效果进行评价；第六，鼓励学习者尝试运用新的学习策略。教师应始终保持敏锐的观察力，善于从学生的学习策略实践情况中了解中文学习者的元认知水平，并给予正确的引导。

与此同时，同学之间相互交流学习方法、相互借鉴、取长补短，也是丰富学习者学习策略的有效途径。教师可以定期举行班会，让优秀学生分享有效的学习策略；提倡互帮互学，鼓励学习者课下结伴学习；有意安排部分内容让学生合作学习，或是要求开展交流式的学习，报告学习记录。作为学习者，要打破个体学习的壁垒，注意观察其他同学的学习方法；同学之间可以及时地反馈、分享学习方法；通过集体交流，提高学习者整体的学习策略的知识水平。

(二)提高学习执行力

执行力是取得成功的必要条件，需要长期锤炼才可养成。学习者可以写学习日志来制订计划、记录所学内容、监控和管理学习过程，这是激活元认知的有效之举。

写日志可以及时地反思、监督、总结自己的学习情况。学习日志的内容主要包括：确立清晰的学习目标；划分学习单元，制订详细的分解计划；每天记录自己所学的内容；及时标记已完成的事项或未完成的事项；及时标记感兴趣的话题、已掌握的内容、不懂之处以及错题等。学习者要分阶段对学习日志进行反思和总结，发现不足，及时调节，根据自身情况采取补救措施，从不自觉到自觉地运用元认知监控，逐渐形成自己的学习风格。教师应阶段性地对学习日志进行检查，可以适当地给予有针对性、鼓励性的点评。这样做，一方面，可以及时了解学生的问题等；另一方面，还可以起到监督的作用，提高学习者的执行力。

(三)树立学习榜样

子曰："三人行，必有我师焉。"其意在于，要善于在集体中找到榜样，从而"择其善者而从之，其不善者而改之"。中文学习者受到母语的影响，当接触一门新的语言时，时常会感到迷茫和手足无措，而榜样可以起到示范、引导和激励的作用。教师可以树立榜样，并加以宣传，让全体学习者受到启发；要发现每位学生的长处并加以表扬，使学习者受到鼓舞。通过榜样引导学习者自我察觉学习中的问题所在，激励学习者进行自我反思、自我评价、自我调节。教师也要观察学习态度有问题的学习者，警惕他们的不良影响。

此外，研究发现，在元认知体验上，喜欢中文程度最高的蒙古国大学生均值最高。在教学中，教师可以采取丰富多样的教学方法，激发学生的兴趣，促使学生对学习中文保持热情和恒心，从而为中文学习带来源源不断的动力。总之，教师要引导中文学习者产生正向学习体验，保持良好的心理状态，刺激其在"学会学习"的方法上不断突破，坚持不懈，持之以恒，不断增强学习毅力，以获得更好的中文学习效果。

来华预科学困生中文学习障碍质性研究

【摘要】本篇基于扎根理论的方法，对 5 名来华预科学困生的中文学习障碍开展质性研究，使用 Nvivo11 软件对访谈资料进行了编码和剖析，概括出了来华预科生学习障碍的浅层表现和深层表现。浅层表现为学习内容障碍与负面情绪障碍，深层表现为学习文化障碍与学习策略障碍。着重阐述各类学习障碍的具体表现，进而探讨影响因素，同时对照 5 名学优生的学业表现，对来华预科学困生如何克服中文学习困难、提高学业成效提出具体的教育对策。

【关键词】预科教育　学困生　中文学习障碍　质性研究

引　言

“党的十八大以来，教育对外开放的蓝图更清晰、布局更宽广、助力更显著、品牌更鲜明、影响更深远。我国已成为世界最大的国际学生生源国和亚洲最大的留学目的地国。”①中国政府奖学金等政策陆续出台，更吸引了国际有识之士的目光，掀起了来华留学热潮。

预科教育是留学生进入学历教育的衔接阶段。作为基础课程，中文给不同学业背景、不同学习能力、不同个性的来华预科生带来了不同程度的挑战。总有部分学生陷入学业困境，甚至出现重修或放弃学业的现象。这不仅会荒废学生宝贵的时间，也会导致奖学金投入与产出失衡。“为了让‘学困生’也能达到预科结业标准，预科院校不得不花费大量的时间和精力用于‘学困生’的教学，

① 《教育部等八部门印发意见　加快和扩大新时代教育对外开放》，2020 年 6 月 23 日，http://www.moe.gov.cn/jyb_xwfb/s5147/202006/t20200623_467784.html。

效果却不尽如人意。”[①]因此，研究学困生学习障碍，探究根本原因，进而有的放矢地进行学业帮扶是十分必要的。

学习障碍是指学习者学习时所遇到的障碍或困难，是由于现实条件不能满足学习需要而产生的一系列问题，包括心理、社会交互、学习资源、学习环境和设备等各方面的问题。[②] 国内学习障碍研究可追溯到1990年前后，多为儿童和成人学习障碍研究，如朱慧芬[③]、纪军[④]等。

相较之下，关于中文学习者学习障碍的研究较少。党艳平[⑤]、常悦[⑥]、达雅[⑦]分国别对中文学习者的语音、汉字、听力障碍展开具体分析。但对来华预科生中文学业障碍的研究鲜有涉及。李玲琦以理工类来华预科生为研究对象，采用问卷调查分析了学生的学困原因。[⑧] 董杰等在描述预科学困生的表现并分析其形成原因的基础上，提出解决学困生问题的相关建议。[⑨] 范伟等采用量化研究，在预科生学困类别上得出师资障碍、二语障碍、信心障碍、时间障碍的结论[⑩]。从目前成果来看，对于预科学习障碍问题的研究数量较少，且量化分析居多。鉴于此，本篇尝试利用扎根理论的质性研究方法，根据预科学困生真实的中文学习体验，归纳学习障碍类别，并深入探讨影响因素，以期增强对来华预科学困生中文学习障碍的全面认识。

---

① 王尧美：《对外汉语教学课例研究案例分析报告》，山东大学出版社2017年版，第86页。

② 参见范伟、李贤卓：《来华留学预科生汉语学习障碍研究》，《华文教学与研究》2018年第3期。

③ 参见朱慧芬：《有关儿童学习困难的若干问题》，《中国实用儿科杂志》1993年第6期。

④ 参见纪军：《论成人学习的障碍及其调控》，《继续教育研究》2003年第6期。

⑤ 参见党艳平：《韩国留学生学习汉语语音时的主要障碍和解决策略》，鲁东大学硕士学位论文，2013年，第2页。

⑥ 参见常悦：《坦桑尼亚学生汉字学习障碍与对策》，郑州大学硕士学位论文，2017年，第1页。

⑦ 参见达雅：《泰国佛统府诗琳通学校高中生汉语听力学习障碍调查研究》，云南师范大学硕士学位论文，2018年，第2页。

⑧ 参见李玲琦：《理工类来华预科学困生学困原因探析》，东北师范大学硕士学位论文，2015年，第2页。

⑨ 参见董杰、韩志刚：《来华留学本科生预科教育中的学困生问题及对策》，《文教资料》2017年第30期。

⑩ 参见范伟、李贤卓：《来华留学预科生汉语学习障碍研究》，《华文教学与研究》2018年第3期。

一、研究设计

（一）研究方法

扎根理论是一种依据数据来建构理论的自下而上的归纳方法。其实质是研究者对材料不断进行编码和分类，在与资料的互动中建构理论，是一种客观的、真实的、外在的现实。①

（二）研究对象

在选取研究对象时，综合考虑学生的成绩、语言能力、平时表现等情况，力求体现最大差异化。笔者访谈了5名学困生和5名学优生，涉及不同性别、年龄、文化背景等。5名学困生在学习的第一学年内均未通过汉语水平考试（HSK）4级，日常学习表现也不容乐观。5名学优生不仅以高分通过了HSK4级考试，有的还通过了HSK5级考试，日常学习表现积极向上，成绩优异。研究对象的具体情况如表1所示。

表1　受访者基本信息

受访者	性别	年龄（岁）	国籍	学业水平
A	男	23	乍得	低
B	男	26	巴布亚新几内亚	低
C	男	21	玻利维亚	低
D	女	19	莫桑比克	低
E	女	22	圣多美和普林西比	低
F	男	19	乍得	高
G	男	21	莫桑比克	高

① 参见[美]诺曼·K. 邓津、伊冯娜·S. 林肯：《定性研究（第2卷）：策略与艺术》，风笑天等译，重庆大学出版社2007年版，第559～562页。

续表

受访者	性别	年龄(岁)	国籍	学业水平
H	女	18	蒙古国	高
I	女	20	牙买加	高
J	女	21	斐济	高

(三)数据收集与分析

自2019年6月起在教学楼及线上对受访者进行多次访谈，主要围绕“你在学习中文过程中遇到了哪些障碍”这一核心问题展开访谈。先访谈了3位学生，了解他们的学习障碍主要集中在哪些方面，然后制订了详细的访谈提纲。在访谈过程中，做到有提纲，但不唯提纲，实施动态调整。为挖掘其真实想法，每次访谈过程都在轻松自如的状态下进行。时间为150～300分钟/人，必要时使用英语及其母语翻译。经受访者同意后录音，形成10万余字的访谈资料。

将资料导入Nvivo11软件中，对核心语句进行编码与归类。编码步骤为先进行开放编码，再进行轴心编码，最后进行选择编码。① 开放编码秉承原汁原味、详细真实、科学专业的理念，共形成41个一级节点。轴心编码选取相关节点，建立分类，形成关联机制。选择编码将分散类属提纲挈领，提炼核心类属，建构出理论。三级编码过程如图1、图2所示。

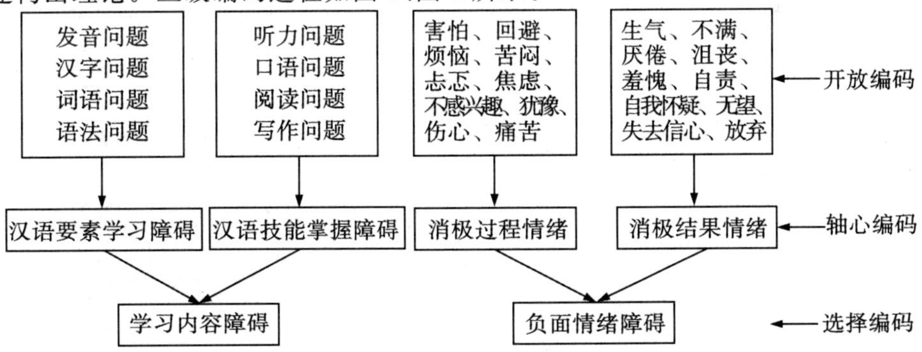

图1　三级编码过程图1

① 参见[美]朱丽叶·M.科宾、安塞尔姆·L.施特劳斯:《质性研究的基础:形成扎根理论的程序与方法》,朱光明译,重庆大学出版社2015年版,第209～279页。

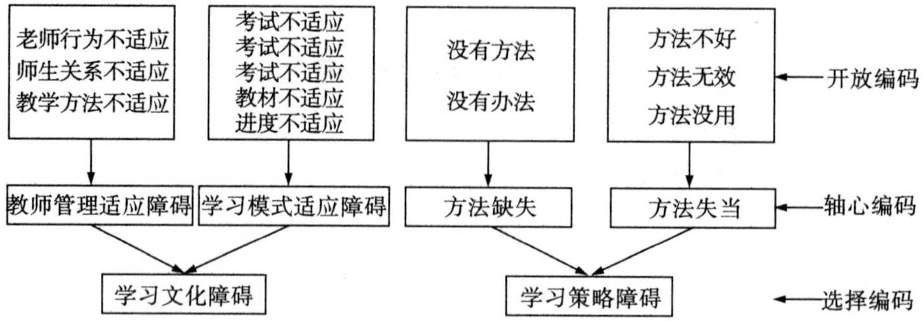

图 2　三级编码过程图 2

二、结果与讨论

经过三轮编码的总结归纳，确定学习内容障碍与负面情绪障碍为来华预科生学习障碍的浅层表现，学习文化障碍与学习策略障碍为来华预科生学习障碍的深层表现，如图 3 所示。下面分别对学习障碍的浅层表现和深层表现做具体描述。

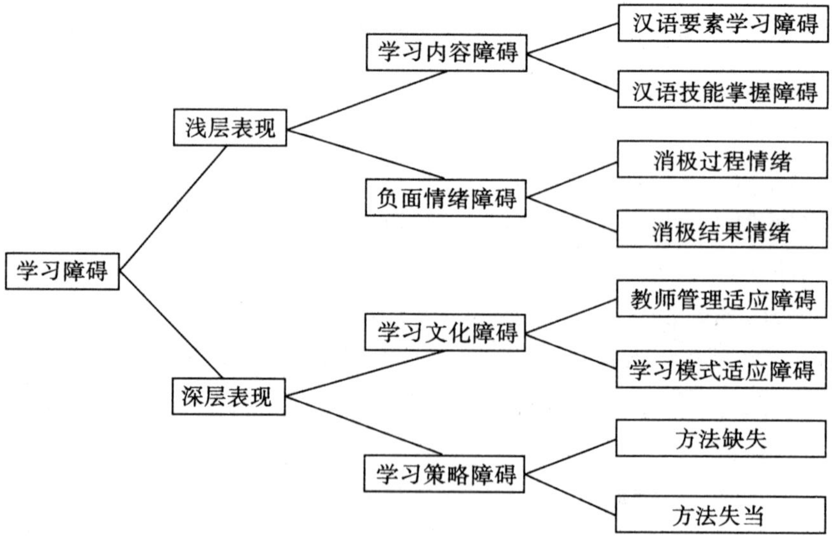

图 3　预科学困生中文学习障碍类别图

(一)学习障碍的浅层表现

1.学习内容障碍

学习内容障碍包括中文要素学习障碍和中文技能掌握障碍。其中,中文要素学习障碍主要表现在发音、汉字、词语、语法等方面(见表2)。通过统计参考点的数量,发现学生提及最多的是语法等问题。

表2　学习内容障碍参考点数量

类别	参考点数	类别	参考点数
语法	55	口语	23
发音	38	听力	22
汉字	38	阅读	13
词语	38	写作	9

语法问题主要有以下表现。第一,难以掌握语法结构,组词成句困难。E表示,她不知道一个句子被打乱顺序后,哪些词语先说,哪些词语后说。第二,难以区别拥有多种用法的语言点及相似语言点。如C提到,他分不清“会”“了”的各种用法。E表示“为了”和“因为”很难区别,“还是”和“或者”不知道什么时候用。B认为“过”和“了”、“会”和“能”、“出去”和“出来”、“就”和“才”在意思和用法的区分上不清楚。第三,难以排除母语语法负迁移。A提到,“除了……也……”法语能用,“除了……都……”法语就不能用,所以他常常混淆。第四,难以理解母语里没有的语法,比如,C很难理解“把”字句、“一……就……”的用法等。

发音问题主要表现在以下三个方面。第一,难以表达抑扬顿挫,声调掌握困难。如,B和C觉得“汉语四声的声音有点像,我觉得真的都是一样的”。第二,难以分辨发音相似的声母和韵母,如“zh”和“j”、“sh”和“x”、“ch”和“q”、“an”和“en”。第三,难以区分母语里没有的声母和韵母。如,A和C认为“zh”“ch”“sh”难以区分。

汉字问题主要表现在以下四个方面。第一,学困生不知如何下笔和收笔,书写错误频繁出现。C提到,他写“你”“好”这两个字的时候,不知道它们从哪里开始、哪里结束。第二,汉字的复杂度也让学生在认记方面产生困难,学生反复强调汉字难记,认为即使记住了字形,书写时也经常犯错误。第三,同音字、形似字、多音字也是难点。第四,词语的最大问题是遗忘,尤其是近义词、一词多义等让学生难以辨别与识记。A 和 C 指出,"'批评'是'教育'的意思吗?'麻烦'和'烦恼'不一样吗?怎么能知道和记住它们的不同?"

中文要素学习障碍直接导致中文技能掌握障碍。学困生表示听力问题主要表现为听力材料的语速太快,很容易听不懂、听不清楚。口语问题主要有:害怕犯错、羞于开口、不敢说、经常忘了怎么说等。阅读问题主要是很多词语不认识和不能把握文章大意。写作问题表现为语法逻辑混乱和不会写句子。

学困生面对学习内容障碍常常束手无策。在访谈的学优生材料中,我们概括出了学优生的经验。在学优生看来,总结、对比、练习是扫除学习内容障碍的关键。学优生强调经过对知识的一番总结后,自己可以清晰地把握重点。J 表示,相似的汉字和近义词,她都会进行总结,如"比如"和"假如"。I 也有类似的做法,"我会先把近义词的区别分为 1、2、3 等,然后各写一个例子",可见,I 的总结更加细致、有逻辑性。对于容易产生负迁移的语法,学优生认为"对比"可以有效地避免错误。F 认为"要仔细分析中文语法的结构和意义,常常和自己的母语进行对比"。在日常交际中,学优生经常借助近义词和肢体语言达到信息输出的目的,以此来解决问题。如用"吃好了"代替"吃饱了",通过动作演示"吃饭"等。学优生还能充分利用网络资源进行学习,如听中文歌曲、看小视频和节目等。如 H 表示"'sh'和'x'、'ch'和'q'我经常搞错,课下我就会通过多听、多看中国的小视频来辨别这些发音"。

2.负面情绪障碍

负面情绪障碍包括消极过程情绪和消极结果情绪。"焦虑"等被提及次数较多。具体见表 3。

表 3　负面情绪障碍参考点数量

类别	参考点数	类别	参考点数	类别	参考点数	类别	参考点数
焦虑	39	回避	9	沮丧	32	失去信心	6
忐忑	15	害怕	8	生气	24	不满	5
苦闷	14	痛苦	7	放弃	18	羞愧	5
烦恼	13	犹豫	6	自责	10	无望	3
伤心	11	不感兴趣	5	厌倦	6	自我怀疑	2

消极过程情绪主要体现在以下五个方面。第一，焦虑和忐忑。学困生承受着各种考试压力，内心充满烦躁和紧张。A 表示“压力很大，就是学习学习，睡不着，每天我只能睡 4 个小时，我担心的都是考不好”。第二，苦闷和烦恼。方法缺失、学习优劣对比等给学困生带来情绪波动，使其烦恼溢于言表。C 十分苦闷，“为什么我学习中文没有办法”。第三，伤心和痛苦。遇到困难时学困生常处于失落、悲伤之中，难以自拔。E 表示“每天都会在房间哭”。第四，害怕和回避。学困生怕出丑、怕犯错，由此产生一种排斥心理。如 B 提到，“我怕人笑我，我不想跟别人说话，因为我说的是错的”。第五，对中文失去兴趣。出现问题时，学困生不能有效解决，久而久之兴趣减退。D 提到，“我真的很喜欢中文，但因为遇到了太多困难，我现在不太感兴趣了，没有劲头了”。学生内心苦闷、焦虑等负面情绪反复出现，导致恶性循环。

消极结果情绪主要体现在以下五个方面。第一，沮丧和厌倦。付出与收获不成正比使学困生情绪低落、灰心丧气，甚至一蹶不振。D 十分沮丧，“为什么我明白不了这些知识，这个是我讨厌的。我努力学习，但是看不到好的结果，我真的心情不好”。第二，生气和不满。学习结果不好引发学困生不悦，甚至对未来感到迷惘。A 和 C 表示，“我想弄懂这些问题，但是我就是不懂，让我很生气”“我真的不满意，我的同学考的成绩都很好”。第三，自责和羞愧。学习结果与学优生迥然相异，常使学困生自尊心受挫，持续纠结。A 和 B 都表示，“我没有及格，就感觉很羞耻。我经常想，为什么我考不好”。第四，自我怀疑和无望。挫败感容易使学困生否定自我，情绪已达崩溃边缘，离放弃的结局越来越近。B 表示，“感觉自己的学习能力不太好，对学习彻底失望了”。第五，失去信心、从而放弃。学困生没有成就体验，丧失了信心，常产生放弃学业的想法。D 和 E 提到，“我不能通过考试，这个情况让我没有力气学习”“我没有通过 HSK 四级，我想离开中国”。消极结果情绪积累到一定的量，会难以遏制，最终摧毁学生意志，阻断他们学习前进的步伐。

学优生产生的负面情绪相对较少，甚至没有压力感，如出现负面情绪时，他们会采用多种多样的情绪策略来疏解，如：转移注意力、自我激励、自我安慰等。

（二）学习障碍的深层表现

1.学习文化障碍

学习文化障碍主要体现在教师管理适应障碍和学习模式适应障碍上。“教学方法不适应”等提及次数较多（表 4）。

表 4　学习文化障碍参考点数量

类别	参考点数	类别	参考点数
教学方法不适应	18	进度不适应	12
老师行为不适应	12	考试不适应	11
师生关系不适应	6	作业不适应	8
—	—	听写不适应	7
—	—	教材不适应	5

对教师管理方面的不适应主要有以下表现:第一,学困生认为教师讲、学生听的课堂教学方法缺乏活力,这会导致学生注意力分散、学习效率低下。第二,对教师管理过程的一些行为表示不理解。如学生会把公布成绩视为侵犯"隐私"。B 和 C 表示"老师在群里发每个人的成绩,但这应该是个人的隐私""我不想让其他同学看到我的成绩"。又如,A 认为"老师点名去黑板上写汉字,我有点害怕,一上去就忘掉那些汉字怎么写了,又害怕老师批评或者不给分"。第三,在师生关系上,学困生认为老师会偏爱互动积极的学生,这有失公平。师道尊严也容易让师生之间产生距离感,导致心理隔阂。

对学习模式的不适应主要表现在以下方面。来华预科生学业时间短、任务重、目标高、节奏快。初学中文时,学困生表现出对预科各学习环节的不适应。如以频繁听写和考试为核心的学习检测手段、有一定深度的教材、较多的作业、较快的学习进度等,这些都使学困生难以适应。B 和 C 表示,"4 个月以后我才习惯""一个学期以后我才适应"。

学优生大多表示 1 个月就能度过学习适应期。可见学困生适应学习的时间较学优生明显延长。1 年的学习时间转瞬即逝,让学困生尽快适应学业节奏显得尤为重要。

2.学习策略障碍

学习策略障碍主要体现为方法缺失和方法失当。"方法不好"等提及较多(见表 5)。

表 5　学习策略障碍参考点数量

类别	参考点数	类别	参考点数
没有方法	17	方法不好	20
没有办法	17	方法无效	8
—	—	方法没用	4

学习策略使用不当，导致学困生学习效果不佳。A 觉得，“我的方法都是不好的，所以结果不好”。B 认为，“我的中文不好，这个是我的学习方法的问题”。有些学困生没有外语学习经验，因此缺少学习策略知识。C、D、E 表示，“我以前没有学过英语、法语、葡萄牙语，不知道外语怎么学”“学习中文的时候我没有方法”“我不知道怎么学习语言”。他们的中文学习策略简单机械，大多采用重复性地背、读、写、听等方式，少有联想。C 和 B 提到，“我写‘你好’15 个或者 20 个”“有时候很难的词语，意思我不知道，我就是抄写”。长期使用机械策略会导致学习者缺乏对信息的深层加工，从而更容易遗忘知识。B 提到，“比如桌子，我写第 30 遍的时候，它的意思我竟然忘了”。学困生缺乏深层和有意义的认知策略，长此以往，导致学习成效不理想。

相较而言，学优生遇到学习障碍时，首先倾向于向有过预科中文学习经历的同胞寻求帮助。G 觉得，“我的同胞比老师更了解我，他的方法非常适合我”。同一文化背景的学生有着相似的语言学习经历，他们在学习策略上可能会有相通之处；其次通过交流，学优生之间可以互相借鉴学习方法。F 表示，“我经常问其他同学学习中文的好方法”。最重要的是，他们能寻求适合自己的学习策略，为己所用。除此之外，学优生也善于采用多种感官参与记忆的方式，如边读边写、边看边写、边听边写等；利用有趣的生词卡片、“你做我猜”游戏、联想、造句、根据词语出现在课本上的位置等方式来加强记忆。

（三）学习障碍影响因素探讨

1.母语及媒介语因素

留学生在中文学习中极易沿用母语思维，在不理解中文规则的情况下，经常以母语语言习惯套用中文，会产生负迁移，从而阻碍中文学习。这种情况在学困生中表现得更加明显和持久。此外，他们也会照搬习得母语的策略，缺乏灵活性，方法不得当，这会导致学习策略和学习内容障碍。

学习中文之初，教师往往会借助英语作为媒介语来解释词汇、语言点等，但英语水平低的学生常感到不解。这时，学生倾向于使用翻译软件进行转换。但由于机器翻译存在误差，加之语言本身的复杂性，这就容易造成学习者对语言的曲解。语言转换过程中长期产生思维理解误区，就会使中文学习复杂度提升，不断导致学习内容障碍迭代。

2.教师和同伴因素

学困生依赖心强，如果教师只是简单地介绍学习策略，缺少具体指导和细节解释，就会造成学生对学习策略的曲解，而如果学习策略没有效果，无形之中就会让学生产生焦灼情绪。老师在课堂上的询问、批评，都可能引起学生的情绪波动。情绪具有感染作用，同学之间的议论和抱怨等，相互影响，造成负能量传递，会加重负面情绪的泛化。

3.适应与融入因素

根据舒曼(Schumann)提出的文化适应模式，学习者对目的语群体的文化适应程度将决定其习得目的语的水平。[①] 留学生来自不同的国家，拥有不同的生活习性、价值观念等。初到异国，跨文化交际能力还不足。从来到中国、踏入校园起，不适应问题就开始产生，如不适应天气、住宿、饮食、交通、服饰等。班级氛围、人际关系等也是重要的适应内容。学生容易受到外界干扰，情绪波动较大。一般来说，学困生来华后要花费更多时间适应中国生活，任何方面的适应不良都可能影响学习状态。如果出现严重适应不良，则会表现出惆怅、烦躁的情绪状态，以致难以融入学校环境，从而感到不知所措，造成学习效率低下，甚至学业难以为继。

4.学能与元认知因素

语言学能测验主要考查语音编码解码能力、语法敏感性、强记能力、归纳能力。[②] 学困生常提到遗忘的问题，即记忆不能长时间存储或有效提取。他们需要较长时间的摸索和总结，才能把握中文的特点和规律，才能找到有效的学习策略。不同学生拥有相同的课程、教师，甚至使用相同的学习方法，同样认真努力地学习，但学习效果显著不同。这说明一个隐性因素，即语言学能在发挥作用。

此外，元认知在学习中具有举足轻重的作用。温登(Wenden)认为学习策

① 参见王建勤主编:《第二语言习得研究》，商务印书馆2014年版，第154页。

② 参见刘珣:《对外汉语教育学引论》，北京语言大学出版社2015年版，第211页。

略是促进自主学习的关键，而学习策略的关键则是元认知。[①] 高水平的元认知能力可以让学生充分规划学习，形成节奏分明的学习过程，并阶段性地进行监控、调节。而学困生不擅长做课余安排，不思考调控学习节奏，长此以往，就会造成难以补救的学习局面。

四、消除学习障碍的对策

（一）调整学习策略，培养元认知能力

这是解决学习内容障碍的根本方法。学优生在课上记笔记是常态，他们每天至少用半小时复习，采用生词卡片、联想记忆、“你做我猜”等多种形象有趣的记忆方式，保证学习效果。有效的学习策略可以达到事半功倍的效果。

学困生常把中文学习的失败归结到学习策略的缺乏或无效上。因此，教师在学困生学习策略的运用上要起到指导作用。教师要注重分国籍记录历届预科学优生的学习策略，提炼运用到教学中。利用主题班会等形式，交流学习方法，助力学困生掌握学习策略，做到“七勤”——勤于计划、勤记笔记、勤于思考、勤查词典、勤于对比、勤于总结、勤于调节，使其体会正确的学习策略。学习贵在坚持，难在自主。老师要指导学困生学会调整学习时段及节点，制订详细的学习计划，埋下自主学习的种子。通过线上平台，开展群讨论，交流、展示自主学习内容，包括制订详细的学习计划，要求将时间切分到课下每小时；根据不同学习内容，设计感兴趣的学习方法；设置固定的问答时间，反映阶段性学习难点、盲点及成果等。教师要在把握学生个人学习兴趣的基础上，针对学困生的具体难点，帮助他们找到解决难点的最佳对策。

（二）增加成就感，加强心理疏导

这是缓解负面情绪的主要途径。学优生在学习过程中善于自我安慰，当产生苦闷或是面临痛苦时，他们总是想方设法自行排解。不得已时，他们也会寻求朋友、同学或是教师的帮助，快速调整自己的精神状态。相比而言，负面情绪

① 参见肖武云：《元认知与外语学习研究》，上海交通大学出版社2011年版，第114页。

障碍既对学困生的学习过程产生影响,也对学习结果影响巨大。教师要保持一视同仁的态度。珍惜学困生点滴进步,增加其展示机会,让学困生体验到成就感,减少学业欠佳的负面刺激。

任课教师要关注学困生心理状态,观察其心理动向。可以通过谈话、座谈、小组讨论等形式,细致入微地了解学生个性,尽快发现学生学习困难的原因。对较为情绪化的学生要给予特别关注,尤其是那些自认为努力但没有好的结果,一时产生强烈挫败感的学生,教师要与其保持积极的沟通,及时化解不满和抱怨,以求达到克服学习障碍的目的。

学校要对留学生开展心理健康教育,提倡“不放弃一个学生”的理念,对学生持续地进行心理关怀。强调课上和课下相结合、教室和宿舍相结合、学习和活动相结合的学习及生活方式,让学困生逐渐放松心态,全力以赴攻克语言关。

(三)开展交流活动,倡导合作学习

这是剔除学习文化障碍的基本思路。学优生之所以能够在规定的时间内达到预期学习效果,与其能够快速适应和融入中国学习文化环境直接相关。他们注重在现实生活中观察周围环境,利用各种方法和途径了解中国文化和练习口语,从而促进了学业进步。

通过访谈,我们发现学困生表现出对跨国文化的诸多不适应。学校应积极组织学生进行文化交流活动。教学中也可穿插“中国见闻”等口语练习,这不仅可以培养学生学习中文的兴趣,还可以提高学生的中文运用能力和跨文化交际能力。重视同学互学,入学初期教师可安排汉语较好的同学帮助汉语较差的同胞,减少媒介语转换造成的学习障碍。鼓励同学相互帮扶、相互监督,建立学习小组,倡导合作学习。针对学习难点,建议以 S 型小组为单位进行课堂讨论,S 型小组的特点是每组人员学习成绩有高低差异;课堂讨论的内容是语法、词语等难点,力争使学困生掌握正确的语法规则和词语用法。其余内容,如听力、口语练习等,可通过翻转课堂,在课下完成。针对学生的母语依赖思维,可开展“谈谈中文和我的母语”活动,帮助学困生分析中文与母语的异同点,充分发挥正迁移的作用。

教师要有包容之心,主动熟悉学生母国文化。学校可为教师配备助教。助教可以从相关专业的研究生中选拔,负责给予学生学习方法建议及心理关切。教师联合助教,形成合力,延伸工作幅度,增加对学困生的影响深度。

五、结语

本篇通过质性研究方法，从来华预科学困生真实的学习经历中归纳了学习内容障碍与负面情绪障碍两类浅层学习障碍，学习文化障碍与学习策略障碍两类深层学习障碍，分析了学困生各类中文学习障碍的具体表现和影响因素，给予了较为具体的解决对策。本篇只进行了探索性研究，未来将结合量化研究继续深入探讨相关课题。

（原载《警戒线》2022 年第 1 期，收录时有改动）

汉语学习者听力策略与个体因素的相关性研究

【摘要】汉语听力策略的使用受性别、年龄、地域来源、学习动机、自我效能感、汉语水平等诸多个体因素的影响。利用问卷法了解预科汉语学习者听力策略的使用情况，重点探析汉语听力策略使用与个体因素的相关性，研究个体差异如何影响汉语听力策略的使用，并基于实证研究发现对如何提高预科汉语学习者听力策略意识和水平提出建议。

【关键词】汉语学习者　听力策略　个体因素

引　言

听力是人类最基本的语言行为能力之一。受认知主义和连接主义的影响，在审视听力本质时，研究者感兴趣的是听者对信息的处理过程，更重视听者的主动性和参与性。听力过程是听者对信息的自动处理过程，配合适当的听力策略是有效完成听力行为的必要条件。

听力策略系统的运行受到学习者个体因素的影响。国内研究表明，性别、母语、年龄、个性、语言水平等对听力策略的使用具有不同程度的影响。大部分研究发现不同语言水平的学生使用听力策略的种类和频率有所不同。① 钱玉莲认为，不同年级的韩国汉语学习者在意义重要观念和积极输入策略上差异显著；高分组、中分组和低分组的学生在形式重要观念、积极输入策略和跳跃障碍

① 参见周蔷、梁文霞：《第二语言听力策略实证研究综述》，《石家庄职业技术学院学报》2008 年第 5 期。

上差异显著；男生和女生在听力观念、管理策略和认知策略上均存在显著差异。[①] 白琼烨认为，性别对元认知策略使用的影响不大，但也有女生略高于男生的趋势；此外，欧美学生的元认知监控和元认知策略要优于亚洲学生。[②] 目前，有关汉语听力策略与个体因素的相关性研究仍有待深入，专门针对来华预科汉语学习者的研究还无人关注。

中国政府奖学金本科来华留学预科项目规定，预科汉语学习者经过 1～2 年的汉语强化学习，需达到汉语水平考试（HSK）4 级及以上水平才能进入本科专业继续学习。这一特殊的汉语学习群体在听力策略使用上有无特殊性，个体因素对听力策略的使用有何影响，作用机制如何？全面探析这些问题将有助于进一步掌握汉语听力学习的过程和规律，为探寻高效速成的学习路径和教学模式提供借鉴。本篇将重点讨论性别、年龄、地域来源、学习动机、自我效能感以及汉语水平等个体因素与预科汉语学习者听力策略使用之间的相关性。

一、研究设计

（一）研究目标

本篇首先利用 HSK 成绩区分预科汉语学习者听力能力水平，然后利用汉语听力策略调查量表收集听力策略使用情况的数据资料，用描述性统计的方法探讨预科汉语学习者使用听力策略的基本情况，阐述总体特征；用推断性统计的方法探讨个体因素和听力策略使用的相关关系。

（二）研究对象

本次共有 118 名来华预科汉语学习者参加了汉语听力策略量表的调查，有效问卷 103 份。其中，男性 56 人、女性 47 人；年龄在 18～29 岁。学习者初始汉语水平起点为零，经过 1 个学年的汉语强化学习后参加汉语水平考试。

---

① 参见钱玉莲：《韩国学生汉语学习策略研究》，世界图书出版公司 2007 年版，第 149 页。

② 参见白琼烨：《元认知及其策略与留学生汉语听力学习的相关研究》，四川大学硕士学位论文，2007 年，第 36 页。

(三)研究工具

本篇采用问卷调查法。根据奥马利(J. Michael O'Malley)的第二语言听力策略量表①和奥克斯福德(Oxford)的第二语言学习策略量表②中有关听力学习策略的部分编制出汉语听力策略问卷。

1.问卷的内容

听力策略共分3个维度、10个子类、41个具体项目。第一个维度是元认知策略(Meta-cognitive Strategies),包括计划策略(Planning Strategy)、监控策略(Monitoring Strategy)、评估策略(Evaluation Strategy)3个子类;第二个维度是认知策略(Cognitive Strategies),包括复述策略(Rehearsal Strategy)、推理策略(Inferencing Strategy)、预测策略(Prediction Strategy)、概括策略(Summarizing Strategy)、转移策略(Transfer Strategy)5个子类;第三个维度是社会/情感策略(Social/Affective Strategies),包括提问策略(Question for Clarification strategy)和自言自语策略(Self-talk Strategy)2个子类。得分采用李克特五级记分制。要求学生客观评价每一项陈述符合自己的程度。1=我从来没有或几乎不这样做(never or almost never true of me);2=我通常都不这样做(usually not true of me);3=我有的时候这么做(somewhat true of me);4=我通常都这么做(usually true of me);5=我经常或几乎都这么做(always or almost always true of me)。问卷同时收集了受试者的姓名、性别、年龄、国籍、学习动机、自我评价的汉语水平等信息。将问卷的所有数据,以及学生的汉语水平考试听力成绩和总成绩输入SPSS16.0,利用该软件进行统计学分析。

2.问卷的信度

克隆巴赫系数(Cronbach's alpha)被作为量表的内部一致性指标。总问卷的信度系数为0.948,各个子类问卷的信度系数分别为计划策略0.844、监控策略0.723、评估策略0.841、复述策略0.819、推理策略0.871、预测策略0.905、概括策略0.820、转移策略0.664、提问策略0.562、自言自语策略0.782。由此可见,该问卷适合用于测量预科汉语学习者的汉语听力策略,且具有比较好的内

---

① 参见[美]H. Douglas Brown,Susan T. Gonzo编:《第二语言习得论著选读》,世界图书出版公司2006年版,第138页。

② 参见Rebecca L. Oxford, *Language Learning Strategies: What Every Teacher Should Know*, New York: Heinle & Heinle Publishers,1990, pp.317-331。

部一致性。

3.问卷的效度

3 个维度的 KMO 值分别为 0.834、0.873、0.721。这表明样本大小符合要求，数据适合进行因子分析。利用主成分分析法进行分析，三者累计解释变异数的百分比分别为 67.129％、66.175％、76.521％。对 41 个策略项目进行因子分析，从因子负荷值来看，除项目 T16 为 0.477，其余各项目均远远大于 0.5。因此，可以认为该听力策略问卷具有较好的结构效度。

二、统计与分析

(一)汉语学习者听力技能发展的基本情况

根据汉语水平考试分数体系标准，300 分为满分，将预科汉语学习者按总成绩分为 3 组，180 分及以下的为低分组，250 分及以上的为高分组，其余的为中分组。各组在听力、语法与写作、阅读部分的得分情况如图 1 所示。

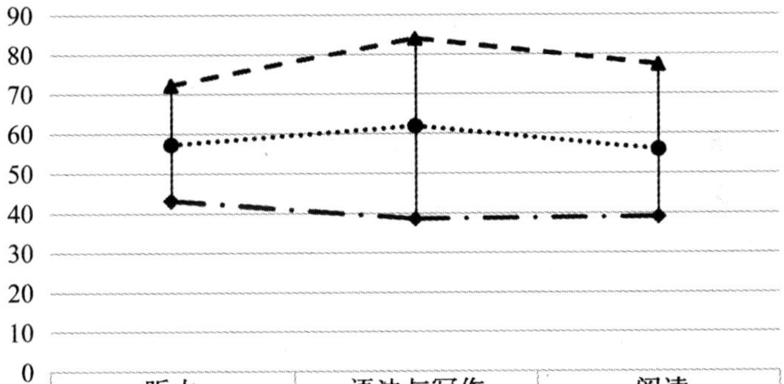

	听力	语法与写作	阅读
低分组	43.03	38.41	38.86
中分组	57.15	61.77	55.81
高分组	72.19	84.04	77.26

图 1　汉语水平考试听力、语法与写作、阅读部分得分

从图 1 可以清晰地看出听力技能的组间差别及发展特点。听力作为一项输入技能随着汉语总体水平的提高而逐步加强，但是听力水平的发展趋势表现为：低分组的听力技能领先于语法与写作、阅读技能，而中分组和高分组的听力

技能则有落后趋势。3个组的听力成绩数据之间的距离是最短的，这说明随着汉语总体水平的提高，听力技能的发展幅度最小，进步最不明显。这与钱玉莲有关汉语技能发展的研究发现相同，她指出，在目的语背景下，听力理解水平在初级阶段处于领先地位，可随着语言水平的提高，与其他语言技能相比，提高速度反而不快。① 我们可以从学生的听力策略方面入手找到一些原因，增强听力技能的“学法”研究，从而探讨提高听力水平的有效途径。

（二）汉语学习者听力策略使用的总体情况

1.听力策略使用概况

如表1所列，3个维度听力策略使用的均值较为接近，其中，社会/情感策略使用相对最高，认知策略和元认知策略使用基本相当。按照奥克斯福德提出的方法，每个策略均值的大小表示被试使用该策略的频率，均值在1.0～1.4表示“从不使用该策略”；1.5～2.4表示“很少使用该策略”；2.5～3.4表示“有时使用该策略”；3.5～4.4表示“经常使用该策略”；4.5～5.0表示“总是使用该策略”。各维度听力策略的均值都在3.5～4.0，这说明学生会较为经常地使用听力策略，但仍有提升空间。

表1　听力策略使用情况

策略维度	最小值	最大值	均值	排序	标准差
元认知策略	1.33	5.00	3.7411	3	0.64780
认知策略	2.24	5.00	3.7445	2	0.59951
社会/情感策略	2.00	5.00	3.9417	1	0.75017
策略总平均	2.16	4.88	3.8091	—	0.57274

2.听力策略使用的相关性

对预科汉语学习者3个维度的听力策略进行皮尔森（Pearson）相关分析，结果发现：认知策略和元认知策略高度正相关，相关系数$R=0.713$，$P<0.01$；社会/情感策略和元认知策略、认知策略中度正相关，相关系数分别是$R=0.581$，$P<0.01$和$R=0.548$，$P<0.01$。这说明某一策略使用频繁的学生在其

① 参见钱玉莲：《韩国学生汉语学习策略研究》，世界图书出版公司2007年版，第83页。

他两类策略的使用上也会较为频繁；反之亦然，即善用听力策略的学生会较为均衡地使用元认知策略、认知策略和社会/情感策略。

(三)汉语学习者听力策略使用的个体差异分析

1.性别因素与听力策略的使用

第一，考查性别这一先天因素对听力策略使用的影响。3个维度听力策略的使用频率从高到低排序，男生为社会/情感策略、元认知策略、认知策略。女生为社会/情感策略、认知策略、元认知策略。男生和女生最为频繁使用的都是社会/情感策略。相对而言，男生在元认知策略方面略占优势；女生则较多使用认知策略，两者无显著差异。

第二，对10个子策略进行统计分析，男生和女生在各子策略的使用频率上相差不多，男生在计划策略、监控策略、组织策略、总结策略、请教策略方面略占优势，而女生则更多使用预测策略、复述策略、推理策略和自言自语策略。男生和女生在各子策略的使用上无显著差异。这与钱玉莲的研究结果相同，她指出，留学生在听力策略使用上没有明显的性别差异，男性和女性基本相同，这可能是因为听作为一种输入技能，掌握并使用这一技能本身并不存在显著的性别差异。[①]

2.年龄因素与听力策略的使用

在本篇的研究中，预科汉语学习者按年龄分为：18～19岁（共52人，占50.5%），20～24岁（共43人，占41.7%），25～29岁（共8人，占7.8%）3个年龄组。利用单因素方差分析检验不同年龄组使用听力策略的差别情况，结果显示，3个维度上无显著差异。

进而检验3个年龄组在10个子策略上的差异情况，在计划策略上，中间年龄段与低年龄段存在显著差异，$F=0.42509$，$P=0.014$，$P<0.05$；与高年龄段差异也较大，$F=0.60538$，$P=0.061$，接近显著值。这说明中间年龄段学生更注意确定听力目标，并根据目标安排听力练习内容，制订听力提高计划。

3.地域来源因素与听力策略的使用

跨文化研究结果表明，不同文化背景的人在学习策略上会表现出一定的差

① 参见钱玉莲：《韩国学生汉语学习策略研究》，世界图书出版公司2007年版，第84页。

异。[①] 我们按地域来源将预科汉语学习者分为3组：亚洲组（共29人，占28.2%）、非洲组（共57人，占55.3%）和欧美洲组（共17人，占16.5%）。如表2所示，通过方差分析发现，不同地域的学生听力策略使用上并无显著差异。可能的原因在于，预科教育既定的学习目标明确，强化型的汉语学习模式可能影响学生的学习态度，这促使学生在学习过程中一般都会提高主动性，积极考虑听力学习方法和效果。

仔细分析可见，听力策略使用频率的排序上均是亚洲组＞欧美洲组＞非洲组，来自亚洲的预科汉语学习者较其他地域的学生更为频繁地使用听力策略。这与江新的研究发现有相似之处，她指出，亚洲留学生比欧洲留学生更经常地使用情感策略，在社交策略上，前者比后者稍微多些，但在其他策略的使用上，不同母语的学生没有显著差异。[②] 李强等的研究也发现，地域与整体汉语学习策略、直接策略和间接策略相关性都不显著，但与元认知策略和社交策略有显著相关性。[③]

表2　各地域组听力策略使用的情况

策略维度	地域分组	人数	均值	标准差	单因素方差分析	
					F 值	显著性
元认知策略	1	29	3.9080	0.77707	1.361	0.261
	2	57	3.6696	0.64009		
	3	17	3.6961	0.33714		
认知策略	1	29	3.8662	0.56541	1.928	0.399
	2	57	3.6800	0.63512		
	3	17	3.7529	0.52749		

① L. Rossi-Le, "Learning Styles and Strategies in Adult Immigrant ESL Students," in J. M. Reid, ed., *Learning Styles in the ESL/EFL Classroom*, New York: Heinle & Heinle Publishers, 1995, pp. 118-125.

② 参见江新：《汉语作为第二语言学习策略初探》，《语言教学与研究》2000年第1期。

③ 参见李强、姚怡如、刘乃仲：《汉语学习策略与个体因素的相关性研究》，《语言教学与研究》2011年第1期。

续表

策略维度	地域分组	人数	均值	标准差	单因素方差分析	
					F 值	显著性
社会/情感策略	1	29	4.1121	0.56925	1.094	0.339
	2	57	3.8596	0.79622		
	3	17	3.9265	0.85131		
听力策略总平均	1	29	3.9621	0.57319	1.517	0.224
	2	57	3.7364	0.60582		
	3	17	3.7918	0.41240		
1＝亚洲组；2＝非洲组；3＝欧美洲组						

（四）汉语学习者个体因素与听力策略使用的相关性分析

1.学习动机对听力策略使用的关系分析

学习动机是影响策略使用的一个后天因素。预科汉语学习者的学习动机有何特点？学习动机与听力策略使用之间有何关系？我们对这一问题进行了探索。

根据加德纳（Gardner）的理论，语言学习动机可分为两种，即“融合性动机”和“工具型动机”。[①] 利用配对样本 T 检验考察预科汉语学习者两类动机的地位如何，结果发现，工具性动机（M＝0.7199，SD＝0.20341）显著高于融入性动机（M＝0.2766，SD＝0.28325）。这说明预科汉语学习者两类动机都有，但工具性动机更强。文秋芳在调查中发现，学生学习第二语言的动力源往往不止一种，两者兼而有之的情况更为普遍。但如果对他们的动力源进行详细分析时，就会发现其中必有一种占主导地位。[②]

以往研究显示，学习策略的使用与学习动机有关。奥克斯福德和尼科斯（Oxford and Nyikos）研究美国大学外语系的学生发现，动机的类型影响策略的选择。[③] 在分析预科汉语学习者学习动机与听力策略使用的相关关系中，我们

① Robert C. Gardner, *Social Psychology and Second Language Learning: The Role of Attitudes and Motivation*, London: Edward Arnold, 1985, p.238.

② 参见文秋芳：《英语学习者动机、观念、策略的变化规律与特点》，《外语教学与研究》2001 年第 2 期。

③ Oxford R. and M. Nyikos, “Variables affecting choice of language learning strategies by university students,” *Modern Language Journal*, 1989, vol. 73, no. 3, pp.291-300.

发现工具性动机与元认知策略、认知策略及策略总均值之间存在负相关关系，与社会/情感策略之间呈现显著的负相关关系。这表明学生的工具性动机越高，听力策略的使用就越低。结合预科汉语学习者实际的学习状况来看，有些学生为了通过汉语水平考试，仅仅关注课本知识的掌握和模拟试题的操练，过分关心考试分数，应试目的强烈，工具性动机过高，会相对忽略认真反思听力技巧和方法，也相对忽视课外的听力实践以及与目的语者的交流。但值得注意的是，听力技能的真正提升单凭课内操练或做听力试题是很难实现的，更多的要依赖在丰富而真实的语言环境中多听多练。这从一个角度能够来解释预科汉语学习者听力技能进步幅度小这一问题的原因。

2.自我效能感对听力策略使用的关系分析

自我效能感指个体的学业能力信念，是学习者对自己能否利用已有的能力或技能去完成学习任务的自信程度的评价，是个体对控制学习行为和学习成绩能力的一种主观判断。① 它是影响学习策略有效运用的一个重要的情感因素。宾特里奇(Pintrich)和德格鲁特(De Groot)研究表明，自我效能高低对策略掌握有影响，高自我效能会促进策略的习得和掌握。② 国内学者也认为，自我效能与学习策略的习得和运用呈显著正相关(谷生华等)。③ 研究结果如表 3 所示，预科汉语学习者自我效能感与听力总体策略、元认知策略、认知策略之间呈现为正相关关系，且相关性显著。

表 3　自我效能感与听力策略使用的关系

		总体策略	元认知策略	认知策略	社会情感策略
自我效能感	皮尔森相关性	0.241*	0.238*	0.236*	0.158
	显著性	0.014	0.015	0.016	0.111

* 表示在 0.05 水平上显著相关。

** 表示在 0.01 水平上显著相关。

① 参见张庆宗、刘晓燕:《英语阅读自我效能感、阅读策略和阅读成绩关系的实证研究》,《教育研究与实验》2009 年第 1 期。

② Pintrich P.R. and E.V. De Groot, "Motivational and Self-regulated Learning Components of Classroom Academic Performance," *Journal of Educational Psychology*, 1990, vol. 82, no. 1, pp.33-40.

③ 参见谷生华、辛涛、李荟:《初中生归因、学习策略与学习成绩关系的研究》,《心理发展与教育》1998 年第 2 期。

3.语言能力对听力策略使用的影响

前人研究表明学习者已有的知识结构和语言水平是影响策略使用的重要因素，那预科汉语学习者的语言能力与听力策略的选择和使用有何关系，我们试做探索性的分析。

(1)听力水平对听力策略使用的影响

预科汉语学习者的听力成绩反映其听力技能水平。如表4所示，听力成绩与听力策略各维度之间存在正相关关系。同时，听力成绩与所有子策略之间也存在正相关关系，其中与评估策略和推理策略的相关性显著，$R=0.242, P<0.05$；$R=0.275, P<0.01$。这说明听力水平越高的学生，听力策略用得越多。钱玉莲也发现韩国学生听力策略和听力成绩之间存在显著的正相关关系。①

表4　听力成绩与策略使用的相关分析

<table>
<tr><td></td><td>策略维度</td><td colspan="3">元认知策略</td><td colspan="5">认知策略</td><td colspan="2">社会/情感策略</td><td>总体策略</td></tr>
<tr><td rowspan="5">听力成绩</td><td>皮尔森相关性</td><td colspan="3">0.178</td><td colspan="5">0.182</td><td colspan="2">0.043</td><td>0.149</td></tr>
<tr><td>显著性</td><td colspan="3">0.072</td><td colspan="5">0.065</td><td colspan="2">0.669</td><td>0.132</td></tr>
<tr><td>子策略</td><td>计划策略</td><td>监控策略</td><td>评估策略</td><td>预测策略</td><td>复述策略</td><td>推理策略</td><td>概括策略</td><td>转移策略</td><td>提问策略</td><td>自言自语策略</td><td>—</td></tr>
<tr><td>皮尔森相关性</td><td>0.051</td><td>0.119</td><td>0.242*</td><td>0.194</td><td>0.086</td><td>0.275**</td><td>0.102</td><td>0.154</td><td>0.078</td><td>0.147</td><td>—</td></tr>
<tr><td>显著性</td><td>0.608</td><td>0.233</td><td>0.014</td><td>0.050</td><td>0.387</td><td>0.005</td><td>0.304</td><td>0.119</td><td>0.434</td><td>0.137</td><td>—</td></tr>
<tr><td colspan="13">* 表示在0.05水平上显著相关。
** 表示在0.01水平上显著相关。</td></tr>
</table>

(2)汉语综合水平对听力策略使用的影响

预科汉语学习者的汉语水平考试总成绩反映其汉语综合能力。如表5所示，总成绩与总体听力策略使用之间存在显著正相关关系，与元认知策略、认知

① 参见钱玉莲：《韩国学生汉语学习策略研究》，世界图书出版公司2007年版，第84页。

策略存在显著正相关关系。同时，与评估、预测、推理、转移、自言自语等子策略之间也呈显著正相关关系。这说明学习者语言综合能力的高低直接影响听力策略的使用频率。

表 5　汉语水平考试总成绩与策略使用的相关分析

<table>
<tr><td></td><td>策略维度</td><td colspan="3">元认知策略</td><td colspan="5">认知策略</td><td colspan="2">社会/情感策略</td><td>总体策略</td></tr>
<tr><td rowspan="5">总成绩</td><td>皮尔森相关性</td><td colspan="3">0.255**</td><td colspan="5">0.233*</td><td colspan="2">0.109</td><td>0.225*</td></tr>
<tr><td>显著性</td><td colspan="3">0.009</td><td colspan="5">0.018</td><td colspan="2">0.271</td><td>0.022</td></tr>
<tr><td>子策略</td><td>计划策略</td><td>监控策略</td><td>评估策略</td><td>预测策略</td><td>复述策略</td><td>推理策略</td><td>概括策略</td><td>转移策略</td><td>提问策略</td><td>自言自语策略</td><td></td></tr>
<tr><td>皮尔森相关性</td><td>0.119</td><td>0.149</td><td>0.318**</td><td>0.245*</td><td>0.035</td><td>0.307**</td><td>0.115</td><td>0.195*</td><td>0.011</td><td>0.198*</td><td></td></tr>
<tr><td>显著性</td><td>0.229</td><td>0.132</td><td>0.001</td><td>0.013</td><td>0.728</td><td>0.002</td><td>0.249</td><td>0.048</td><td>0.911</td><td>0.045</td><td></td></tr>
</table>

* 表示在 0.05 水平上显著相关。

** 表示在 0.01 水平上显著相关。

(五)个体因素与听力策略使用的回归性分析

为了进一步探索各个体因素对听力策略使用的预测力，我们采用逐步进入法(stepwise)对 103 名预科汉语学习者的听力成绩、汉语水平考试总成绩、工具性动机和自我效能感与其听力策略使用情况进行多元回归分析。

表 6　个体因素与听力策略使用的回归分析结果

个性因素	R^2	Beta	T 值	显著性
自我效能感	0.058	0.282	2.982	0.004
总成绩	0.128	0.268	2.834	0.006

表 6 显示，自我效能感和总成绩进入回归方程。自我效能感作为第一个变

量进入方程，它可解释听力策略使用变异的5.8%，这说明预科汉语学习者的自我效能感在听力学习过程中起着重要作用。汉语水平考试总成绩作为第二个变量进入回归方程，它是学生汉语综合知识和能力的体现，对听力策略使用变异的解释系数增加到12.8%。这说明听力策略使用水平的高低与已有的知识结构和语言能力密切相关。

四、结论与启示

本篇研究显示预科汉语学习者听力技能的进步幅度低于其他语言技能，听力技能的发展并不理想。预科汉语学习者听力策略的使用较为频繁，但仍有进步空间，听力策略的使用与学习者的听力水平、整体的语言能力呈正相关关系，并受到诸多个体因素的影响。基于实证研究发现，我们可以从以下方面提高预科汉语学习者的汉语听力策略使用意识和水平。

第一，关注预科汉语学习者听力策略使用的个体差异，做到因材施教。从性别、年龄、地域上来看，预科汉语学习者听力策略的使用差异虽不显著，但有所不同、各有特点。我们应根据这些差异，分析不同学习者对应的汉语听力策略的欠缺，进而有针对性地对学生的听力策略使用做出学习指导。

第二，适度缓解预科汉语学习者紧张的学业情绪，加强学生对听力过程和方法的关注。预科教育既定的学习目标和汉语强化学习模式使学生工具性学习动机过于强烈，学习以应试为目标，但这不利于对听力策略的自觉反思。在日常教学中，应增强课内语言听力输入练习的真实性和趣味性，增强方法引导，并鼓励学生课下多听、多说，缓解考试焦虑。

第三，增强自我效能感，提高听力策略使用的主动意识。自我效能感与听力策略使用呈显著正相关关系，因而对预科汉语学习者进行听力策略的培训和自我效能感的激励同等重要。

第四，听力策略训练与知识积累相结合，二者并行发展。策略性知识建立在已有的知识结构和语言能力基础之上，随着语言学习经历的丰富，学习者的听力方法和技巧也会不断积累，因而提高预科汉语学习者的汉语词汇、语法知识及综合语言能力，会有助于听力策略水平的提高。

第五，培养预科汉语学习者的自主学习能力是进行听力策略指导的终极目标。听力策略研究的目的在于探析预科汉语学习者这一特殊汉语学习群体的学习过程和规律,而研究发现最终要反哺于学生的学习实践。我们应该让学生了解听力策略的具体内涵和价值,把握自身学习特点,反思自身缺漏,适时对听力学习过程进行监控、调节和评估,以成为真正会学习的学习者。

中级泰国学习者汉语语音偏误个案研究

【摘要】汉语在泰国是中小学生的必修课，已成为仅次于英语的第二外语。语音是语言学习的重点，目前有关泰国汉语学习者语音偏误问题的探讨大多集中在共性研究上，个性分析略显不足。本篇以泰国朱拉隆功大学的一位中级汉语水平大学生为研究对象，结合对比分析理论、偏误分析理论和声调格局理论等进行个案分析。研究发现了这位学习者在语音偏误方面与其他泰国学习者的普遍共性，也发现了一些独特个性。

【关键词】泰国汉语学习者　汉语语音偏误　个案研究

一、研究背景

随着中国综合实力的增强，世界各地掀起了汉语热。泰国作为中国的友好邻国，汉语学习更是持续升温。汉语在泰国是中小学生的必修课，已经成为仅次于英语的第二外语。但受母语负迁移和教师教学方法不当等因素影响，泰国汉语学习者存在着不少语音偏误。语音是语言的物质外壳，是语言学习的重点，因此语音偏误是汉语国际教学研究的重点内容之一，也是国内外学者对汉语作为第二语言习得研究的一个重要领域，相关成果较多。

李红印发现泰语重鼻音的特点对学习者有很大干扰，汉语里的卷舌音是他们的一个发音难点，复元音韵母的混读也很常见。通过大量的听辨测验，他发现泰国学生最明显的声调偏误表现为一声调不够高，四声调降太长，且汉语的重音也不易被掌握。①

---

① 参见李红印：《泰国学生汉语学习的语音偏误》，《世界汉语教学》1995年第2期。

陈娥认为，泰国学习者的声调偏误很好地印证了赵元任先生所说的“是调域而不是调型造成了外国学生学习的困难”①。她认为泰国学生在汉语阴平的学习上几乎没有调型错误，但是调域偏误比较明显，调值达不到55，这是受泰语里的中平调带来的母语负迁移的影响。②

易斌、吴永明、阿丽达对初级、中级、高级三种不同水平的泰国学习者分组进行了声学实验。结果显示，泰国学习者在初级阶段能够建立起完善的汉语声调近似系统，该系统在中高级阶段得到发展，逐渐向汉语声调系统靠近，但到高级阶段仍未建立起真正的汉语声调系统。③ 这说明泰语作为声调语言，在初级阶段对汉语声调的感知有着明显的优势，但到了中高级阶段，学习者反而易受母语声调特征的干扰，难以建立真正的汉语声调系统。

张建强以问卷调查的形式开展研究，发现语流音变是泰国学习者认为汉语最难的语言项目，句调中停延和重音也是一个难点，声调是声、韵、调中难度最大的习得项目。随后，他对泰国大学中高年级学生进行的朗读和口语测试也印证了这些说法。④

于艳清通过听辨测试发现受试学生的声母偏误集中在舌尖音和舌面音上，进而通过 Praat 语音实验软件对学生的偏误发音与教师的正确发音进行了语图的对比，更为直观地感知到了泰国学习者汉语语音偏误的声学表现。⑤

综上所述，关于泰国学习者的汉语语音偏误研究成果较多，涵盖了声母、声调、韵母甚至语流音变、句调等各个方面，但大多为共性特征研究，缺少个性差异分析。

本篇的研究对象是一位来自泰国朱拉隆功大学的女大学生，名叫雅星。她处于中级汉语水平，通过了汉语水平 4 级考试，能较流利地用汉语与中国人对话，但语音偏误较多，在声母、韵母和声调方面均存在问题。选取该学生课堂日常训练的 5 篇朗读文本为测试材料（见附录），让她在安静的环境下进行朗读，对其朗读进行录音，通过听辨分析来探讨其常见的语音偏误。期望本篇的研究

---

① 赵元任：《语言问题》，商务印书馆 1980 年版，第 59～83 页。

② 参见陈娥：《泰国学生汉语习得中的语音偏误研究》，云南师范大学硕士学位论文，2006 年，第 50～52页。

③ 参见易斌、吴永明、阿丽达：《泰国学习者汉语单字调习得过程及特点的实验研究》，《语言教学与研究》2012 年第 6 期。

④ 参见张建强：《泰国中高年级学生汉语语音偏误分析及教学对策》，《对外汉语研究》2014 年第 1 期。

⑤ 参见于艳清：《泰国中学生学习汉语声母偏误研究》，西北大学硕士学位论文，2021 年，第 14～22 页。

能够丰富泰国学习者汉语偏误个案研究成果。

二、理论基础

(一)对比分析假说

对比分析假说是美国语言学家罗伯特·拉多(Robert Lado)于1957年提出的。对比分析是将两种语言的系统进行共时比较,以揭示其相同点和不同点的一种语言分析方法。对比分析理论认为,第二语言与第一语言相似的语言成分易学、不同的成分难学。也就是说,两种语言结构特征相同之处产生正迁移,两种语言的结构差异产生负迁移。负迁移会造成第二语言习得的难点和学生的错误。这一理论还认为第二语言习得的主要障碍来自母语的干扰。因此,教师可以把目的语和学生的母语体系进行对比分析,以预测两种语言的差异所造成的学习中的重难点,从而在教学中采取预防性的措施,建立有效的第二语言教学法,让学生克服母语的干扰。

为了将对比分析更好地应用到教学之中,普拉克特(Practor)于1967年提出了第二语言学习的"难度等级模式"理论。难度等级共分为6级。零级:一语和二语相同的部分,学习会产生正迁移,不会存在困难;一级:一语中的两个语言项目在二语中合为一个;二级:一语中有而二语中没有的语言项目,即介入性干扰;三级:一语中的某个语言项目虽然在二语中也有,但差异较大,学习者要对目的语的新项目进行重新习得;四级:二语中有而一语中没有的语言项目,即阻碍性干扰;五级:一语中的一个语言项目在二语中分为两个。[①]

(二)偏误分析理论

偏误(Error)是指学生学习一门外语时,由于掌握不好目的语而产生的一种规律性错误,它偏离了目的语的轨道,反映了说话者的语言能力和水准。一般来说,学习者自己难以察觉这类错误,也不易改正,而且会重复出现,因此,它是偏误分析研究的主要内容。

刘珣认为,偏误分析(Error Analysis)是对学习者在第二语言习得过程中所产生的偏误进行系统分析,并研究其来源,揭示学习者的中介语体系,从而了

---

① 参见刘珣:《对外汉语教育学引论》,北京语言大学出版社2000年版,第187～189页。

解第二语言习得的过程与规律。偏误分析将二语学习者出现的偏误作为研究对象,关注学生使用的目的语形式与目的语规范形式之间的差距以及造成这些差距的原因,从而发现二语学习者发生偏误的规律,总结出一些除母语干扰以外造成偏误的其他原因。①

偏误分析对第二语言习得具有重要意义,它有利于学生发现自己中介语系统中的错误,也有利于教师把握第二语言学习的重点和难点,采取合适的教学策略,帮助学生获得更好的学习效果。

三、汉泰语音对比分析

中国和泰国在地理位置上接近,同属于亚洲文化圈,再加上汉语和泰语同属于汉藏语系,且两者都由声、韵、调组成,因此,两种语言有较多相似之处。另外,泰语和中国的少数民族语言傣语相近,傣语和汉语同属于汉藏语系汉傣语族。而且由于古代中泰之间语言文化交流频繁,泰语中还吸收了许多中国的古汉语词汇。因此,对以泰语为母语的汉语学习者来说,汉语中有很多字词的发音是似曾相识的。但正是这两种语言既相似又有差异的特点,给他们学习汉语带来了挑战,因此,加强汉泰语音对比分析是很有必要的。

汉语是表意文字,大部分汉字的形状代表它的含义而不是发音,所以汉语需要借用拼音来标注发音。汉语中有 22 个声母(包括零声母)、39 个韵母和 4 个声调。泰语是表音文字,有 44 个辅音、32 个元音和 5 个声调。汉语和泰语的发音都包含声、韵、调这三部分,因此下文从这三方面来分析汉泰语音的异同。

(一)声母

汉语和泰语的声母有以下异同点。

第一,泰语的声母多于汉语的声母。这属于二级难度,为介入性干扰,难度较低。

第二,汉语中的很多声母在泰语中有直接对应的声母,如双唇音 b[p]、p[ph]、m[m]和唇齿音 f[f]等。这属于零级难度,有正迁移作用,一般不会产生困难。

第三,汉语中也有很多声母在泰语中并没有直接对应的声母,如舌尖前音 z

① 参见刘珣:《对外汉语教育学引论》,北京语言大学出版社 2000 年版,第 191～192 页。

[ts]、c[tsh]，舌尖后音 zh[tʂ]、ch[tʂh]、sh[ʂ]、r[ʐ]和舌面前音 j[tɕ]、q[tɕh]、x[ɕ]等。这属于四级难度，为阻碍性干扰，难度较大。

第四，现代汉语、普通话中已经没有古汉语中的辅音韵尾-p、-t、-k 了，但泰语中仍然存在大量辅音韵尾，如-p、-t、-k、-m、-n、-ng 等。这属于二级难度，为介入性干扰，难度较低。

综上可知，泰国学习者习得汉语声母难度较大的是舌尖音和舌面音，所以教师要着重注意这些声母的教学策略。

(二)韵母

汉语和泰语的韵母有以下异同点。

第一，汉语中的单元音韵母 a [A]、o[o]、e[ɣ]、i[i]、u[u]和复元音韵母 ia [iA]、ua [uA]、ai[ai]、ao[au]在泰语中有发音相似的韵母。但汉语中的复元音韵母 ie[iɛ]、üe[iɛ]、uo[uo]等在泰语中不存在，属于四级难度，阻碍较大。泰语的韵母远多于汉语的韵母。这属于二级难度，为介入性干扰，难度较低。

第二，汉语的单元音韵母没有长短之分，但是泰语中有 9 个单元音韵母有长元音和短元音之分。另外，除单元音以外，泰语中的其他元音也有长短的不同。这属于二级难度，为介入性干扰，难度不大。

第三，泰语的鼻音韵母是 m，而汉语中的鼻音韵母辅音韵尾是-n 和-ng 。这属于三级难度，泰国学习者在习得汉语时要重新学习此语言项目。

第四，汉语中有卷舌音 er[ɚ]，而泰语中没有这个韵母。这属于四级难度，为阻碍性干扰，难度较大。

综上可知，汉语里的卷舌元音 er[ɚ]和复元音韵母 ie[iɛ]、üe[iɛ]、uo[uo]等是泰国学习者习得汉语韵母的难点。

(三)声调

汉语和泰语的声调有以下异同点。

第一，汉语有 4 个声调，分别是阴平、阳平、上声、去声，它们的调值分别是 55、35、214、51；泰语有 5 个声调，分别是中平调、低平调、降调、高平调和升调，它们的调值分别为 33、21、41、45、14。

第二，二者都有升调、平调和降调，但是它们分别对应的调值都不同。这属于三级难度，学习者要重新习得。

第三，汉语中有上声，调值为 214，而泰语没有这种曲调/降升调。这属于四级难度，学习难度较大。

第四，汉语存在很多变调现象，如轻声、上声变调、“一”“不”的变调等，而泰语中没有。这属于四级难度，阻碍性较大。

通过以上对比可知，汉泰语音之间既有相似，也存在较多差异，因此，泰国学习者在学习汉语时，会遇到很多二级难度和四级难度的语言项目，受到的介入性干扰和阻碍性干扰较大。

四、个案的汉语语音偏误

（一）声母偏误

以朗读材料文本为依托，统计个案研究对象的声母偏误，结果如表 1 和表 2 所列。

表 1　汉语声母偏误统计表（一）

发音部位	发音方法	本音	偏误字	出现次数	偏误发音 1	偏误次数	偏误率（%）	偏误发音 2	偏误次数	偏误率（%）
舌尖前音	不送气清塞擦音	ts	在	8	tʃ	2	25.00			
			子	6	tʃ	5	83.33			
			座	1	tʃ	1	100.00			
			走	1	tʃ	1	100.00			
			做	1	tʃ	1	100.00			
			作	1	tʃ	1	100.00			
	送气清塞擦音	ts^{h}	踩	1	ʃ	1	100.00			
			从	1	tʃ^{h}	1	100.00			
			村	1	tʃ^{h}	1	100.00			
			层	2	tʃ^{h}	1	50.00	ʃ	1	50.00
			彩	1	ʃ	1	100.00			
			餐	1	tʃ^{h}	1	100.00			
			菜	1	ʃ	1	100.00			

续表

发音部位	发音方法	本音	偏误字	出现次数	偏误发音1	偏误次数	偏误率（%）	偏误发音2	偏误次数	偏误率（%）
舌面前音	不送气清塞擦音	tɕ	剧	1	tʃ	1	100.00			
	送气清塞擦音	$tɕ^h$	球	2	ɕ	2	100.00			
			惬	1	ɕ	1	100.00			
			前	3	ɕ	2	66.67			
			全	2	ʃ	1	50.00	$tʃ^h$	1	50.00
			起	1	ɕ	1	100.00			
			且	1	ɕ	1	100.00			
			去	1	ʃ	1	100.00			
			却	2	ʃ	1	50.00			
			取	1	ʃ	1	100.00			
			情	1	ɕ	1	100.00			
	清擦音	ɕ	细	1	s	1	100.00			
			须	1	ʃ	1	100.00			
			绪	1	s	1	100.00			
			欣	1	s	1	100.00			

表 2　汉语声母偏误统计表(二)

发音部位	发音方法	本音	偏误字	出现次数	偏误发音 1	偏误次数	偏误率(%)	偏误发音 2	偏误次数	偏误率(%)
舌尖后音	不送气清塞擦音	tʂ	着	5	tʃ	4	80.00			
			争	1	tʃ	1	100.00			
			照	1	tʃ	1	100.00			
			住	1	tʃ	1	100.00			
			只	1	tʃ	1	100.00			
			这	4	tʃ	3	75.00			
			助	1	tʃ	1	100.00			
			智	1	tʃ	1	100.00			
			质	2	tʃ	2	100.00			
			中	4	tʃ	3	75.00			
			种(种类)	2	tʃ	2	100.00			
			种(种植)	2	tʃ	2	100.00			
			主	2	tʃ	2	100.00			
			直	1	tʃ	1	100.00			
			知	1	tʃ	1	100.00			
			值	1	tʃ	1	100.00			
	送气清塞擦音	$tʂ^h$	桌	1	tʃ	1	100.00			
			煮	1	tʃ	1	100.00			
			植	2	tʃ	2	100.00			
			场	2	ʃ	2	100.00			
			吹	1	tʃh	1	100.00			
			衬	1	ʃ	1	100.00			
			充	1	ʃ	1	100.00			
			出	3	tʃh	3	100.00			
			成	2	ʃ	2	100.00			
			茶	2	ʃ	2	100.00			
			吃	2	ʃ	2	100.00			
			传	2	ʃ	2	100.00			
			常	1	ʃ	1	100.00			
			产	1	ʃ	1	100.00			

续表

发音部位	发音方法	本音	偏误字	出现次数	偏误发音 1	偏误次数	偏误率(%)	偏误发音 2	偏误次数	偏误率(%)
舌尖后音	清擦音	ʂ	沙	4	s	1	25.00	ʃ	3	75.00
			上	6	s	6	100.00			
			受	1	ʃ	1	100.00			
			晒	1	s	1	100.00			
			身	3	s	1	33.33	ʃ	2	66.67
			水	1	ʃ	1	100.00			
			射	1	ʃ	1	100.00			
			山	6	s	6	100.00			
			说	4	ʃ	4	100.00			
			十	4	ʃ	1	25.00	s	3	75.00
			石	2	ʃ	2	100.00			
			傻	1	ʃ	1	100.00			
			少	1	s	1	100.00			
			睡	4	ʃ	2	50.00	s	2	50.00
			时	4	ʃ	4	100.00			
			是	3	ʃ	2	66.67			
			舍	1	s	1	100.00			
			赏	1	s	1	100.00			
			声	1	ʃ	1	100.00			
			术	1	s	1	100.00			
			柿	1	ʃ	1	100.00			
			世	1	ʃ	1	100.00	ʂ	1	
			食	3	ʃ	2	66.67	ʂ	1	
			生	2	s	2	100.00			
			蔬	1	s	1	100.00			
	浊擦音	ʐ	人	11	l	11	100.00			
			扔	1	l	1	100.00			
			入	1	l	1	100.00			
			软	1	l	1	100.00			

李红印认为，泰国学生在声母发音上的主要问题是翘舌音“zh ch sh r”。①如表 2 所示，该学生也存在同样的问题，如舌尖后音 sh[ʂ]用舌尖前音 s[s]来代替，故而将“上”读成[sɑŋ]、“沙”读成[sᴀ]、“十”读成[sɿ]、“睡”读成[suei]，偏误率非常高。但是该学生更多情况下是用舌叶音[ʃ]来代替舌尖后音[ʂ]，如“晒”读成[ʃai]、“山”读成[ʃan]、“十”读成[ʃɿ]、“睡”读成[ʃuei]等等，偏误率高于舌尖前音[s]。除了舌尖后清擦音[ʂ]以外，同发音部位的舌尖后不送气清塞擦音[tʂ]和送气清塞擦音[tʂh]同样由舌叶音[tʃ]和[tʃh]来代替，说明她没有掌握好汉语里的舌尖后音的发音方法，不会抬起舌尖去接触硬腭前部形成阻碍从而发出翘舌音，而是用舌面前部的舌叶位置去接触上颚形成阻碍从而发音，发出来的是平舌音。

泰国学生发舌尖后浊擦音[ʐ]的问题普遍较大，因为泰语中存在舌尖后浊颤音[r]，所以很多学生在发汉语的浊擦音[ʐ]时会去模仿[r]的发音。该学生的问题是将擦音[ʐ]直接发成边音[l]，如“人”都读成[lən]、“扔”读成[ləŋ]、“入”读成[lu]、“软”读成[luan]。这是因为发音时舌尖直接接触到了硬腭从而发出了边音，而不是擦音。舌尖后浊擦音的正确发音方式是舌尖翘起，去接触上齿龈后部、硬腭前部，但不能直接抵住硬腭，否则无法摩擦发音。

如表 1 所列，除了用舌叶音代替舌尖后音发音以外，该学生也会用舌叶音[tʃ]和[tʃh]代替舌尖前音[ts]和[tsh]的发音，如“在”读成[tʃai]、“子”读成[tʃɿ]、“走”读成[tʃou]、“做”读成[tʃuo]、“村”读成[tʃhuən]等。虽然二者都是平舌音，但发音部位不同。正确的发音应该是用舌尖接触齿背形成阻碍，气流冲破舌尖和齿背之间的缝隙从而摩擦成声，但该学生是用舌叶抵住硬腭形成阻碍再摩擦成声的。其中，送气清塞擦音[tsʰ]还存在被舌叶音[ʃ]代替的偏误，如“层”读成[ʃəŋ]，“菜”读成[ʃai]等。这说明该学生不仅不能准确把握舌尖前音[ts]和[tsh]的发音部位，也没有掌握这两个音的发音方法。这两个音一个是送气音，一个是不送气音。泰语声母中也有送气音，但与汉语的发音部位不同，这给泰国学习者带来了负迁移，起到了干扰作用。至于舌尖前清擦音[s]，由于泰语中存在同样的声母，习得难度为零级，该学生习得非常自然，没有出现问题。

① 参见李红印:《泰国学生汉语学习的语音偏误》,《世界汉语教学》1995 年第 2 期。

该学生在舌面前音的部分的问题最多，既有发音部位偏误，也有发音方法偏误。如舌面前不送气清塞擦音[tɕ]发为舌叶音[tʃ]，送气清塞擦音[tɕh]发为舌叶音[tʃh]、[ʃ]或舌面前清擦音[ɕ]，如“全”读成[tʃhyan]或[ʃyan]、“情”读成[ɕiŋ]、“起”读成[ɕi]等。舌面前清塞擦音[tɕ]和[tɕh]的发音方法是舌面前抵住前硬腭，声带不震动，气流冲破舌面和硬腭之间的窄缝，摩擦成声，而不是用舌叶抵住硬腭摩擦成声的。通过表1可以发现，声母[tɕh]和齐齿呼相拼时，该学生会读成舌面前清擦音[ɕ]；当与撮口呼相拼时，会读成舌叶音[ʃ]或[tʃh]，说明韵母的发音部位会影响到她对声母发音方法和部位的感知，从而产生声母发音的偏误。同样的，该学生也存在用舌叶音[ʃ]或舌尖前音[s]来代替舌面前清擦音[ɕ]的问题。舌面前清擦音[ɕ]是舌面前靠近硬腭，声带不震动，气流冲破舌面和硬腭之间的窄缝，摩擦成声，而不是舌叶抵住硬腭摩擦成声的，也不是用舌尖靠近上齿背摩擦成声。

总而言之，该学生虽然整体汉语水平已经达到了中级，但其声母习得出现了中介语僵化现象（Fossilization），对汉语里的舌尖音和舌面音声母的掌握存在较大问题，且呈现顽固性的特点。这是汉泰两种语言之间的不同之处带来的必然影响，也可能是学习者认为该偏误不妨碍交际，可以不加以纠正等原因造成的。这一情况需要教师引起重视并采取正确的教学策略予以纠正，也需要学生多加注意和练习。

（二）韵母偏误

以朗读材料文本为依托，统计个案研究对象的韵母偏误，结果如表3所示。

表3　汉语韵母偏误统计表

韵母类型	本音	偏误字	出现次数	偏误发音	偏误次数	偏误率(%)
开口呼	ou	头	1	o	1	100.00
	ɚ	而	2	ə	2	100.00
		儿	2	ə	2	100.00

续表

韵母类型	本音	偏误字	出现次数	偏误发音	偏误次数	偏误率(%)
齐齿呼	iou	球	2	io	2	100.00
		有	5	io	5	100.00
		优	1	io	1	100.00
		九	1	iu	1	100.00
	i_A	下	2	iə	2	100.00
		家	4	iə	4	100.00
		价	1	iə	1	100.00
	iɛ	些	1	iə	1	100.00
		界	1	ie	1	100.00
合口呼	uo	夺	1	uə	1	100.00
		多	1	uə	1	100.00
		国	3	uə	3	100.00
		桌	1	uə	1	100.00
撮口呼	y	愚	6	iu	6	100.00
		于	1	iu	1	100.00
		去	1	iu	1	100.00
		取	1	iu	1	100.00
		须	1	u	1	100.00
		绪	1	u	1	100.00
		剧	1	u	1	100.00
	yɛ	却	2	iɛ	2	100.00

该学生的四呼韵母发音均存在问题，问题最严重的是撮口呼韵母 y 的发音。

一方面，在开口呼韵母中，该学生在发复元音韵母 ou 时没有动程，即没有舌位高低、唇形圆展、开口大小的变化，实际发音是单元音韵母 o；由于泰语中不存在卷舌元音，因此汉语里的卷舌元音 ɚ 的发音对于泰国学习者来说是一个难点，该学生也存在同样的问题，将卷舌元音发为了单元音 ə。另一方面，该学生还存在儿化韵未发音的问题。卷舌元音作为儿化音可以与前字字音形成儿化韵，如“老头儿”的“头儿”，发音为[thour]，而她怕读错，直接略过儿化音，读为[tho]，在日常交际中她也常采取回避策略，直接略过该语言项目。

在齐齿呼韵母中，在发复元音韵母 iou 时，该学生同样没有动程，后半部分发为单元音韵母 o，所以 iou 的实际发音为 io，如“球”读成[ɕio]、“有”读成[io]、“优”读成[io]，但也有将 iou 发为 iu 的情况，如“九”读成[tɕiu]。关于齐齿呼韵母 iɑ [iA]的发音，李红印认为泰国学生经常将其与 ie 混淆[①]，但在本研究中该学生将其读为了[iə]、如“下”读成[siə]、“家”读成[tɕiə]、“价”读成[tɕiə]；而在读 ie[iɛ]时，由于该学生读不好 iɑ 韵母，她没有与 iɑ 相混，而是读出了[ie]和[iə]这两个自由变体，如“些”读成了[ɕiə]、“界”读成了[tɕie]。

关于合口呼韵母，饶秉才先生认为泰语中没有 uo 韵母，导致泰国学生喜欢用 ua 韵母来代替 uo。[②] 但是该学生更倾向于用 uə 韵母来代替 uo 韵母，且她所发的 uə 韵母是带有央低不圆唇元音[ᴀ]的色彩的，也就是介于 uə 和 ua 之间。

在四呼韵母中，该学生在撮口呼韵母上偏误最多，尤其是韵母 ü[y]。由于泰语中没有前高圆唇元音韵母 ü[y]，所以很多泰国学生会用不圆唇元音韵母 i[i]来代替，该学生同样不会发前高圆唇元音韵母 ü[y]，而是用不圆唇元音韵母 i[i]来代替或再加上后高圆唇元音 u[u]，所以“却”读成[ʃiɛ]、“愚”读成[iu]、“去”读成[ʃiu]、“取”读成[ʃiu]；但也有直接发后高圆唇元音 u[u]来代替的，如“须”读成[su]、“绪”[su]、“剧”读成[tʃu]，这与其声母偏误也有关，以上舌面前音字都被误读为了舌尖音或舌叶音。

（三）声调偏误

以朗读材料文本为依托，统计个案研究对象的声调偏误，结果如表 4 所列。

---

① 参见李红印：《泰国学生汉语学习的语音偏误》，《世界汉语教学》1995 年第 2 期。

② 参见饶秉才：《华人汉语速成教材（中级）》，国际文化出版公司 1991 年版，第 274 页。

表 4　汉语声调偏误统计表

声调	偏误字	出现次数	实际调值	偏误调值	偏误次数	偏误率(%)
阴平	沙	4	55	214	1	25.00
	充	1	55	35	1	100.00
	精	2	55	214	1	50.00
	包	1	55	214	1	100.00
阳平	石	2	35	55	1	50.00
上声	躺	1	214	35	1	100.00
	顶	1	214	55	1	100.00
	脚	1	214	55	1	100.00
	软	2	214	21	2	100.00
	两	4	214	35	1	25.00
	满	3	214	21	1	33.33
	死	1	214	21	1	100.00
	彩	1	214	35	1	100.00
去声	晒	1	51	214	1	100.00
	汗	1	51	214	1	100.00
	这	4	51	35	1	25.00
	睡	4	51	214	1	25.00

余霭芹认为外国学生习得汉语声调的顺序是阴平最易掌握，其次是去声和阳平，而上声最难①。这一声调习得顺序与许多对外汉语教师在教学过程中所发现的基本一致，如王安红在《汉语声调特征教学探讨》中发现，在声调教学中，留学生习得速度较快的是阴平和去声，而阳平和上声的习得相对较慢、较难。②

① 余霭芹：《声调教法的商榷》，世界汉语教学学会第一届国际汉语教学讨论会论文，北京，1985年，第 231 页。

② 参见王安红：《汉语声调特征教学探讨》，《语言教学与研究》2006 年第 3 期。

以上两位学者的观点在该学生身上有一定的体现。如表 4 所列，该学生的汉语四声声调偏误最多体现在第三声上声，她常常将上声与第一声阴平或者第二声阳平相混淆，如“躺”读成[$t^{h}a\eta^{35}$]、“脚”读成了[$tɕiau^{55}$]，还存在上声发音不完整，将其发为低降调 21 的情况，如“软”读成[$luan^{21}$]、“满”读成[man^{21}]。但仔细观察可以发现，该学生并不是所有上声都会读错，说明她对上声的掌握不够扎实，存在调值不准确、发音不完整的偏误。

在阴平字方面，该学生也会偶尔读错，她在阴平调上的偏误大部分是将其与上声调相混淆，如将“沙”读成[s_{A}^{214}]，“精”读成[$tɕi\eta^{214}$]、“包”读成[pau^{214}]等；偶尔也有将阴平调与阳平调相混淆的情况，如将“充”读成[$ʃu\eta^{35}$]。

在阳平字方面，该学生存在偶尔将第二声阳平调与第一声阴平调相混淆的偏误，如将“石”读成[$ʃ\iota^{55}$]等。

在去声字方面，该学生的偏误大多是将第四声去声与第三声上声相混淆，如将“晒”读成[sai^{214}]，“汗”读成[xan^{214}]，“睡”读成[$ʃuei^{214}$]。

综上所述，该学生的声调偏误不少，主要集中在阴平调和上声调方面，可以总结为“阴平上不去，上声发不全”。这样的语音偏误可能与母语负迁移有关，泰语是声调语言，与汉语相比，多一个声调，但泰语里的平调是低平调，调值为 33，会影响到泰国学习者习得汉语高平调 55，导致其发音时调值达不到 55；泰语里有低降调 21，所以在习得汉语里的高降调 51 时，学习者容易受其影响发成低降调 21。这些问题在一定程度上与该学生的声调偏误体现出了一些共性，说明该学生明显还是受到了母语负迁移的干扰。教师应该重视声调的听辨练习，可以结合他们活泼开放的性格特质，运用体验式语音教学方法，在汉语声调教学中，用舞蹈动作来做手势，可以激发学生的学习兴趣，有效加强学生对汉语语音的记忆。

除了四声以外，变调也是汉语声调习得中的一个重点和难点，该学生除了以上的四声偏误以外，在语流音变方面的偏误也很严重。表 5 展示了该学生的变调偏误情况。

表 5　汉语变调偏误统计表

音变	偏误字	实际调值	偏误调值	出现次数	偏误次数	偏误率(%)
轻声	着	0	51	5	2	40.00
	得	0	/	1	0	0.00
	的	0	33	20	15	75.00
“一”字变调		51	214	3	1	33.33
		35	/	1	0	0.00
“不”字变调		51	/	2	0	0.00
		35	51	1	1	100.00
上声变调	只	35	55	1	1	100.00
	很	35	214	1	1	100.00
	也	35	214	1	1	100.00

该学生在轻声、“一”“不”的变调和上声变调方面均存在偏误，说明她的变调掌握水平较差。

该学生没有掌握汉语里的轻声，除了用在动词后的“得”字读轻声以外，动态助词“着”和结构助词“的”发音都存在偏误，如“着”读成[tʃɤ^{51}]、“的”读成[tɤ^{55}]等。这说明该学生没有理解轻声的含义。轻声在汉语中是一种特殊变调，表现为音长变短、音强变弱，是一种又轻又短的调子，并不属于四声外的第五种声调。可是该学生直接将轻声读成了阴平调和去声调，忽视了它的变调属性。除此之外，在韵母的部分也提到过，该学生对儿化韵常常采取回避策略，遇到有儿化音的词，直接略过儿化韵不读，说明她对汉语里的语流音变掌握不够扎实，且有畏难心理。教师应帮助学生加强练习，纠正偏误，建立自信。

“一”字变调和“不”字变调也是汉语变调的一个难点，由表 5 可见，当“不”字变调为阳平时，该学生仍然读为本音去声调，当“一”字变调为去声调时，她却变调为阳平调，说明该学生对“一”“不”的变调规则理解还不透彻，因此出现混乱的现象，不能分清何时需要变调、需要变成什么声调。以上变调现象中，上声变调相对来说是最难掌握的一种，汉语母语者也常会出错。该学生不明确上声变调规则，直接全部读作本音，即上声调，如“也”读作[iɛ^{214}]、“很”读作[xən^{214}]。

总之，在变调这一方面，该学生把文本中的轻声大部分读成了有声调的音，

“一”“不”变调的发音都不准确，上声变调更是被忽视了，这说明对中级汉语水平的泰国学生来说，语流音变仍是一个难点。根据普拉克特的“难度等级模式”理论，汉语的声调变调属于二语中有而一语中没有的语言项目，即阻碍性干扰，是四级难度，难度较大。所以在中高级汉语教学中，教师要重视变调的教学，帮助学生分析归纳问题所在，掌握语音变化规律，利用合适的教学策略加以训练。

五、结语

本篇对泰国汉语中级学习者的汉语习得语音偏误进行了个案研究，发现泰国学习者的语音偏误有普遍共性，也有一些独特的个性。这主要表现在，在声母方面出现了中介语僵化现象，对汉语里的舌尖前音[ts][ts^h]、舌尖后音[tʂ][$tʂ^h$][ʂ][ʐ]和舌面音[tɕ][$tɕ^h$][ɕ]声母的掌握存在较大问题；在韵母方面，撮口呼韵母 ü[y]的偏误最多，还存在读错齐齿呼韵母 iɑ 、ie，将复元音韵母发成单元音和忽略儿化韵的错误；在声调方面，存在“阴平上不去，上声发不全”的问题，并且在语流音变上存在较大问题，没有正确掌握汉语的变调规律。这些偏误的产生既有母语负迁移的干扰，也有学习者本身有畏难情绪、采取回避策略等原因。这些问题应该引起汉语教师的重视，教师要结合学生个人情况，采取适当的教学策略，做到因材施教。

附录：朗读材料

（一）

在沙滩排球场上，半躺在沙滩椅中，头顶着蓝天，脚下踩着软软的细沙，吹着海风，享受那份惬意。阳光下，球场两边各有两名戴着太阳眼镜、晒得一身古铜色皮肤的运动员在网前争夺。满身的沙子，还有满身的汗水，在蓝天白云的衬托下，阳光的照射下，动感而充满活力。

（二）

从前有一位老人叫愚公，他家门前有两座山，又高又大，挡住了路，全家人出门都很不方便。一天,愚公把家里人叫到一起,说:“有山挡着,出门太困难了,我们把它搬走,好不好?”全家人都很赞成,只有他的妻子没有信心。她说:“你已经快 90 了,怎么能搬山呢?而且山上的石头,要搬到哪里去呢?”愚公说:“可以扔到海里。”村里人看到愚公这么大年纪还在搬山,都很感动,也来帮助他们。有个叫智叟的老头儿看到了,笑话愚公太傻。愚公却说:“我死了还有儿子,儿子还有孙子,我们的人越来越多,山上的石头却越来越少,我们一定能成功!”

(三)

要想提高睡眠质量,必须注意入睡的时间。能取得较好睡眠质量的入睡时间是晚上 9 点到 11 点,中午 12 点到 1 点半,夜里 2 点到 3 点半。这时人体精力下降,反应减慢,情绪低下,有利于人体进入甜美的梦乡。

(四)

“老舍茶馆”分为三层,一共有 2600 多平方米。每一层都很大,环境也很优美。来到这里,人们可以喝到各种名茶,吃到各种北京传统风味小吃,同时,还可以欣赏到精彩的演出,主要包括京剧、相声等这些中国有名的传统艺术。

(五)

人们曾经把西红柿当作有毒的果子,直到 18 世纪,人们才知道它的食用价值。现在它是人们餐桌上的美味,生食、煮食都可以。它是世界上种植非常普遍的蔬菜,中国作为主要生产国之一也在不断扩大它的种植面积。

来华留学生课外汉语阅读调查研究

【摘要】对将汉语作为第二语言的学习者来说，阅读是语言输入的重要渠道，课外汉语阅读也应受到重视。本篇以问卷调查为主要研究方法，分析了来华留学生课外汉语阅读的现状、对课外汉语阅读的认知情况及阅读期望，探讨了留学生课外汉语阅读、汉语水平和阅读能力之间的关系。研究发现：来华留学生整体的汉语课外阅读量较小；课外阅读与汉语水平存在相关关系；留学生自我评价的阅读能力与其汉语水平、课外阅读量都有一定的相关性；多数学生非常愿意进行更多的课外阅读，并希望教师推荐阅读资料。最后，从学习者、教师和出版社 3 个角度给出建议，指出应增强留学生的课外汉语阅读意识，为其提供合适的阅读材料，提高其阅读能力和汉语水平。

【关键词】来华留学生　课外汉语阅读　阅读现状　阅读认知　阅读期望

引　言

对将汉语作为第二语言的学习者来说，阅读是语言输入的重要渠道，课外汉语阅读也应受到重视。课外汉语阅读是指在课堂以外学生自主进行的汉语材料的阅读活动，包括汉语纸质书籍、报纸、杂志的阅读，也包括汉语电子书、汉语网站、汉语微信公众号的浏览等。

阅读是汉语学习必不可少的一部分，课外阅读是课堂阅读教学的重要补充。克拉生(Krashen)在《阅读的力量》一书中提出了“自由自主阅读”(Free Voluntary Reading)学说。① 埃利斯(Ellis)认为，学习者不仅可以利用课堂学习

① 参见[美]斯蒂芬·克拉生：《阅读的力量》，李玉梅译，新疆青少年出版社 2012 年版，第 1 页。

的机会，而且可以利用自然习得的环境。[①] 他把阅读描述为词汇习得的理想媒介。克莱因(Klein)从心理语言学的角度把习得分为自然而然的、没有明显的学习行为和在教师指导下或通过教科书进行学习的过程两种。[②] 不少国外学者做了很多相关实验来论证阅读与第二语言学习的关系。

国内外语教学界对课外阅读的研究较多，且较为全面。主要研究学生对外语课外阅读的认识、课外阅读策略、课外阅读材料和阻碍因素，以及课外阅读与英语成绩之间的关系等方面的内容。相对来说，国内的外汉语教学界对于汉语阅读的研究起步较晚，且多集中在阅读能力、阅读策略以及阅读焦虑方面。张莉开展了对留学生阅读焦虑感的研究[③]，冯丽萍研究了词汇结构与阅读能力的培养[④]。对于留学生课外汉语阅读的研究是最近几年开始的，成果还不多见。马蓓的研究发现学生在课外学习的汉语阅读、视听、会话三方面普遍存在学习时间不充分、娱乐目的大于学习目的、适合留学生水平的资料少等问题，并且提出了“课堂学习＋课外学习”两手抓的新举措。[⑤] 郝雪婷通过分析中高级留学生的汉语水平考试(HSK)成绩，论证了汉语阅读的重要性，并关注了汉语资源的使用情况。[⑥] 胡洋从汉语课外阅读概况、课外阅读方式与课外阅读态度三方面进行了问卷调查与分析，并提出了教学建议。[⑦] 胡洋的研究较为细致，但他并未对留学生的阅读期望进行调查，也并未论述留学生的汉语水平与课外阅读的关系。

刘珣认为第二语言教学的首要任务是培养学生的阅读能力，阅读技能最为实用，也比较容易，这有利于帮助学习者建立信心。[⑧] 汉语阅读如此重要，但通

---

① Rod Ellis, *The Study of Second Language Acquisition*, Oxford: Oxford University Press, 1994, p. 214.

② Wolfgang Klein, *Second Language Acquisition*, Cambridge: Cambridge University Press, 1986, pp.16-21.

③ 参见张莉:《留学生汉语阅读焦虑感研究》,《语言文字应用》2002 年第 4 期。

④ 参见冯丽萍:《中级汉语水平留学生的词汇结构意识与阅读能力的培养》,《世界汉语教学》2003 年第 2 期。

⑤ 参见马蓓:《来华留学生汉语课外学习效果调查研究分析》,西北大学硕士学位论文,2012 年,第 33 页。

⑥ 参见郝雪婷:《目的语环境下中高级留学生汉语阅读资源使用及对策研究》,山东师范大学硕士学位论文,2015 年,第 36 页。

⑦ 参见胡洋:《汉语高级阶段留学生课外汉语阅读调查研究》,兰州大学硕士学位论文,2015 年,第 31 页。

⑧ 参见刘珣:《对外汉语教育学引论》,北京语言大学出版社 2000 年版,第 233 页。

过与留学生的接触，我们注意到他们的汉语课外阅读情况并不如想象中乐观，且目前有关汉语水平与课外阅读的关系研究尚少。本篇主要研究来华留学生课外汉语阅读情况、课外汉语阅读习惯、对课外汉语阅读的认知情况与阅读期望，并希望通过分析来华留学生的课外汉语阅读情况与其汉语水平、阅读能力等因素之间的关系，来探讨帮助来华留学生提高汉语水平的可行方法。

一、研究方法

（一）调查工具

本篇主要采用问卷调查法研究留学生汉语课外阅读的情况，并辅以对个别调查对象进行访谈。在设计问卷之前，我们先与 5 位外国留学生就他们汉语课外阅读的情况进行了详谈，对留学生的基本阅读情况，以及阅读类型、阅读方式和阅读期望有了大概的了解。在此基础上，借鉴包澈力[①]等人的调查问卷设计了本篇的调查问卷。问卷前言部分说明课外汉语阅读的定义及范围。问卷分为四部分：第一部分是调查对象的基本信息，包括国籍、性别、出生日期、学习汉语时长、汉语水平考试级别和分数；第二部分是调查对象课外阅读的具体情况。该部分包括调查对象阅读各类课外汉语材料的具体情况，以及他们的阅读时间、阅读习惯、阅读方式和阅读策略等；第三部分是调查对象对课外汉语阅读的认知情况，包括自我评价的阅读能力、课外阅读的目的、制约因素和实际作用等；第四部分是调查对象对课外汉语阅读的期望，包括他们喜欢的阅读材料类型以及阅读载体。我们首先进行了预调查，确定问卷没有问题之后，才正式发放问卷。

（二）调查对象与实施方式

调查对象包括山东大学中级班、高级班和外国硕士研究生班的来华留学生，共发放 72 份问卷，收回 58 份，有效问卷 55 份。其中，女生 40 人，男生 15 人。问卷回收后，我们将数据录入计算机，使用 SPSS22.0 进行统计分析。主要

① 参见包澈力：《蒙古学生汉语课外阅读的情况调查分析》，福建师范大学硕士学位论文，2014 年，第 29～31 页。

根据调查对象的HSK级别和分数，并参考任课老师提供的平时成绩单，将调查对象的汉语水平分为高级、中高级和中级。高级汉语水平者HSK5级成绩200分以上且平时成绩排名前30%，10人；中高级水平者HSK5成绩200分以下且通过HSK4级，20人；中级水平者HSK4级以下且平时成绩较差，25人。我们还对学生的地域来源进行了统计，本次被调查者以亚洲和欧洲学生为主，其中，亚洲学生35人，以韩国、蒙古国学生居多；欧洲学生20人，以俄罗斯学生居多。访谈对象为6人，分别从中级、中高级和高级汉语水平学生中各随机抽取2人。

二、结果与分析

（一）来华留学生课外汉语阅读基本情况

通过分析问卷数据和访谈资料，我们了解留学生课外阅读的基本情况，包括阅读各类课外材料的多少、课外汉语阅读量和汉语水平的关系、阅读时间、阅读方式、阅读材料来源、阅读习惯等内容。

1.课外汉语阅读的种类及地域、汉语水平等差异

本篇对留学生可能阅读到的课外汉语材料进行了梳理，共整理出13种。按照汉语材料的载体来看，可分为纸质阅读材料和电子阅读材料。前者如HSK辅导书、汉语课本、专业书籍、中国文化书籍、汉语小说、汉语新闻杂志（纸质）等；后者如微信朋友圈里的汉语文章、微信公众号推送的文章、汉语电子小说、汉语网站等。按照阅读材料的内容来看，可分为学习类和娱乐资讯类。前者如HSK辅导书、汉语课本、中国文化书籍等；后者如汉语新闻杂志、汉语小说、微信朋友圈的文章等。

首先，对各类课外汉语阅读材料的阅读情况进行了统计。从表1看出，纸质类和电子类材料的阅读均值差距较大，电子类材料的阅读均值明显高于纸质类材料；而阅读学习类材料和娱乐资讯类材料的差异较小，学习类材料略高于娱乐资讯类阅读材料。这说明随着网络的发展和智能手机的普及，留学生更倾向于利用手机、网络等手段进行汉语课外阅读；而且相对于娱乐资讯类材料，他们课外阅读的内容较多是关于学习汉语或是与专业相关的汉语材料。这与我们通过访谈了解到的情况较为一致，大部分来华留学生学习汉语的动机是工具

型动机，且动机水平较强，所以他们阅读的多是与汉语学习相关的材料。

表 1　四类汉语阅读材料的均值

四类汉语阅读材料	均值	标准差
纸质类汉语阅读材料	2.70	0.705
电子类汉语阅读材料	3.05	0.784
学习类汉语阅读材料	2.88	0.741
娱乐资讯类汉语阅读材料	2.81	0.719

其次，对留学生阅读的 13 种课外汉语材料的具体情况做了调查（见表 2），并分析了不同地域、不同汉语水平的学生的阅读差异。

表 2　13 种课外汉语材料的阅读情况

13 种课外汉语材料	均值	标准差
微信朋友圈里的汉语文章	3.80	1.078
用于汉语语言学习的书	3.25	1.040
手机上的汉语新闻	3.13	1.187
微信公众号推送的汉语文章	3.09	1.266
与专业相关的汉语书、论文	3.02	1.194
汉语网站	2.95	1.129
HSK 辅导书	2.89	1.212
资料室、服务台提供的汉语资料	2.64	1.161
介绍中国文化的书	2.58	0.975
汉语小说、故事书（纸质）	2.51	1.153
汉语时尚、娱乐杂志（纸质）	2.44	1.135
汉语新闻报纸（纸质）	2.29	1.117
汉语电子小说	2.29	1.165
总体均值	2.84	

从表 2 可以看出，调查对象课外阅读的总体情况并不理想，阅读 13 类汉语材料的总体均值为 2.84，属于较低水平。其中均值最高的是微信朋友圈里的汉语文章，均值达到 3.8，其次是汉语学习的书和手机上的汉语新闻。阅读均值较低的是几类纸质娱乐材料，均值最低的是汉语电子小说。为了了解留学生阅读的具体的汉语材料，我们进行了访谈。访谈发现，留学生阅读较多的除了汉语辅导书以外，还有不少文学作品，如三毛《温柔的夜》、杨绛的《我们仨》和傅敏的《傅雷家书》等。他们阅读的杂志、报纸较少，主要有《读者》《青年文摘》《人民日报》等。至于微信公众号，由于每个人的兴趣不一样，留学生关注的内容也有较大差异。有的关注新闻，如“人民日报”“人民日报文艺”“清华南都”等；有的关注汉语语言学习与教学，如“北语刘志刚”“语言研究”“对外汉语”“汉声中文”等；有的喜欢诗词，如“经典古诗词”“每日诗词”“为你读诗”等。

从地域看，来自不同国家的留学生阅读汉语课外材料的情况也存在一定的差异。统计结果显示亚洲留学生的课外阅读量的均值为 2.86，略高于欧洲留学生的均值 2.84。亚洲留学生阅读情况的个体差异较大，而欧洲留学生个体的阅读情况很接近。总体来说，亚洲学生比以俄罗斯为主的欧洲学生更注重课外阅读，阅读的汉语材料更多。我们就该问题对留学生进行了访谈，有 2 个俄罗斯学生提到他们很少阅读汉语材料，是因为觉得太难，汉语水平较低，“读起来费劲”，所以放弃了。我们统计出韩国学生中有 22％是高级汉语水平，而俄罗斯学生中只有 10％是高级汉语水平，可见，地域差异最终归因于汉语水平差异。

从汉语水平来看，留学生汉语课外阅读的情况。表 3 表明汉语水平越高的留学生阅读的课外汉语资料越多，尤其是高级汉语水平留学生的阅读均值显著高于中高级和中级汉语水平的留学生，而且高级水平学生的阅读最大值和最小值都分别大于中高级和高级水平的学生。中级汉语水平留学生的汉语课外阅读量最少。可以推测课外阅读量和汉语水平之间存在一定的关系。

表 3　不同汉语水平的留学生的阅读情况

汉语水平	人数	均值	标准差	最小值	最大值
高级	10	3.4154	0.69378	2.54	5.00
中高级	20	2.9555	0.34999	2.31	3.62
中级	25	2.4882	0.56858	1.38	3.69
总计	55	2.8364	0.64767	1.38	5.00

发现课外汉语阅读情况与汉语水平存在一定的关系后，我们利用单因素方差分析将高级、中高级、中级汉语水平的留学生与他们的汉语课外阅读均值进行了差异分析。表 4 显示，不同水平留学生的汉语阅读情况差异显著性小于 0.01，存在显著差异。高级水平学生与中高级学生的平均差异值是 0.55992，中高级水平学生与中级学生的平均差异值是 0.46730，高级水平学生与中级水平学生的平均差异值是 1.02722。可见，高级水平与中级水平留学生的阅读均值差异最大，其次是高级与中高级留学生的阅读均值，两个差异值都超过了 0.5。所以，留学生汉语课外阅读情况与其汉语水平存在一定的相关关系。在访谈对象中，有一位俄罗斯学生比较典型，她的 HSK6 级分数为 255，成绩在班级中前 5%。在访谈中，我们注意到她使用的词汇和语法都比较准确，属于我们定义的高级水平汉语学习者。她很喜欢汉语阅读，而且坚持购买纸质书籍来阅读。她读的多是一些散文，以及有哲理性的、有叙事性的书籍，如周国平的《各自的朝圣路》、林海音的《城南旧事》等，她甚至还阅读一些翻译成汉语的侦探小说，如《白夜行》和《解忧杂货店》。她并不是抱着要提高汉语水平的目的开始阅读的，而是出于兴趣。她讲到读自己很喜欢的一部书时，“刚开始很多篇读不懂”，但并没有查字典，等过段时间再读就有些进步，“慢慢就似乎懂了，不知不觉阅读起来就不那么困难了，汉语水平也提高了”。当我们讨论到是因为课外阅读量多而提高汉语水平，还是汉语水平高了，能读懂的材料多了，进而课外阅读多了。她也分不清到底哪个是因，哪个是果，认为二者是相互作用的，“有兴趣和动力是最重要的”。以这位俄罗斯留学生为例，我们看到课外阅读与汉语水平两者是相辅相成的。

表 4　不同汉语水平留学生的课外阅读均值事后测试

多重比较				
因变数：留学生汉语课外阅读均值 LSD				
(I)汉语水平	(J)汉语水平	平均差异(I-J)	标准误	显著性
中级	中高级	−0.46730*	0.16003	0.005
	高级	−1.02722*	0.19730	0.000
中高级	中级	0.46730*	0.16003	0.005
	高级	−0.55992*	0.20715	0.009

续表

多重比较				
高级	中级	1.02722*	0.19730	0.000
	中高级	0.55992*	0.20715	0.009
*均值差异在0.05层级显著				

2.课外汉语阅读的时间、方式、策略及来源

本篇还统计分析了留学生阅读课外汉语材料的时间、阅读方式、阅读策略以及资料的来源。

(1)阅读时间

统计结果显示，42%的留学生每天阅读汉语课外资料的时间在30分钟至1个小时，29%的学生阅读时间在1到2小时，有9%的学生阅读时间超过了2小时。但值得注意的是，仍然有20%的留学生每天阅读课外资料的时间不足30分钟，而且这些时间也包括学生浏览微信朋友圈的时间。从表5可以看出，尽管阅读时长与汉语水平之间的关系并不显著，但是高级汉语水平学习者的阅读时长要多于中高级和中级水平的学生，而中级水平学生的阅读时长略多于中高级水平的学生。总体来说，留学生的课外汉语阅读时间仍有很大的增加余地。

表5　不同汉语水平留学生的课外阅读时长事后测试

多重比较				
因变数：留学生汉语课外阅读时长 LSD				
汉语水平(I)	汉语水平(J)	平均差异(I-J)	标准误	显著性
中级	中高级	0.059	0.273	0.831
	高级	−0.131	0.337	0.700
中高级	中级	−0.059	0.273	0.831
	高级	−0.189	0.354	0.595
高级	中级	0.131	0.337	0.700
	中高级	0.189	0.354	0.595

(2)阅读方式

表 6 反映的是留学生阅读各类汉语材料时采用的阅读方式。除了“不读”之外，有浏览、略读和精读 3 种方式。对于 HSK 辅导书，超过一半的学生选择精读，对于学习汉语语言的书和与专业相关的汉语书，留学生也多采用精读的方式。而对于介绍中国文化的书和娱乐类电子类阅读材料，调查对象多采用略读和浏览的方式，尤其是对于朋友圈、微信公众号的汉语文章和汉语杂志，学生倾向于简单浏览；对于介绍中国文化的书和手机上的汉语新闻，学生较多选择略读。由此可见，对于汉语学习类的，特别是纸质书籍，留学生习惯认真阅读；而对于娱乐资讯类，尤其是电子材料，留学生只是大概地浏览内容或标题，可能多是为了获取信息或娱乐。虽然表 2 反映出留学生看朋友圈里的汉语材料频率较高，但他们多采用浏览的方式，可见留学生真正认真阅读的汉语材料很少。通过访谈，我们了解到有的学生比较喜欢关注与自己国家相关的汉语新闻，而对于此类材料，他们同样采用浏览的方式。13 类材料中，选择“不读”的人数最多的类别是汉语电子小说，这与表 2 的数据一致。

表 6　留学生阅读各类汉语材料时采用的阅读方式

		HSK辅导书	语言学习书	中国文化书	专业汉语书	汉语新闻报纸	汉语杂志	汉语小说、故事书	资料室、服务台资料	汉语电子小说	汉语网站资料	手机汉语新闻	朋友圈文章	公众号文章
阅读方式	精读	37	20	7	19	7	3	8	9	4	8	7	7	7
	略读	7	14	17	11	12	13	18	13	11	15	17	13	13
	浏览	5	7	13	7	13	17	12	12	16	10	12	18	15
	不读	4	3	8	7	12	11	6	10	12	10	7	5	8

(3)阅读策略

本篇调查了留学生在阅读课外汉语资料时采取的策略(见表 7)。在阅读时，留学生会在原文上做标记的均值是 3.58，整理好词好句的均值是 3.53，只是读的均值是 3.42，写读后感的均值是 2.83，可见留学生阅读课外汉语材料时会采取多种阅读策略，但均值都并不高。

表 7　留学生阅读课外汉语材料时采取的阅读策略

阅读策略	均值	标准差
在原文上做标记	3.58	0.908
整理好词好句	3.53	1.012
只是读	3.42	1.134
写读后感	2.83	1.172

本篇进一步将留学生阅读时伴随的动作与其汉语水平进行了差异分析，如表 8 所示。高级汉语水平的留学生更倾向于阅读时在原文上做标记，其均值达到了 4.11，属于较高水平。而中高级水平的学生习惯于整理好词好句，其均值达到了 3.68。中级汉语水平留学生在各项上的得分都不显著，但其选“只是读”的均分低于高级和中高级学生，这说明中级水平学生阅读时也会采取一定的阅读策略，只是尚未形成固定的阅读策略。

表 8　留学生阅读课外材料时伴随的动作与其汉语水平的关系

课外阅读伴随动作	汉语水平	人数	均值	标准差
整理好词好句	中级	24	3.54	1.141
	中高级	19	3.68	0.885
	高级	9	3.22	0.972
	总计	52	3.54	1.019
在原文上标记	中级	24	3.29	0.999
	中高级	19	3.63	0.684
	高级	9	4.11	0.782
	总计	52	3.56	0.895
写读后感	中级	24	2.71	1.042
	中高级	19	2.95	1.177
	高级	9	3.11	1.453
	总计	52	2.87	1.155

续表

课外阅读伴随动作	汉语水平	人数	均值	标准差
只是读	中级	24	3.25	1.327
	中高级	19	3.58	0.961
	高级	9	3.56	1.014
	总计	52	3.42	1.144

(4)阅读来源

表9反映了留学生课外阅读材料的来源。各类汉语阅读材料多是留学生自己找的,其次是老师推荐的。老师推荐最多的是与专业相关的汉语书,其次是学习汉语的课本、HSK辅导书和介绍中国文化的书。可见,老师推荐的多是与汉语学习或专业学习相关的书,而休闲娱乐的阅读资料和电子资料多是学生自己找的。有访谈对象表示,他们以前在本国学汉语时,本国老师给他们推荐过关于中国历史的书籍,但是在这里,老师很少给他们推荐,他们多是自己找。此外,同学、朋友之间会互相推荐阅读资料,尤其是朋友圈的文章和汉语杂志。也有一定的阅读材料是学生无意间翻阅到的,多是汉语小说和故事书。有学生提到,她在网上买书时,下面会出现"你可能会喜欢的书",她会点开看看,这样偶尔能找到自己喜欢的书。总体来说,留学生平时会有意督促自己进行课外阅读,偶尔会主动寻找或随意翻阅汉语资料。

表9　留学生获取各类汉语阅读材料的方式

获取方式	HSK辅导书	语言学习书	中国文化书	专业汉语书	汉语新闻报纸	汉语杂志	汉语小说、故事书	汉语电子小说	汉语网站	手机汉语新闻	朋友圈文章	公众号文章
自己找	29	15	10	9	15	13	19	17	24	23	20	20
老师推荐	12	17	12	20	4	3	6	3	3	3	3	3
同学、朋友推荐	3	5	7	5	4	10	4	2	6	5	14	9
资料室、服务台提供	0	1	1	1	1	2	1	0	0	0	0	0
自己无意翻阅	0	0	4	1	5	6	7	6	5	6	5	5

(二)来华留学生课外汉语阅读认知情况

留学生对课外阅读的认识是影响他们进行课外阅读的重要因素。问卷就留学生自我评价的阅读能力、阅读目的和阅读实际作用等问题进行了调查,并分析了阅读能力与汉语水平、阅读量的关系。

1.留学生的阅读能力及其与汉语水平、阅读量的关系

高达74.5%的留学生认为自己的阅读能力一般,只有7个学生自我评价阅读能力较强,1个学生认为自己的阅读能力很强。可见,留学生对自己的阅读能力并不自信。我们推测这与其汉语水平或阅读量有关。因此,我们将留学生自我评价的阅读能力与其汉语水平、阅读情况的关系进行了分析。

表10反映出汉语水平越高的学生对自己的阅读能力评价越高,这再次说明汉语水平与阅读能力或阅读水平之间有一定的关系,并且留学生自己也意识到了这一点。

表10　留学生自我评价的阅读能力与其汉语水平的关系

		自我评价的阅读能力			
汉语水平	人数	均值	标准差	最小值	最大值
中级	23	3.00	0.853	1	5
中高级	18	3.06	0.236	3	4
高级	10	3.30	0.483	3	4
总计	51	3.08	0.627	1	5

通过对“自我评价的阅读能力”和“阅读情况均值”进行相关分析,我们得出二者的相关系数是0.428,显著性(双尾)为0.002,小于0.01。因此,“自我评价的阅读能力”与“阅读情况均值”有低度相关关系。这说明,课外阅读汉语材料多的留学生在阅读能力上表现得更为自信,或者说自我评价阅读能力高的留学生会阅读更多的汉语材料。

2.制约留学生课外汉语阅读的因素

表 11　制约课外汉语阅读的各因素分析

制约课外阅读的因素	人次	百分比
课余时间少	25	30.9％
没有阅读习惯	16	19.8％
找不到合适的	14	17.3％
汉语水平低	14	17.3％
跟考试无关	6	7.4％
无人推荐	3	3.7％
没意识到可以阅读	3	3.7％
总计	81	100.0％

在制约留学生课外汉语阅读的因素中(见表 11),“课下时间少”是主要因素之一。时间少是一个较为模糊的概念,可能是因为课程多、老师布置的作业多,所以留给阅读的时间少;也可能是由于学生自己的原因,如学习没有计划、时间安排不合理等因素导致没有时间进行课外阅读。由于调查对象的课程设置不一样,我们查看了各班的课程表,并在每个班选取了一名学生就这个问题进行了访谈。各班每周有 3～5 门课,20 课时左右,这意味着学生可以自由支配的时间较多。但是,受访者尤其是高级班的学生抱怨作业较多、课余时间少。受访者甲讲到,“我做作业,很长时间,太累,不想读”。也有同学认为是因为自己时间安排不合理造成的。受访者乙提到,“我每天有很多事,不知道先做哪件,再做哪件,感觉自己常常浪费时间,所以课外阅读时间不够”。受访者丙坦言,是因为自己太懒,所以选择“时间少”。

19.8％的学生不进行课外阅读是因为本身没有阅读习惯,17.3％是因为找不到适合自己水平的汉语材料。同样,17.3％的学生认为自己汉语水平低,读汉语材料有难度,所以放弃阅读。其他的制约因素还有“与考试无关”“没人推荐”和“没意识到要进行课外阅读”等,比例较小。

3.留学生课外汉语阅读的目的及实际作用

从图 1 可以看出,留学生课外阅读的首要目的是增加词汇量,其次是了解中国社会与文化,再次是提高阅读水平。只有 9％的学生是因为爱好而进行课外阅读的，7%的学生是因为老师的要求。通过访谈，我们了解到有的学生刚开始是为了增加词汇量而进行课外阅读的，后来便养成了阅读习惯，习惯每天浏览相关阅读材料。留学生进行课外阅读的目的多是主动学习汉语，提高汉语水平。这体现出大部分来华留学生学习汉语的动机较强，不是因为老师的要求，也不是因为自己的兴趣，而是出于提高汉语水平的目的而阅读汉语材料的。这与多数留学生的工具型动机有关。访谈中，多数学生表示自己学汉语是为了以后找工作或者是满足学校毕业要求。

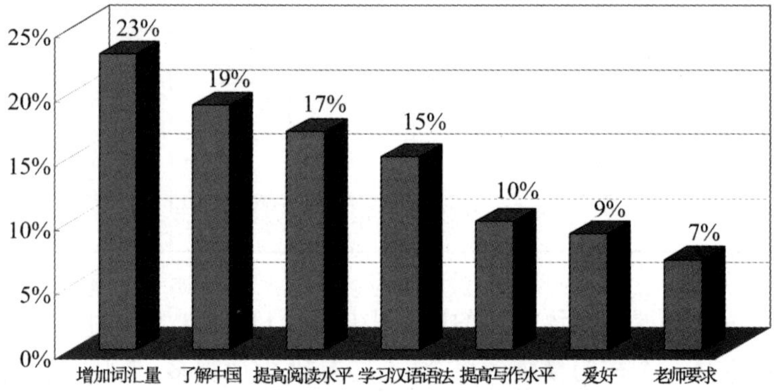

图 1 留学生阅读课外汉语资料的目的

图 2 反映了留学生认为的课外阅读的实际作用。留学生认为“课外阅读对我来说很有用”的均值高达 4.13，认为“通过课外阅读增加了词汇、加强了语法”的均值为 3.83，也相对较高，并且与学生的阅读目的一致。课外阅读的其他作用的均值都在 3.4～3.8，差距不大，均值也不高，这可能与留学生的总体阅读量较少有关。有学生反映，虽然能感觉到汉语水平的提高，但大部分要归因于课堂学习，不确定课外阅读的作用占多少比重。但是总体来说，留学生认为课外阅读还是很有用的，至于具体的作用，可能受其阅读量少的影响，并不明显。

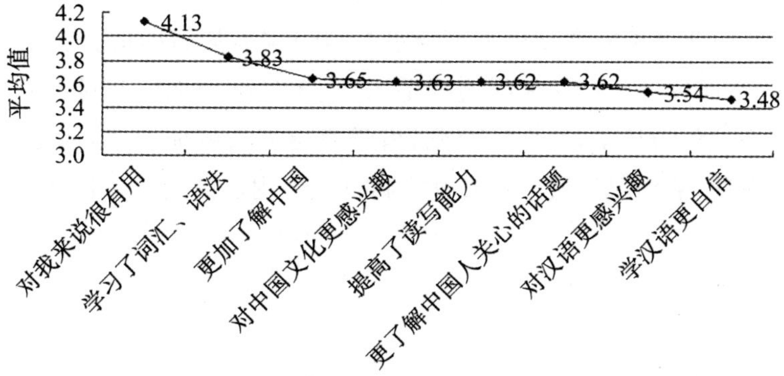

图 2　留学生阅读课外汉语资料的实际作用

（三）来华留学生课外汉语阅读期望

本篇还对留学生是否愿意多读课外汉语资料、是否希望老师推荐汉语资料以及喜欢阅读的材料种类和载体进行了调查。

40％的留学生表示比较愿意进行更多的课外阅读，27％的留学生对于这个问题持中立的态度，有 12.7％的学生非常愿意多进行课外阅读。同样有 12.7％的学生比较不愿意多花时间阅读，但比例较小。

32 个留学生非常希望或比较希望老师给他们推荐课外汉语资料，16 个同学持中立态度，只有 5 个同学不太希望老师推荐。总体而言，大多数留学生希望老师给他们推荐阅读材料。不希望老师推荐材料的学生有以下理由——“老师推荐的书太难”，“如果老师推荐，她可能会检查，我们压力很大”。

留学生喜欢的阅读汉语材料类型有介绍中国文化的书、汉语学习辅导书、汉语小说、汉语新闻杂志和与专业相关的汉语书，各类书的比例比较接近，喜欢中国文化书的比例相对来说较高。根据访谈情况，我们注意到男生、女生喜欢的阅读类型不太一致，便分别进行了统计。结果显示，26％的男生喜欢阅读汉语辅导书，25％的男生喜欢看与专业相关的汉语书，24％的男生更喜欢看汉语小说和故事书，只有 10％的男生喜欢中国文化书。而 25％的女生喜欢介绍中国文化的书，24％的女生喜欢浏览汉语新闻杂志，只有 11％的女生喜欢与专业相关的汉语书。可以看出，男生喜欢汉语辅导书、专业汉语书和汉语小说等，主要以专业、职业为导向；而女生更喜欢中国文化书和汉语新闻杂志等材料，主要以兴趣为导向。但由于调查对象中男生比重较小，可能对统计结果有影响。

关于喜欢的阅读载体，57%的学生选择了纸质书籍，25%选择了用手机阅读，只有18%倾向于电脑阅读。这似乎与他们实际的阅读情况有矛盾，如表1所示，留学生阅读电子类材料的均值是3.05，明显高于纸质类材料的均值2.7。结合对调查对象的访谈，我们了解到，留学生更喜欢纸质阅读，但是由于手机、网络更为方便，他们习惯通过手机、电脑阅读，但内心还是更倾向于传统的纸质阅读。

三、结论与建议

本篇就来华留学生阅读课外汉语资料的具体情况、对课外阅读的认知情况和阅读期望三方面进行了调查，并且分析了留学生的课外阅读情况与其汉语水平的关系。结论如下。

从课外汉语阅读现状来看，来华留学生阅读的课外汉语材料总体较少。根据访谈情况，我们了解到来华留学生课外汉语阅读偏少的原因主要有两个：一是留学生对阅读，尤其是对课外阅读的重视不够，有一部分学生认为口语比阅读重要；二是有一部分学生想进行课外阅读，但是没有合适的阅读材料或者缺少途径获得阅读材料。在阅读材料载体方面，留学生阅读电子类汉语资料多于纸质资料。随着网络的发展，人们更倾向于借助便捷的网络来学习语言，这样不仅可以随时学，而且可以在玩中学。在地域和阅读水平差异方面，亚洲留学生的平均课外汉语阅读量略高于欧洲学生。留学生的汉语水平与其课外阅读情况有较强的相关关系。而且留学生采取的阅读策略与其汉语水平也有一定的关系。汉语水平越高的学生，其阅读的课外汉语资料也越多，这可以归因于两点：其一，高水平学生的词汇量较大，进行课外阅读时难度较小，他们愿意多阅读自己感兴趣或者能帮助自己提高成绩的汉语资料；其二，喜欢汉语阅读的学生通过阅读丰富了自己的词汇量，巩固了汉语语法，其汉语水平从而得到提高。高水平汉语学习者也形成了适合自己的较为成熟的阅读策略。

从课外汉语阅读认知来看，大部分留学生认为自己的汉语阅读能力一般，阅读能力与汉语水平、课外阅读量有相关关系。课外汉语阅读量越大的留学生对自己的阅读能力越自信，而且汉语水平越高的学生对自己的阅读能力越自信。这间接地说明随着阅读量的增加，留学生学习汉语的自信也在提高。留学生进行课外阅读的首要目的是增加词汇量，而且他们认为课外阅读很有用，但具体的作用并不突出。学生多是为了扩大词汇量而开始阅读的，但是由于没有固定的标准来衡量课外阅读的实际作用，所以留学生虽然认为课外阅读的作用很大，但是并不确定哪方面的进步最大。制约课外阅读的因素有主观原因和客观原因，时间少和合适的阅读材料少是两大主要因素。由于烦琐的课下作业或时间安排不合理，留学生进行课外汉语阅读的时间受到了限制。另外，留学生感兴趣的汉语阅读资料有限，所以一部分学生谈到课外汉语阅读时会觉得太难或者没意思。

从课外汉语阅读期望来看，一半以上的留学生很希望多花时间进行课外阅读，并且希望老师推荐阅读材料，30％的学生持中立态度。前面的调查显示，找不到合适的阅读材料是制约阅读的重要因素，所以老师给学生推荐阅读资料是必要的。男生与女生喜欢的课外阅读材料类型有差别，但都更倾向于纸质阅读。男生阅读的多是与语言学习或者与专业相关的汉语书，多以就业为导向；而女生更喜欢汉语小说、中国文化书和新闻杂志等娱乐休闲类的汉语资料，这可能与女生的文学情怀有关。

基于以上结论，本篇认为可从以下方面来促进留学生汉语课外阅读。

第一，从学习者的角度来说。首先，留学生应该重视课外阅读，培养阅读兴趣和阅读习惯。本篇研究表明，汉语水平与课外阅读有相关关系，通过增加阅读量来扩大词汇量、提高阅读水平进而提高汉语水平的方法切实可行；其次，留学生应合理安排课余时间，设定学习目标，激励自己扩大课外阅读量。本篇研究表明，制约留学生课外阅读的首要因素是时间不够，如果学生能合理安排课余时间，则可有更多的时间来阅读课外汉语资料。

第二，从教师的角度来说。首先，教师可根据学生的汉语水平和阅读兴趣给他们推荐合适的汉语材料。本篇研究发现，制约留学生课外阅读的因素之一是找不到合适的材料，他们多是自己寻找阅读材料，并且希望教师能推荐相关阅读材料。我们了解到有教师会给学生推荐书单，但大部分学生反映他们并不会根据书单来看书。所以，教师在给留学生推荐阅读材料时，可根据其阅读偏好和阅读需要有针对性地为其推荐合适的材料，或者在推荐书单时简单介绍书的内容，便于学生根据阅读兴趣和汉语水平来选择适合自己的书；其次，教师也可在阅读方法和策略上对留学生进行指导。研究发现，中级水平的留学生还未掌握高效的阅读策略，老师可以予以指导；最后，老师可将课上阅读与课外阅读有机结合,根据课文内容来为学生选择课外材料,通过课下阅读来巩固课堂内容,这样可提高阅读效率,进而提高来华留学生的汉语水平。

第三,从出版社的角度来说。出版社应针对汉语学习者的年龄、国别和汉语水平出版相关汉语读物。研究发现,制约课外阅读的一个重要因素是学生找不到适合自己的读物。因此,我们以北京语言大学出版社为例,统计了一些相关数据。2015 年北京语言大学出版社出版的汉语教材、考试书籍等与汉语学习相关书籍共 75 种,其中,关于课外阅读的有 17 种,比重约为 23%。课外阅读材料看似比重较高,但我们发现,其中 9 种是专门为学汉语的儿童和中学生编写的,只有 8 种材料适合成人阅读。这意味着可供成人学习者选择的课外读物占总出版物的 10%,而这 10%的读物中,留学生感兴趣的读物可能会更少。因此,留学生的选择余地并不大。出版社可针对不同水平、不同国别、不同兴趣群体的汉语学习者出版课外汉语阅读材料。

[原载《云南师范大学学报》(对外汉语教学与研究版)2016 年第 6 期,收录时有改动]

泰国中文阅读课程项目教学法实验研究

【摘要】本篇研究在泰国中文阅读课程中实施项目教学法,考察此教学法对提高学生阅读能力的可靠性以及学生满意度。以泰国攀县中学高中三年级中文专业班 30 名学生为对象,设计 10 课时的教学实验,利用前测、后测成绩进行对比分析。研究结果显示:第一,学生后测成绩显著高于前测成绩,且整体满意度可观,表明项目教学法适合学生的水平,能有效提升学生的综合能力,可作为一种新型教学模式加以推广;第二,项目教学法对增加学生的中文知识,提高中文技能有益;第三,项目教学法有助于创设自主学习环境,增强学生学习的自主性、积极性和创造性;第四,项目教学法以小组合作学习为主要形式,能培养学生的团队合作意识,促进学生全面发展。

【关键词】项目教学法　中文阅读课程　泰国中文专业　满意度

引　言

随着综合国力的显著提升,中国的国际地位和国际影响力也日益提高。作为交流工具和沟通桥梁,中文是联合国 6 种通用语言之一,也成为目前全球使用人数最多的语种。2014 年,泰国政府颁布了《中文教学改革政策》,规定中文为泰国的第二外语。[①] 泰国教育部高度重视中文教学,制定标准课程,为各类不同需求的人群提供适当的教学类型和内容,同时对教学模式和教学方式的改进也提出要求。

21 世纪人才培养的目标发生转变,泰国政府于 2000 年将教育目标更新为

① 参见沈玲:《泰国华文师资培训新特点》,《中国社会科学报》2023 年 4 月 10 日。

“使学生身心健康、智力发展、知识丰富、品德高尚、整体素质提高、能够与他人和睦相处,有追求理想生活的本领”①。泰国教育部也指出新时期的学习应是快乐的、参与式的,希望学生能够保持好奇心,发展创造性思维;具备坚韧的品质,以坚强勇敢的心态去面对困难。② 因此,新时期的教育应注重培养学生的批判性思维和问题解决能力。

批判性思维以主动、持续和细致的理性思考为特征,以提出问题为起点,以分析推理为过程,以获得合理的解答为结果。问题解决能力则包含一系列技能,如信息搜集、筛选和排序能力,以及自我指导的能力等。人才培养目标的转变必然带来教育模式和学习方式的改变。新时期的教学应更加关注学生的自身发展,引导学生通过自主学习,在教学活动中训练批判性思维,提升问题解决能力。项目教学法(Project Based Learning,PBL)很好地满足了这一要求,它鼓励学生通过主题式、实践性的学习项目来掌握知识与技能,有利于培养学生的自主学习能力。项目教学法深受泰国教育部的认可,它被多位教育领导者认为是最符合21世纪教育发展方向的教学法。

泰国清莱府攀县中学隶属于泰国教育部,开展中文教学已有十几年的历史。学校包括初中部和高中部,共有54个班级、2097名学生。该校中文教学活动丰富,教学分工精细。中文班分为专业班、必修班、选修班3种类型,中文课程包括必修课和选修课。学校对初中及高一学生开设中文必修班,以中文基础教育为主,教授中文交际知识。对高二、高三的学生开设中文选修课,教学内容以语言交际为主,以文化知识为辅,学生可以根据自身的兴趣进行学习。对高一至高三的中文专业班开设必修课,实施小班化教学,细化中文课程安排,优化教学资源。中文专业班每周10节课,课型分为综合课、听说课、阅读课、写作课和文化课,配置5位中文教师。

笔者负责教授中文阅读课。阅读教材由学校统一安排,课文内容难度大,词汇量多,学习任务重。在传统教学模式下,学生课上的学习积极性不高,学习效率低下,课后也很少进行自主复习。这导致了学生的词汇量较难扩大,造句能力也难以提升,平均成绩低于65分,无法达到泰国教育部和学校规定的分数标准。基于以上情况,笔者积极开展教学实验,利用项目教学法设计阅读课程,

① 冯增俊、李志厚:《泰国基础教育》,广东出版社2004年版,第51页。

② 参见陆俞孜:《中泰基础教育理念差异对汉语教学的影响及应对策略研究——从泰国Malasawanphittaya学校为例》,广西师范大学硕士学位论文,2019年,第11页。

力图提高学生的学习积极性，提升学业水平。与传统课堂教学模式相比，项目教学法旨在培养学生的实战能力。它遵循以学生为中心的教学原则和教学方式，引导学生在一系列个人或小组合作项目任务中，利用必要的学习资料，借助他人帮助，来解决现实情境中的问题，从而增长语言知识，提高语言技能。

研究在泰国清莱府攀县中学阅读课程中实施项目教学法，以高中三年级中文专业班 30 名学生为对象，设计了 10 课时教学实验，利用前测、后测成绩进行对比分析，考察此教学法对提高学生阅读能力的可靠性以及学生满意度。

一、研究综述

（一）项目教学法的定义

"项目教学法"起源于 20 世纪 80 年代的德国职业教育。这一教学法以扭转传统的教师"一言堂"的教学方式为己任，彰显"以项目为主线、教师为主导、学生为主体"的特征，旨在激发学生的学习兴趣和求知欲望，充分调动学生的学习积极性和主动性，从而培养学生自主学习、分析问题、解决问题的能力，以及协作、创新、探索的精神。

布鲁姆菲尔德（Blumenfeld）在 1991 年提出了"项目教学法"的完整定义。项目教学法遵循一种开放的学习策略，它鼓励以学习者为主的有意义的学习活动。学习者面对开放性的问题，通过搜集和分析信息，探寻和发现规则，设置解决方案并制订实施计划，最终通过产出产品来解决问题。①

罗宾·福格蒂（Robin Fogarty）从学习的角度进行了界定："它是一种具有已知焦点、预期生产率和可测量结果的学习""项目学习鼓励勤奋、合作和创造性，并通过要求提交最后的产品，进行整合的、经验的学习"②。

吴言在《项目教学法》一文中从组织方式的角度将"项目教学法"定义为师生通过共同实施一个完整的项目工作而进行的教学活动。项目是以生产一件

① Phyllis C. Blumenfeld, Elliot Soloway, Ronald W. Marx, Joseph S. Krajcik, Mark Guzdial and Annemarie Palincsar, "Motivating Project-Based Learning: Sustaining the Doing, Supporting the Learning," *Educational Psychologist*, vol. 26, no. 3 (November 2011), pp.369-398.

② 参见[美]罗宾·福格蒂：《多元智能与问题式学习》，钱美华等译，中国轻工业出版社 2005 年版，第 96 页。

有实用价值的具体产品为目的的任务。①

陈国威认为,“项目教学法是师生通过共同实施一个完整的项目工作而进行的教学活动,其目的是在课堂教学中把理论教学与实践教学有机地结合起来,充分发掘学生的创造潜能,提高学生解决实际问题的综合素质与能力”②。

结合学者观点与教学实际,可将项目教学法定义为:以学生为中心,以项目为载体,以小组合作为方式,由师生共同配合来完成项目任务,并进行项目成果展示和评估的教学模式。学生在掌握知识和技能的同时,能提高解决问题的能力,培养批判性思维,并树立自主学习和合作学习的意识。

(二)项目教学法的理论基础

1.建构主义学习理论

建构主义认为学习不是被动获取知识,而是学习者通过新旧知识经验的相互作用不断重组自己的知识体系的过程,是一个意义建构的过程。在项目教学的模式中,学生是在真实的情境里,在教师的组织和引导下,通过自主协作的方式参与学习活动,完成知识建构,这体现了构建主义的学习理念。

2.人本主义学习理论

人本主义关注人类的高级心理活动,体现在教育上则是强调感受的重要性,提倡开放的沟通,并且尊重每一个学生的价值。项目教学法“以学生为中心”,改变以往教师“满堂灌”的授课方式,注重学生的自主探索过程,充分发挥了学生的主动性、积极性和创造性,践行了人本主义学习理论。

3.合作学习理论

王坦认为“合作学习是以异质学习小组为基本形式,系统利用教学动态因素之间的互动,促进学生的学习,以团体成绩为评价标准,共同达成教学目标的教学活动”③。项目教学法让学生以小组合作的方式展开学习,实现了生生互动和生生合作,在提高学习效率的同时也增进了同学情感,培养了学生的合作意识。

---

① 参见吴言:《项目教学法》,《职业技术教育》2003 年第 7 期。

② 陈国威:《项目教学法在计算机组网技术教学中的应用》,《河南教育》(基础教育版)2013 年第 12 期。

③ 王坦:《合作学习简论》,《中国教育学刊》2002 年第 1 期。

(三)项目教学法的基本原则

1.以学生为中心的原则

学生是参与项目活动的主体,是项目任务的探索者和实践者。他们利用自己所学的知识和技能参与项目的实施,不断学习和实践,克服项目任务中的困难,最终完成项目任务。而教师的作用主要体现在项目指导、协调管理和监督方面。首先,在确立项目时,教师要充分考虑该项目任务是否吸引学生的注意力,是否能够调动学生的积极性。其次,在设计项目时,教师要以学生已有的知识和技能为出发点,项目难度不能超出学生的能力范围,还应考虑现有资源、条件是否符合项目实施的要求。最后,在实施项目时,要以学生为中心,让学生在自主学习的过程中完成知识和技能的提升。

2.以实践为中心的原则

实践性是项目教学法的特点。项目内容的开发既要与真实情境相吻合,又要具有可操作性,如可要求学生设计问卷、开展田野调查、进行信息整理和展示等。学生通过参与实践性的探究活动,发现和掌握新知识,训练和获得新技能。

3.开放性原则

教师设计的项目应该是紧密联系生活实际的,是具有开放性的,并具有一定挑战性的。这样学生才能有好奇心,有深度投入的热情,并乐于创造性地解决问题。项目完成后,教师要组织学生对他们在项目中的学习经历与体验进行共享、讨论和分析,这可以更好地帮助学生把在本项目中学到的知识和技能应用到未来的项目或任务中。

4.适度性原则

与传统教学方法相比,项目教学法既有优势也有缺点。首先,项目教学对学生的综合素质要求较高,完成项目花费的时间较长,容易受到现实资源和条件的限制;其次,并非所有学科都适合进行项目教学,也并非所有学科的项目教学效果都比传统课堂教学的效果更优。因此,在学科课程的选择上,应该充分考虑项目教学是否符合学科自身特点和内在规律,能否体现教学的实践性和突出学生的主体性;最后,项目教学的实际效果需要在实践中加以检验,其操作程序也需要在项目教学实施中不断加以完善。不能一味追求形式而只进行项目教学,否则会影响教学效果。所以,项目教学应遵循适度原则,在符合课程和学生需求的基础上,在项目实施过程中动态调整。

二、泰国中文阅读课程项目教学法实验设计

(一)项目教学法的步骤

1.确立项目

项目是整个教学活动的基础,项目质量的好坏直接影响教学的各个环节。因此,项目的确立必须符合一定的标准。教师应围绕项目的真实性、知识的严谨性、语言的应用性等诸多因素进行分析和思考,选择恰当的项目类型、项目内容和关联知识点,有效设计项目中的活动任务。

2.制订计划

项目实施前,教师需要进行各方面的准备,如依据项目教学的阶段及实施要求建立时间框架,根据项目内容合理配置资源,对整个项目教学过程进行具体规划和安排,形成完整的项目教学计划。

在项目计划阶段,教师为学生提供材料和工具,先帮助学生进行大致规划,再组织学生自己制订详细的安排。学生在教师的指导下确定项目实施步骤和计划,并根据项目大小自行决定采取小组分工合作还是个人完成作业的形式。

3.组织实施

在组织实施阶段,教师首先要呈现教学项目,激发学生的学习兴趣和学习欲望;然后进行项目分析,帮助学生准确理解项目的意图,明确项目的任务和学习的主要内容;再引导学生按预期目标顺利完成项目作品。在这一阶段,学生收集并有效地使用各种资源,开展各项调研活动并随时记录发现的问题和小组成员的观点,定时检查项目的进展情况。

在项目实施阶段,教师先向学生介绍项目的目标和背景,帮助他们设立检查点,优化工作进程。当学生遇到难题时,教师引导小组成员一起进行分析、研究并提出可供学生参考的问题解决方案。教师全程在不同的项目小组之间巡视,给予必要的指导,并及时公布项目进展的情况。

4.成果展示与评估

成果展示一方面是展示项目的学习成果,使学生获得成就感和满足感;另

一方面也为学生提供彼此交流学习的机会。这既包括知识和技能方面的交流，也涵盖态度和价值观方面的交流。本篇的研究中，中文阅读课程的项目给每位学生提供展示学习成果的机会，以呈现中文阅读水平的语言文字类成果为主，包括小组报告、课文翻译等形式。通过成果展示，学生既能共享信息资源，也能增进团队成员间的感情。

评估是学习过程和学习需求的再诊断，可以从学生的认知、情感、能力、态度、行为等方面多角度地综合开展。评估的目的在于让学生认识自己通过项目教学得到的收获，总结自身优点，明确未来改进方向，并激励和维持学生的积极性、主动性和创造性。在本篇研究的项目评估阶段，教师通过有效的指导，帮助学生进行自我反思，对项目实施过程中的细节进行分析和总结，以改进今后的学习活动。

（二）教学实验设计

1.研究问题

本篇研究通过教学实验，旨在回答以下问题。第一，项目教学法在提升学生的语言水平和技能方面的可靠性如何？第二，学生对项目教学法的满意程度如何？

2.研究对象

本篇以泰国清莱府攀县中学中文专业班高三九班的 30 名学生为研究对象，开展为期 5 周的教学实验，每周 2 个小时的中文课，共 10 个小时。

3.研究工具

（1）项目教学活动教案

依据项目教学法的原则和方法对《汉语阅读教程》第三册第四课《外国人在中国》[①]做教学设计，以教学流程为序，依次设计了“话题讨论”“词语搭配”“句子翻译”“故事翻译”和“成果展示”5 个项目。每个项目侧重不同的知识、能力和素养目标，具体项目活动安排如表 1 所示。

---

① 参见彭志平编：《汉语阅读教程》第三册，北京语言大学出版社 2010 年版，第 28～39 页。

表 1　项目教学法实验设计

项目名称	项目教学目标	项目教学具体活动安排
项目一：话题讨论	1.知识目标：引导学生了解和掌握基本的中国文化知识 2.能力目标：让学生学会用中文表达自己的想法，提高语言表达能力 3.素养目标：加深学生对中国的认识，增强合作学习意识	1.教师提出讨论主题：说到中国你会想到什么？你认为外国人在中国会对哪些方面的问题感兴趣？ 2.学生 6 人一组自由讨论，认真思考后写出小组讨论的结果 3.教师呈现思维导图，引导学生对中国传统文化及现代生活进行初步了解，并吸引学生对新课文产生兴趣，为后续学习做好铺垫
项目二：词语搭配	1.知识目标：让学生学习和掌握本课生词 2.能力目标：提高学生的词汇学习能力和资料查询能力 3.素养目标：培养学生的自主学习意识	1.学生自主找出课文中的生词，并通过小组合作明确生词的读音和词义 2.各小组进行课堂报告，与全班同学分享本组的讨论结果 3.教师记录学生的学习结果，检查其中是否有语法和语用错误
项目三：句子翻译	1.知识目标：让学生正确理解课文内容，掌握语法知识 2.能力目标：提高学生的阅读理解和中文表达能力 3.素养目标：增强学生的合作学习、自主学习意识	1.学生通过小组合作明确课文中每个句子的意思，并自行翻译句子 2.各小组进行课堂报告，与全班同学分享本组的讨论结果，每组 10 分钟 3.教师记录学生的学习结果，检查其中是否有语法和语用错误，并考察学生的翻译是否正确
项目四：故事翻译	1.知识目标：学生能概述文章大意，掌握相关的中国文化知识 2.能力目标：提高学生的阅读、翻译水平和中文表达能力 3.素养目标：增强学生的合作学习、自主学习意识	1.教师总结课文内容，学生进行交流学习 2.教师提出一个与课文内容相关的故事翻译任务，学生通过小组合作完成 3.学生进行项目展示，总结概括故事大意 4.教师对学生的项目成果进行总结和点评

续表

项目名称	项目教学目标	项目教学具体活动安排
项目五：成果展示	1.知识目标：学生能掌握中文和文化相关知识 2.能力目标：学生能正确运用中文知识表述学习成果 3.素养目标：增强学生的合作学习、自主学习意识	1.教师总结课文内容，学生进行交流学习 2.让学生分组合作完成“外国人在中国”的主题汇报 3.学生确定自己想做的项目形式 4.学生进行项目展示 5.教师对学生的项目成果进行总结和点评

在项目一中，学生围绕“说到中国你会想到什么”的话题进行小组讨论，梳理了中国节日、中国景点、中国美食、中医药等相关知识，制作了思维导图或手抄报，图文并茂，内容丰富。学生对中国的了解得到了初步的拓展，激发了对新课的学习兴趣，教师也通过这一项目了解到了学生对中国文化的认知情况和中文表达水平。

在项目二中，学生通过小组合作查找课文中的生词，并借助字典等学习工具查询生词的信息。各组讨论后进行项目展示，全班同学一起交流学习。学生不仅分享了生词的语音和语义等基本知识，还找出了生词的反义词和近义词，进行了知识拓展。这一过程不仅提高了学生的中文词汇水平，也培养了学生发现知识点并进行自主学习的能力。

在项目三中，学生在掌握生词的基础上自主翻译课文中的句子，并且以小组为单位进行项目展示。学生既要理解句子的语义，又要兼顾语法的正确性，克服特殊句式、长难句等困难，这一过程提升了学生的语法水平、翻译能力和中文表达能力。

在项目四中，学生合作完成翻译故事的任务并进行课堂报告。学生首先进行小组讨论，理解和梳理故事的大意，然后每个小组选出一位学生代表进行总结概括，其他成员补充和完善。这一项目充分发挥了小组合作的功效，实现了成员之间的优势互补，也提高了学生的语言表达水平。

在项目五中，结合本课所学的中文知识，以及对中国文化内容的交流，完成“外国人在中国”主题汇报，形式不限。学生将个人特长与中文知识相结合，创作出了绘画、作文、立体书册等多种类型的项目成果，形式活泼多样，内容生动有趣。通过本项目的锻炼，学生在实践中将中文知识进行了灵活运用，在提升语言综合运用能力的同时也发展了批判性、创造性思维。

(2)前测和后测试卷

本篇的研究利用前测和后测试卷对比实验前后学生的成绩，探讨学生语言知识和技能的变化情况。测试项目包括三方面内容：词汇任务 20 分，连句任务 20 分，表达任务 10 分，总分为 50 分，例题如表 2 所示。两份试卷均根据课文内容进行设计，考察的阅读能力主要包括词汇理解能力、语法运用能力和语言综合运用能力。

表 2　学生前测和后测试卷例题

测试项目	例题	考察能力
词汇任务	选择下列画线词语的正确解释： 例：心里就觉得这个人好面熟啊！ A.面熟了　B.面做好了　C.面孔熟悉　D.熟人面前	词汇理解能力
连句任务	将下列词语组成句子： 例：菲利普　用　中文　写信　开始	语法运用能力
表达任务	根据文章内容回答以下问题： 例：阿玲跟菲利普第一次见面时，对菲利普的印象怎样？	语言综合运用能力

(3)满意度调查问卷

本研究依据李克特(Likert scale)的 5 点量表评分法，设计了学生满意度调查问卷，共 10 个题项。问卷涉及 5 个维度：第一，题项 1 考察项目教学法是否适合学生水平；第二，题项 2～4 考察项目教学法能否提高中文水平，包含语音、词汇、句法知识的增加和阅读等语言技能的提高；第三，题项 5～7 考察项目教学法对创建自主学习环境，调动学生兴趣和积极性是否起作用；第四，题项 8～9 考察项目教学法对培养学生团队合作意识是否有促进作用；第五，题项 10 考查学生对项目教学法的总体满意度。

四、实验结果分析

1.前测成绩与后测成绩对比

为了解学生在接受项目教学法后中文能力是否有所提高，本篇研究利用统计软件 SPSS20.0 展开数据统计，对实验学生的前测成绩、后测成绩进行独立样本 T 检验，结果如表 3 所列。

表 3　学生前测和后测成绩独立样本 T 检验

测试	人数	满分(分)	均值	标准差	T 值	显著性
前测	30	50	16.07	5.26	18.13	0.05
后测	30	50	37.00	5.83		

学生前测和后测成绩的均值分别为 16.07 和 37.00，显著值为 0.05，表示实验前后学生成绩具有显著性差异，这表明学生使用项目教学法后，中文水平有明显提升。可见项目教学法在增加学生中文知识，提高学生中文技能方面成效显著。

2.项目教学法的满意度

为进一步了解学生对项目教学法各维度的满意度，对 10 个题项进行统计分析，数据如表 4 所列。

表 4　学生对项目教学法的满意度

题项	均值	标准差
1.项目教学法设计适合学生的中文水平	4.83	0.38
2.项目教学法能让学生学习到正确的发音，掌握更多词汇，更恰当地进行句子表达	4.63	0.71
3.项目教学法能帮助学生掌握中文阅读知识，正确运用中文完成项目内的工作任务	4.56	0.67
4.各个项目能为学生提供设计机会和条件，学生学会了更多的技能	4.86	0.34
5.项目教学法能吸引学生学习兴趣	4.50	0.82

续表

题项	均值	标准差
6.项目教学法能让学生积极地参与各项活动,包括小组讨论、制作等	4.53	0.81
7.项目教学能为学生创建自主学习环境	5.00	0.00
8.项目教学法能增强学生的组织协调能力,提高学生的主动性和表现能力	4.23	0.85
9.项目教学法让学生互帮互助,具有较强的团队精神和合作意识	4.93	0.25
10.整体而言,我对项目教学法感到满意	4.47	0.65

总体来看,学生对项目教学法的总体满意度均值为4.47,可见学生大多能接受项目教学法;具体来看,绝大部分题项的满意度均值都高于4.5,说明项目教学法在各个维度上都能使学生比较满意。

首先,在教学法与学生水平的适应程度方面,学生的满意度高达4.83,可见用于此次实验的项目教学法设计适合学生的中文水平;其次,在教学法对学生中文水平的影响方面,学生普遍认为,项目活动对改善发音、增加词汇量、提高阅读能力、增强中文技能都有不同程度的帮助。这说明项目教学法在提升学生知识和技能方面具有优势,能够促进学生语言能力的发展和语言水平的提高;再次,学生对项目教学法在创建自主学习环境方面的满意度最高,均值达到5,可见项目教学法能为学生提供自主学习的机会。学生认为该方法能吸引自己的兴趣,让自己积极参与各项项目活动,这说明项目教学法能够充分调动学生的积极性和自主性;最后,在培养学生的团队合作意识方面,学生可以在参与项目活动的过程中开展合作学习,互帮互学,分享彼此的思想,共同克服困难,锻炼组织协调能力,提高参与意识。这一方面有助于培养学生的合作学习意识,提高合作交流能力,另一方面也加强了学生之间的联系,增进同学间的情感。

五、总结与反思

本篇以泰国清莱府攀县中学高中三年级中文专业班30名学生为研究对象,开展基于项目教学法的中文阅读课程教学实验,主要有以下发现。第一,学生后测成绩显著高于前测成绩，且整体满意度可观，表明项目教学法适合学生的水平，且能有效提升学生的整体素质，可以作为一种新型教学模式加以推广。第二，学生普遍认为自己的发音、词汇和语法知识有所增加，阅读水平得到提升，这说明项目教学法对增加中文知识，提高中文技能有益。第三，在阅读课程中引入项目教学法，让学生通过小组合作学习的方式完成项目任务，学生是主体，教师起指导、协调、监督的作用，这有助于创设自主学习环境，增强学生学习的自主性、积极性和创造性。第四，大多数学生认为项目教学法，尤其是其中的合作学习形式有利于提高自己的中文水平，说明项目教学法能培养学生的团队合作意识，促进学生全面发展。

对于本次教学实验，我们总结了几点经验，以便为未来开展项目教学的教师提供参考。第一，在确立项目时，教师要明确项目要求。教师提供给学生的项目任务要求应尽量详细，可以把一个项目分解成若干阶段，每个阶段设置具体的要求，引导学生循序渐进地开展小组合作活动，完成任务。第二，在配置资源时，教师要选择合适的教材。使用简单易懂的故事书籍更易于学生接受，也更容易设计出好的教学项目活动，以充分发挥项目教学的效果。第三，在实施项目的过程中，教师要密切关注学生的学习表现，做好过程性评价，根据评价结果来发现学生不足，以便给予及时、恰当的指导，促进学生进行自我反思与知识体系构建。第四，在成果展示阶段，教师还要注意收集和整理优秀项目成果，建设和完善课程资源库，以实现项目成果资源的共享。

本次教学实验取得一定成效，但仍存在一些问题。例如，本次实验对象为高三学生，他们面临毕业考试的压力，要处理大学入学等各项事宜，这导致时间紧张，部分实验环节实施得不够充分。在未来研究中，可在实验对象上多加考量，尝试在低年级开展实验，并进行纵向实验设计，考察项目教学法在高中全过程的作用效果。此外，本次实验仅涉及阅读课程，未来可将此方法运用于其他类型课程。

学习者视角下的智利天主教大学孔子学院教学质量评价研究

【摘要】孔子学院是当前世界范围内重要的中文教学与文化交流机构，中文教学质量是影响孔子学院成功与否的关键因素之一，有效的中文教学质量评价对于指导孔子学院的发展尤为重要。本篇从学习者视角出发，借助修订版SEEQ问卷了解学习者对智利天主教大学孔子学院中文和文化学习体验的反馈，掌握学习者对孔子学院教学质量的整体评价，并探讨学生的个体因素和课程收获对评价结果的影响，最后提出具有针对性的改进建议。

【关键词】SEEQ 教学质量评价　智利天主教大学　孔子学院　学习者视角

一、研究背景

目前，中文在全球范围内的影响力与日俱增，中文教学机构层出不穷。孔子学院是当前世界范围内重要的中文教学与文化交流机构。截至 2021 年 12 月 31 日，全球共有 489 所孔子学院和 817 个孔子课堂，分布于全球 158 个国家和地区。其中，美洲有 92 所孔子学院、249 个孔子课堂。① 2014 年智利圣地亚哥成立了孔子学院拉丁美洲中心，旨在根据拉丁美洲文化圈特点，协调整个拉美地区的孔子学院组织工作，强化区域间孔子学院的相互交流。

智利共建有 2 所孔子学院和 5 个孔子课堂，智利天主教大学孔子学院（The

① 参见赵灵山主编：《孔子学院年度发展报告 2021》，2021 年，https://ci.cn/gywm/nb/db8e7611-8c24-46c7-bc0a-830fa10d5b1c。

Confucius Institute of the Pontifical Catholic University of Chile，简称 IC-UC）位列其一。IC-UC 于 2009 年正式落成，合作院校为南京大学。目前，IC-UC 共开设面向公众的综合中文课程 9 门，分别对应 9 个不同的中文水平，即初级 1、初级 2、初级 3、中级 1、中级 2、中级 3、高级 1、高级 2 和高级 3。课程每半年开设一期，每期 3 个月，每节课 80 分钟。课型以精读课为主，引导学生同步提升中文听说能力。教材由任课老师选定，初级和中级使用《新实用汉语课本》[①]、高级使用《HSK 标准教程 4》[②]。每期课程都有期中和期末考试，测试内容包括听力、阅读和写作，题目以课本中的练习为主，教师认为必要时还会增加口语考试。除此之外，孔院还提供初级的中文暑期强化课程、口语课程以及作为智利天主教大学文学系选修课的中文和文化课程。7 月和 12 月孔子学院还负责组织汉语水平考试（HSK）和汉语水平口语考试（HSKK），在考前会开设 2～3 节备考辅导课程。其他活动方面，孔子学院面向所有公众开设免费的太极拳课程，每年举办"汉语歌曲比赛""汉语桥比赛""88 句汉语大赛"等赛事，并与多个机构合作组织系列学术和文化活动，如各大学的国际博览会，在各大文化中心组织电影、太极拳、围棋、中国茶道和书法活动等。

孔子学院在世界语言与文化传播舞台上肩负着重要的使命担当，尤其是要满足海外群众对中文学习的热切需求，而孔子学院的中文教学质量是决定其成功与否的关键因素之一。目前，针对拉美地区海外孔子学院的研究受到越来越多的关注，有关发展现状的一般研究，如曾敏[③]，付爱萍、田玉[④]，冯烁[⑤]。也有关于课程教学设计的研究，如任苗苗[⑥]、吴倩[⑦]；关于教材使用的研究，如吴昊[⑧]；以

---

① 参见刘珣主编：《新实用汉语课本》（第 3 版），北京语言大学出版社 2020 年版。

② 参见姜丽萍主编：《HSK 标准教程 4》，北京语言大学出版社 2014 年版。

③ 参见曾敏：《秘鲁孔子学院发展现状、问题及展望》，《成都航空职业技术学院学报》2012 年第 1 期。

④ 参见付爱萍、田玉：《墨西哥孔子学院发展特点、问题及对策》，《连云港师范高等专科学校学报》，2013 年第 1 期。

⑤ 参见冯烁：《拉美地区孔子学院发展现状与存在问题初探》，《长江丛刊》2016 年第 18 期。

⑥ 参见任苗苗：《智利孔子学院口语课堂提问的调查分析与教学设计》，安徽大学硕士学位论文，2018 年。

⑦ 参见吴倩：《全身反应法在智利初级汉语教学中的应用研究——以智利圣托马斯大学孔子学院为例》，安徽大学硕士学位论文，2019 年。

⑧ 参见吴昊：《古巴哈瓦那大学孔子学院汉语教材使用情况考察——以〈新实用汉语课本〉、〈今日汉语〉为例》，广东外语外贸大学硕士学位论文，2016 年。

及关于学习者学习动机与策略的研究，如佘文灵①、邓潇婉②。但围绕拉美地区孔子学院教学质量的研究成果尚不多见。事实上，学生反馈是评价和提高教学质量的重要依据，每一所孔子学院都应该根据当地学生的接受情况因地制宜地调整自身的发展规划，因此学习者视角下的教学质量评估工作至关重要。

教学效果评价问卷(Student's Evaluation of Educational Quality，SEEQ)是世界范围内最完善、使用最广泛的学生反馈问卷之一。③ 1982 年，SEEQ 问卷由赫伯特·马什(Herbert Marsh)在希尔德布兰德(Hildebrand)等人④为加利福尼亚大学洛杉矶分校所做的一份调查问卷的基础上修订而成。之后该问卷在世界范围内得到了实施与检验，被证实具有良好的信度与效度，是一个受到国际认可的高等教育教学效率标准化评估工具。问卷内容包括学习、热情、组织、群体互动、师生关系、宽度、考试、作业和总体评估共 9 个测量维度下的数十个评估题项，且研究者可以根据自己的特殊需要修改问卷。⑤

本篇希望通过 SEEQ 问卷收集学生对智利天主教大学孔子学院中文教师和课程的反馈，掌握学生对 IC-UC 中文教学质量的总体评价，确定评价结果与学生个体差异及学生课程收获之间的关系，从而发现当下中文教学工作的成功与不足之处，帮助孔子学院管理者做出适应当地情况和学生需求的有效决策。

二、研究过程

(一)研究设计

本篇首先设计调查问卷，共包括 6 个部分。第一部分为学生基本信息，包

① 参见佘文灵:《智利孔子学院学生汉语学习动机调查研究》，安徽大学汉语硕士学位论文，2014 年。

② 参见邓潇婉:《智利初级水平汉语学生语音学习策略研究——以智利天主教大学孔子学院为例》，南京大学汉语硕士学位论文，2014 年。

③ Coffey Martin and Gibbs Graham, "The evaluation of the student evaluation of educational quality questionnaire (SEEQ) in UK higher education," *Assessment and Evaluation in Higher Education*, vol. 26, no. 1 (January 2001), pp.89-93.

④ Hildebrand Milton, Wilson Robert C., and Dienst Evelyn R., *Evaluating University Teaching*, Berkeley: University of California, 1971, pp.5-8.

⑤ Marsh Herbert W., "SEEQ: A reliable, valid, and useful instrument for collecting students' evaluations of university teaching," *British Journal of Educational Psychology*, vol. 52, no. 1 (February 1982), pp.77-95.

括性别、年龄、职业、中文课程级别、中文学习时长和水平等。第二部分为中文课程参与情况，包括课程难度、工作量、授课速度、课下自学时长、预期成绩、兴趣程度、参课原因等。第三至第六部分均围绕中文教学效果评价，内容在SEEQ问卷的基础上结合IC-UC背景对部分维度和题项进行了修订：保留原始SEEQ问卷中的前7个维度，即“学习”“热情”“组织”“群体互动”“师生关系”“作业”“考试”；改编“整体评价”维度；删除“宽度”维度；增加“对中文学习收获的评价”这一新维度，具体包括“中文知识的掌握”“中文技能的掌握”“中国国情与文化的了解”三方面的题项。采用李克特（Likert）5级量表的填答方式，5分＝非常同意，4分＝同意，3分＝不一定，2分＝不同意，1分＝非常不同意。

（二）研究对象

问卷在Google Forms软件上制作，并在2020年9月至12月通过电子邮件发送给IC-UC的学生，邀请其匿名填写，最终收回有效问卷87份，占该学期入学学生总数的33％。其中，男性占41％，女性占59％。年龄范围从16岁到58岁。所在中文课程级别以初级为主，占66％，中级占23％，高级占11％。中文学习时长在6个月以下者占36％，6个月到1年者占25％，1到2年者占21％，7％在2到3年，11％在3年以上。中文水平方面，绝大多数被调查者没有参加过HSK考试（占72.4％），通过HSK1～2级考试者占14.9％，通过HSK3～4级考试者占9.1％，还有3.4％通过了HSK5级考试，无人通过HSK6级考试。需要说明的是，考试参与率低可能有两个原因：一是智利学生不太了解HSK考试；二是由于HSK考试在智利并非必考科目，仅有部分想要申请中国留学奖学金的学生会参加考试。与此同时，2020年IC-UC也只在12月份组织了一次线上HSK考试，该考试仅面向将于2021年申请奖学金到中国学习的学生。

三、研究结果与分析

（一）学习者对教学质量评价的整体情况

1.学习维度

学习维度用以确定学生是否学到并且理解了新的中文内容，以及这些内容是否受到他们的重视。从每个题项的得分情况来看(见表1),首先是“因为中文课,我对中文的兴趣增加了”一项的平均得分最高,为4.63分;其次是“在中文课上我学到了有价值的内容”一项,平均得分4.61分;最后是“中文课在智力上很有挑战性”一项,4.37分。学习维度总体平均得分为4.54分。

表1 学习维度评分情况

题项	最小值	最大值	均值	标准差
中文课在智力上很有挑战性	2.00	5.00	4.37	0.68
在中文课上我学到了有价值的内容	4.00	5.00	4.61	0.49
因为中文课,我对中文的兴趣增加了	2.00	5.00	4.63	0.63
总均值	3.33	5.00	4.54	0.46

从被调查者的开放性回答中了解到,一些人认为中文课程的内容很有价值,也很有趣,如“初级1的课程涵盖了学习中文所有必需的方面,我想强调的是,这些课程的内容激发了我学习中文的欲望”“课程很优秀,我本来以为只能学习到语言,但我也学到了中国文化等方面的知识,我学到的比我预期的多得多”。与此同时,也有人认为应该“对学生的发音和汉字记忆多一些要求”,并且要将学习材料的内容更新为当下时新的话题,补充课本以外的学习内容,课堂上要多关注学生口语和写作能力的提升等。

从以上结果来看,绝大多数被调查者对学习维度表示满意,尤其是认为中文课的内容能够激发学习者的兴趣且富有价值。而在课程难度方面,虽然中文被智利人认为是一门难学的语言,但有趣的是,随着他们对中文的掌握和熟悉,学生愿意在学习中文时接受更大的挑战。

2.热情维度

热情维度关注教师在教学中的热情、投入和奉献精神,以确保学生不仅理解课程内容,而且对课程感兴趣并有学习语言的动机。从每个题项的得分情况来看(见表2),“中文教师对教授中文课很热心,精力充沛”一项的平均得分最高,为4.78分;其次是“中文教师能够运用多种教学方法进行授课”一项,平均得分4.56分;再次是“中文教师的上课风格很受欢迎”一项平均得分4.52分;最后是“中文老师的授课能激发我学习中文的兴趣”一项,平均得分4.49分。热情维度总体平均得分为4.59分。

表 2　热情维度评分情况

题项	最小值	最大值	均值	标准差
中文教师对教授中文课很热心，精力充沛	2.00	5.00	4.78	0.54
中文教师能够运用多种教学方法进行授课	1.00	5.00	4.56	0.77
中文教师的上课风格很受欢迎	1.00	5.00	4.52	0.79
中文老师的授课能激发我学习中文的兴趣	1.00	5.00	4.49	0.79
总均值	1.50	5.00	4.59	0.65

从被调查者的开放性回答来看，不少被调查者特别重视 IC-UC 教师的付出，一些学生欣赏教师的教学方法、教学时的奉献精神与热情，如“我觉得老师的方法很好，借此机会感谢她对课堂的热情和奉献”。也有学生看重教师的幽默感和课堂的趣味性，如“我非常珍惜老师的热情，她的幽默感和乐观精神帮助我更容易地进行学习”。另外，一些被调查者指出，线上课堂的形式削弱了课堂的活力，这意味着一些学生的注意力和兴趣可能会丧失，如“网上上课更容易分心”“线上课应该更短、更具活力，以突出学习的重点，一天两节的在线课程让我变得有点累了”。并且，一些受访者建议增加一些互动性和真实性更强的活动，如“希望老师能用真实的情境让我们练习说话”“看电影做作业，然后在课堂上评论，或者分析一首歌，等等”，这样能让课堂更有趣。

从以上结果来看，大多数被调查学生认为 IC-UC 教师非常热情也非常投入，但是线上课堂对许多学生来说是一个很大的挑战。找到一种让线上课堂更具交互性的方法，避免学生的无聊和缺乏动力，这一点极为重要。

3.组织维度

组织维度主要考察课程是否以智利学生学习需求为导向来进行组织与讲授，能否便于学生理解并有利于其掌握课程学习方法。从组织维度每个题项的得分情况来看(见表 3)，“中文教师为上课做了充分的准备”一项的平均得分最高，为 4.78 分；“中文教师通过例子、案例或事实有效地解释和说明课程内容”一项的平均得分次之，为 4.75 分；“中文课程设定的目标与实际教学目标一致”一项的平均得分为 4.71；最后是“中文教师的解释清楚、细致”一项，平均得分为 4.68分。组织维度的总体平均得分为 4.73 分。

表 3　组织维度评分情况

题项	最小值	最大值	均值	标准差
中文教师为上课做了充分的准备	3.00	5.00	4.78	0.47
中文教师的解释清楚、细致	2.00	5.00	4.68	0.58
中文教师通过例子、案例或事实有效地解释和说明课程内容	2.00	5.00	4.75	0.53
中文课程设定的目标与实际教学目标一致	3.00	5.00	4.71	0.53
总均值	2.75	5.00	4.73	0.45

从被调查者的开放性回答来看，几位受访者强调了 IC-UC 课程内容的清晰性、课程组织的严谨性、教师的专业性和课堂准备的充分性，如“课程非常清晰，易于理解，很有条理”“老师们准备得很充分，课程的规划非常好”。由于老师的帮助，学生们很容易就能理解课堂内容。然而，还有一些学生认为，对汉字、口语和发音的教学缺乏重视，而且缺乏额外的材料，如“上课太注重读书，我希望有更多的机会和活动来练习中文口语”“我很难记住汉字，也许学院应该更加重视这方面”“我觉得现在发给学生的材料不足以很好地练习，可以分享更多跟课程有关系的音频材料，以便更好地理解中文”。

从以上结果来看，大部分被调查者对 IC-UC 教师的课堂组织、讲解和教学方法评价都非常积极，但是在课程的内容方面，学生认为应该更为强调实践性，另外，汉字和口语的教学仍然是一个挑战。

4.群体互动维度

群体互动维度主要指向教师与全班学生的关系，以及教师对学生参与课堂的鼓励。从群体互动维度每个题项的得分情况来看(见表 4)，“中文教师鼓励学生参加课堂中文讨论”一项的平均得分最高，为 4.78 分；其次是“中文教师鼓励学生提问，并给出有意义的答案”和“中文教师创造了一个包容的学习环境”，平均得分均为 4.59 分；最后是“中文教师邀请学生们分享他们的想法和知识”一项，平均得分为 4.44 分。群体互动维度的总体均分为 4.6 分。

表 4　群体互动维度评分情况

题项	最小值	最大值	均值	标准差
中文教师鼓励学生参加课堂中文讨论	1.00	5.00	4.78	0.58
中文教师邀请学生们分享他们的想法和知识	1.00	5.00	4.44	0.84
中文教师鼓励学生提问，并给出有意义的答案	1.00	5.00	4.59	0.71
中文教师创造了一个包容的学习环境	1.00	5.00	4.59	0.77
总均值	1.00	5.00	4.60	0.62

从被调查者的开放性回答来看，一些学生认为 IC-UC 课程的参与性很强，教师鼓励学生在课堂上提问，并且创造了一个友好包容的环境，比如“老师鼓励学生参与”“老师关心的是学生明不明白，我们可以有问题就问”“我重视每节课所激发的友好社交环境”。另外，一些学生指出，线上课堂的形式使学生之间及与教师的社会交往变得困难起来，缺乏练习中文口语和学习交流的机会，如“在线课模式让互动和学习非常困难”，还有学生认为老师应该讲西班牙语，以便与学生顺畅地沟通。

从以上结果来看，大部分被调查者对群体互动维度给出了正面评价，尤其是在教师鼓励学生参与课堂讨论这一方面。然而，线上课堂的形式阻碍了教学的自然进程，特别是教师和学生之间以及学生之间的社会互动。另外需要特别注意的是，学生参与课堂讨论的内容不应局限于简单的语言练习，还要支持学生分享意见和观点，表达他们对各种话题的看法。

5.师生关系维度

师生关系维度关注教师与每个学生的直接关系，体现为教师是否关心学生的中文学习和进步，以及能否在学生需要的时候帮助他们。从每个题项的得分情况来看(见表 5)，“中文教师对每个学生都很友好”一项的平均得分最高，为4.87分；其次是“中文教师可以在课外时间提供额外的帮助”一项，平均得分4.8分；“中文教师对学生有真正的兴趣”与“中文教师欢迎学生在课堂内外向他们寻求帮助”两项的平均得分接近，分别为 4.76 分和 4.75 分，“中文教师关心学生，以及学生的中文进步”一项的平均得分最低，为 4.69 分。总体来看，师生关系维度的平均得分为 4.77 分。

表 5　师生关系维度评分情况

题项	最小值	最大值	均值	标准差
中文教师对每个学生都很友好	3.00	5.00	4.87	0.37
中文教师欢迎学生在课堂内外向他们寻求帮助	1.00	5.00	4.75	0.67
中文教师对学生有真正的兴趣	3.00	5.00	4.76	0.55
中文教师可以在课外时间提供额外的帮助	2.00	5.00	4.80	0.57
中文教师关心学生，以及学生的中文进步	2.00	5.00	4.69	0.65
总均值	2.80	5.00	4.77	0.42

从被调查者的开放性回答来看，大多数学生对 IC-UC 教师对学生的关心感到非常满意。一些被调查者认可老师的友善、在课内外帮助学生的意愿，还有一些学生欣赏 IC-UC 老师的耐心、宽容和尊重，比如“老师很关心学生，虽然这学期因为在线课的模式有点困难，但他们还是尽了最大的努力帮助我们学习”“老师总是关心我们的学习，她总是可以为我们回答问题，即使是课外时间，她甚至帮我准备了 HSK”“老师很敬业、很有耐心，她努力让我们对中国语言和文化更感兴趣”。

另外，一些学生认为一些 IC-UC 老师拖堂、连续授课，或者西班牙语讲得不好、用英语讲解课程的内容，这些会影响师生之间的良好关系，如“请别超过上课时间”“不应该连续 80 分钟上课不休息”“老师们应该会说更好的西班牙语”。

从以上结果来看，被调查者对师生关系维度的评价是 7 个维度中最好的。智利学生非常重视教师的亲善、友好和乐于助人，而 IC-UC 教师成功地满足了这些需求。

6.作业维度

作业维度旨在确定教师分配的作业是否有用，能否帮助学生更好地理解课堂内容。从每个题项的得分情况来看(见表 6)，“完成作业有助于理解、掌握中文汉字、词汇和语法知识”一项的平均得分最高，为 4.52 分；再次是“完成作业有助于提高中文听说读写能力”一项，平均得分为 4.51 分；最后是“中文教师布置的作业材料很有价值”一项，为 4.46 分。总体来看，作业维度的平均得分为 4.49分。

表 6　作业维度评分情况

题项	最小值	最大值	均值	标准差
中文教师布置的作业材料很有价值	3.00	5.00	4.46	0.71
完成作业有助于理解、掌握中文汉字、词汇和语法知识	3.00	5.00	4.52	0.64
完成作业有助于提高中文听说读写能力	3.00	5.00	4.51	0.71
总均值	3.00	5.00	4.49	0.61

从被调查者的开放性回答来看，一些学生能够意识到作业和复习对语言学习的重要性，如“我很喜欢课程的作业，因为我有机会一课一课地练习，这提高了我的中文学习能力。”“我通过作业和老师的批改学到了很多知识。”还有一些学生要求增加作业、练习和辅助材料，以强化巩固课堂上所学的内容，如“老师应该提供额外的学习材料。”“多布置作业。”“我认为，如果利用在线平台上传额外的作业和活动，那将是积极的。”

从以上结果来看，作业维度在学生中的评价相对较低。而且还有一些学生注意到有些老师没有在每节课结束时布置家庭作业。重视这一方面的改善是很重要的，因为及时、充分的复习和练习对于第二语言学习而言非常关键。

7.考试维度

考试维度旨在确定教师设计的考试在评估课程核心内容方面的有效性。从每个题项的得分情况来看(见表 7)，“评估学生的方法是公平合理的”一项的平均得分最高，为 4.53 分；“考试能测试老师讲授的重点内容”一项次之，平均得分为 4.52 分；第三位的是“考试能准确评估我在中文课上学到的内容”一项，平均得分为 4.48 分；均分最低的是“考试和评估对学习很有价值”一项，4.38 分。考试维度的整体平均得分为 4.48 分。

表 7　考试维度评分情况

题项	最小值	最大值	均值	标准差
评估学生的方法是公平合理的	1.00	5.00	4.53	0.76
考试和评估对学习很有价值	1.00	5.00	4.38	0.84
考试能测试老师讲授的重点内容	2.00	5.00	4.52	0.66

续表

题项	最小值	最大值	均值	标准差
考试能准确评估我在中文课上学到的内容	2.00	5.00	4.48	0.71
总均值	2.25	5.00	4.48	0.61

从被调查者的开放性回答来看，受访者对考试维度没有提出正面文字性评价，但是分享了一些建议，包括增加考试、考查写作能力、降低考试难度等，如“有时我觉得考试的问题比课堂上教的内容更难。”“应该想办法练习写作能力。”“老师应该多考试。”

从以上结果来看，被调查者对考试维度的评价是7个维度中最差的，特别是一些受访者认为IC-UC考试的价值不足，这一点需要格外关注。

（二）学习者对教学质量评价的个体差异分析

1.不同性别学习者对教学质量评价的差异

表8显示了不同性别的学习者在7个维度上的赋分情况。男性被调查者的平均满意度为4.52分，最满意的维度是师生关系（4.69分），最不满意的维度是群体互动（4.4分）。女性被调查者的平均满意度为4.66分，对师生关系维度最满意（4.83分），对作业维度最不满意（4.5分）。总体而言，男性和女性都对教学评价的7个维度做出了比较正面的评价，但女性对每一个方面的评价都略好于男性。

表8 不同性别学习者对教学质量的评分情况

维度	性别	样本数	平均分	标准差
学习	男	36	4.53	0.51
	女	51	4.54	0.44
热情	男	36	4.42	0.82
	女	51	4.71	0.47
组织	男	36	4.68	0.54
	女	51	4.76	0.37

续表

维度	性别	样本数	平均分	标准差
群体互动	男	36	4.40	0.82
	女	51	4.74	0.37
师生关系	男	36	4.69	0.55
	女	51	4.83	0.29
作业	男	36	4.48	0.61
	女	51	4.50	0.62
考试	男	36	4.43	0.62
	女	51	4.51	0.61

2.不同课程级别学习者对教学质量评价的差异

表 9 显示了不同课程级别的学习者在教学质量评价各维度上的赋分情况。初级班被调查者的平均满意度为 4.64 分，他们对师生关系维度的评分（4.79 分）最高，对考试维度的评分最低（4.45 分）。中级班被调查者的平均满意度为 4.55 分，他们对组织维度和师生关系维度的评分最高（4.73 分），对考试维度的评分最低（4.39 分）。高级班被调查者的平均满意度为 4.45 分，他们对考试维度的评分最高（4.8 分），对作业维度的评分最低（3.83 分）。

由此观之，初级、中级和高级学习者对 7 个维度的评价都是比较正面的。但是随着课程级别的提升，被调查者的平均满意度也在降低。这种情况的出现很可能是因为随着学生中文水平的提高，他们对课程的要求也随之提高。对比具体的维度得分可知：三个级别的被调查者对师生关系都很满意，与初级和中级班相比，高级班学生对考试维度的评价特别高，而对作业的满意度特别低，这反映出对于高级班的学生来说，考试的价值性、合理性凸显，而现有的作业却对相当多的学生来说不够有用。

表 9　不同课程级别学习者对教学质量的评分情况

维度	课程级别	样本数	平均分	标准差
学习	初级	57	4.56	0.44
	中级	20	4.57	0.43
	高级	10	4.33	0.65
热情	初级	57	4.66	0.56
	中级	20	4.58	0.56
	高级	10	4.20	1.11
组织	初级	57	4.75	0.46
	中级	20	4.73	0.45
	高级	10	4.63	0.40
群体互动	初级	57	4.64	0.64
	中级	20	4.50	0.63
	高级	10	4.55	0.52
师生关系	初级	57	4.79	0.40
	中级	20	4.73	0.56
	高级	10	4.78	0.26
作业	初级	57	4.64	0.48
	中级	20	4.40	0.64
	高级	10	3.83	0.77
考试	初级	57	4.45	0.66
	中级	20	4.39	0.55
	高级	10	4.80	0.28

3.不同兴趣水平学习者对教学质量评价的差异

经统计，在接受调查的 87 人中，78%的学生在开课前对中文表现出高或非常高的兴趣，11%表现出中等兴趣，11%的人表现出很低或非常低的兴趣。表 10 显示了不同兴趣水平的学习者在教学质量各维度上的赋分情况。学生根据开课前对中文表现分为低兴趣、中等兴趣和高兴趣 3 组。

表 10　不同兴趣水平学习者对教学质量的评分情况

维度	兴趣水平	样本数	平均分	标准差
学习	低	19	4.44	0.52
	中	32	4.55	0.43
	高	36	4.57	0.47
热情	低	19	4.38	0.77
	中	32	4.70	0.48
	高	36	4.60	0.70
组织	低	19	4.55	0.62
	中	32	4.81	0.36
	高	36	4.75	0.40
群体互动	低	19	4.28	1.04
	中	32	4.68	0.38
	高	36	4.69	0.43
师生关系	低	19	4.55	0.71
	中	32	4.85	0.28
	高	36	4.83	0.27
作业	低	19	4.47	0.68
	中	32	4.54	0.53
	高	36	4.46	0.65
考试	低	19	4.21	0.83
	中	32	4.43	0.54
	高	36	4.66	0.47

开课前对中文兴趣不高的被调查者平均满意度为 4.41 分，他们对组织维度和师生关系维度的评价最高(4.55 分)，对考试维度的评价最低(4.21 分)。有中等兴趣的被调查者平均满意度为 4.65 分，他们对师生关系维度的评价最高

(4.85分),对考试维度的评价最低(4.43 分);有较高兴趣的受访者平均满意度为4.65分,他们对师生关系维度的评价最高(4.83 分),对作业维度的评价最低(4.46 分)。

基于上述数据可以发现,在学习、群体互动和考试维度上,学生的满意度随着他们对中文产生的兴趣的增加而增加,那些对课程内容有更大兴趣的学生会对课程表现出更高的满意度,对课程的评价也更正面。在热情、组织、师生关系和作业维度上,中等兴趣的学生满意度较高,而高兴趣的学生满意度较低。可能的原因是一些对语言有高度兴趣的学生,对教师的教学方法、备课、教师对学生的帮助和作业的期待和要求更高。

4.不同动机类型学习者对教学质量评价的差异

经统计,在 87 名被调查者中,25.3%的人决定学习中文是因为它所带来的智力挑战,24%的人因为对中国文化感兴趣,21.8%的人是为了改善工作和职业机会,16%是出于与中国人交往和社交的兴趣,7%的人把中文作为爱好,3.4%的人因为想去中国旅游,2.3%的人有其他原因。加德纳(Gardner)和兰伯特(Lambert)曾将人们决定学习第二语言的动机划分为两种类型:融合型动机和工具型动机。[①] 前者是指希望更多地了解第二语言群体,认识更多不同的人,加入第二语言群体并被他们接受,后者是指对语言学习的更功利的价值。按照此分类标准,将学生的中文学习动机归为两组:"为了未来的职业"和"因为智力上的挑战"及其他原因归为工具型动机;"对中国文化感兴趣""想跟中国人交流""想去中国旅游"和"把中文当作业余爱好"归为融合型动机,在此基础上进行分组统计。

表 11 显示了不同动机类型的学习者在教学质量评价各维度上的赋分情况。融合型动机的中文学习者平均满意度为 4.54 分,他们对师生关系维度的评价最高(4.77 分),对考试维度的评价最低(4.39 分)。工具型动机的中文学习者平均满意度为 4.66 分,他们对组织维度的评价最高(4.81 分),对考试维度的评价最低(4.00 分)。与此同时,工具型动机的学习者对每个维度的评价都略高于融合型动机的学习者,但差异并不太大。

① Robert C. Gardner and Wallace E. Lambert, "Motivational variables in second-language acquisition," *Canadian Journal of Psychology*, vol. 13, no. 4 (December 1959), pp.26-72.

表 11　不同动机类型学习者对教学质量的评分情况

维度	动机类型	样本数	平均分	标准差
学习	融合型	44	4.51	0.45
	工具型	43	4.57	0.49
热情	融合型	44	4.49	0.75
	工具型	43	4.69	0.52
组织	融合型	44	4.65	0.51
	工具型	43	4.81	0.37
群体互动	融合型	44	4.55	0.69
	工具型	43	4.65	0.54
师生关系	融合型	44	4.77	0.40
	工具型	43	4.78	0.45
作业	融合型	44	4.42	0.55
	工具型	43	4.57	0.66
考试	融合型	44	4.39	0.70
	工具型	43	4.00	0.50

值得注意的是，工具型动机的被调查者对组织维度的评价非常好，但对现有考试较为不满。这有可能是因为他们热衷于语言对智力的挑战，所以在考试时期望更高难度的题目，或者是出于改善工作或职业机会的需要，想在考试时通过更有分辨力的题目凸显其更高水平的竞争力。

5.学习者的成绩预期和教学质量评价的关系

经统计，在 87 名被调查者中，55.2％的学生认为自己能获得非常好的成绩(A)，31％认为自己能获得好的成绩(B)，9.2％认为能获得一般的成绩(C)，2.3％认为会获得较差的成绩(D)，2.3％认为会获得非常差的成绩(E)。

表 12 显示了被调查者不同的成绩预期与 IC-UC 教学质量评价成绩之间的相关性检验结果。可以发现，学习者的成绩预期与对组织、群体互动和师生关系维度的评价呈显著正相关。学习者对自身成绩的预期反映着他们在学习中文时的自信。因此，想要提高 IC-UC 课程的体验质量，有必要在管理和教学层

面上寻求策略，让学生相信自己能够成功地学习中文。

表 12　成绩预期与教学质量评价的相关性检验结果

维度		学习	热情	组织	群体互动	师生关系	作业	考试
成绩预期	皮尔森(Pearson)相关性	0.135	0.183	0.259*	0.305**	0.257*	−0.017	0.208

* 表示在 0.05 水平上显著相关。

** 表示在 0.01 水平上显著相关。

(三)教学质量评价与课程收获的关系分析

1.学习者课程收获的基本情况

从中文知识的掌握、中文技能的掌握和中国国情与文化的了解三方面考查学生在中文课程中的收获，结果如表 13 所示。

表 13　学习者对中文知识掌握的评分情况

题项	最小值	最大值	均值	标准差
我的拼音阅读能力提高了	3.00	5.00	4.57	0.66
我的汉字书写能力提高了	2.00	5.00	4.38	0.87
我的中文词汇增加了	3.00	5.00	4.77	0.50
我对中文语法有了更深的理解	3.00	5.00	4.57	0.62
总均值	3.00	5.00	4.57	0.54

在中文知识的掌握方面(见表 13)，被调查学生的总体平均赋分为 4.57 分。学生认为其在 IC-UC 课堂上收获的词汇进步最多，而汉字书写方面的提高则偏少，应该重点加强。

在中文技能的掌握方面(见表 14)，被调查学生的总体平均赋分为 4.34 分。与问卷中的其他题项相比，本部分的所有题项得分都较低。即便是获得最高分的“我的中文阅读能力提高了”一项，与问卷中的其他题项相比仍然偏低。结合被调查者的开放回答可以看出，IC-UC 课程对口语、汉字写作和听力等语言技能的重视程度不够。这种现象可能是多种原因造成的，比如课时不足、缺乏以训练这些技能为重点的课程、学习材料不够有效、缺乏作业和补充性学习材料、在线课程组织困难、缺乏考试等。

表 14　学习者对中文技能掌握的评分情况

题项	最小值	最大值	均值	标准差
我的中文听力能力提高了	1.00	5.00	4.34	0.91
我的中文发音能力提高了	2.00	5.00	4.31	0.83
我提高了用中文说话和表达自己的能力	2.00	5.00	4.28	0.87
我的中文阅读能力提高了	2.00	5.00	4.48	0.79
我的中文写作能力提高了	1.00	5.00	4.31	0.85
总均值	2.00	5.00	4.34	0.68

表 15　学习者对中国国情与文化了解的评分情况

题项	最小值	最大值	均值	标准差
我对中国文化更感兴趣了	2.00	5.00	4.64	0.68
我对中国国情有了更深的了解	1.00	5.00	3.89	1.19
我对中国文化有了更多的认识	1.00	5.00	4.26	0.97
我对中国人的思维、价值观有了更多的理解	1.00	5.00	4.11	1.06
总均值	1.25	5.00	4.23	0.87

在中国国情与文化了解方面（见表 15），被调查学生的平均赋分为 4.23 分。值得注意的是，“我对中国国情有了更深的了解”一项是整个问卷中得分最低的题项。究其原因，一方面，目前缺乏对中国文化和社会情况进行专门教学的课程，虽然 IC-UC 确实提供了一门太极拳课外课程和一些文化活动，但部分学生指出这些活动因缺乏宣传而导致学生的关注度不高；另一方面，2020 年新型冠状病毒感染的暴发致使文化活动的组织变得极为困难，IC-UC 和其他许多教育机构一样，不得不选择在线平台授课，而这种方式显然没有像面对面活动那样受欢迎。

2.教学质量评价与课程收获的关系

利用相关性检验,将学习者对 IC-UC 教学质量评价与学习者的课程收获之间的关系加以探讨,如表 16 所示。

表 16 课程收获与教学质量评价的皮尔森(Pearson)相关性检验结果

评价维度	学习	热情	组织	群体互动	师生关系	作业	考试
中文知识掌握	0.387**	0.387**	0.444**	0.538**	0.308**	0.257*	0.431**
中文技能提升	0.361**	0.361**	0.378**	0.457**	0.220*	0.295**	0.409**
中国国情与文化了解	0.486**	0.399**	0.404**	0.487**	0.441**	0.383**	0.374**

*表示在 0.05 水平上显著相关。

**表示在 0.01 水平上显著相关。

学习者在中文知识和技能上的提升感,以及对自身在中国国情和文化方面了解程度加深的感知与他们对群体互动、组织、考试、学习、热情、师生关系和考试维度的评价均呈显著正相关。这意味着学习者感知到的在中文知识掌握和技能提高上的进步越大,以及自身在认识和理解中国文化与国情方面的进步越大,他们对教学质量的评价就越好。因此,促进学生对中文知识和技能的掌握,帮助学生更好地了解中国文化和社会是决定 IC-UC 课程质量评价的决定性因素。

四、研究结论与建议

本篇从学习者视角出发,借助修订版 SEEQ 问卷了解学生对智利天主教大学孔子学院中文和文化学习体验的反馈,掌握学习者对孔子学院教学质量的整体评价,并探讨学生个体因素和课程收获对评价结果的影响。

从对孔子学院教学质量评价的整体情况来看,学习者对学习、热情、组织、群体互动、师生关系、作业、考试这 7 个维度的评价均分都在 4 分以上,说明 IC-UC 的中文课和教师普遍让智利学生感到满意。综合来看,IC-UC 教师对学生都很友好,会做好充分的课前准备,保证实际教学与课程目标要求的一致性,在课堂上精力充沛，能通过例子、案例或事实有效地解释和说明课程内容，而且鼓励学生参加课堂中文讨论，还愿意在课堂外帮助学生。与此同时，教师需要注意的是，应选择适合在线课堂的教学内容和方法，提供课本之外的学习材料，增加对口语和汉字的考查，给予学生足够的机会分享自己了解的知识和对话题的看法，从而激发学生的中文学习兴趣并帮助其保持注意力集中。而且要提升考试与教学在内容方面的一致性，充分发挥考试对教学的反拨作用。相较而言，目前在作业和考试方面需要重点提升。

从学习者对教学质量评价的个体差异来看，女性学习者对7个维度的评价都好于男性学习者。随着课程级别的升高，学习者对IC-UC教学质量的平均满意度降低，尤其表现为高级班学生认为现有作业和考试的贡献不足。对中文有较高兴趣的智利学生对所学内容、与老师的互动和课程考试表现出更高的满意度。与此同时，这一群体对教师的教学方法、备课、教师对每个学生的帮助以及作业的分配提出了更高的要求。工具型动机的智利学生对IC-UC课程内容的组织性和清晰性评价很高，但对考试的评价很低。学生对自身成绩的预期越高，他们对教师在组织课程、营造群体互动氛围，以及维护师生关系方面的评价就越高。

从学习者的课程收获及其与教学质量评价的关系来看，在中文知识的掌握方面，学生对其在词汇学习方面取得的收获最为满意，而部分学生认为自己的汉字书写能力没有得到提高。在中文技能的掌握方面，学生对阅读能力提升的评价最高，而对中文表达能力提升的评价最低，对听力、发音和写作能力提升的评价也普遍较低。严重不足的是学生对中国国情的了解，还有有关中国人思维与价值观方面的介绍也有待加强。经检验，学生在中文知识、技能以及中国文化方面的提升对其对IC-UC中文课程的教学质量的评价至关重要，二者存在显著的相关性。

本篇较为全面地对IC-UC教学质量进行了评价，并发现了一些问题。基于研究发现，本篇提出以下建议。

第一，在课程设置方面。首先，建议增加作业量和额外的练习，提供补充性学习材料，以便学生能够充分复习课堂上所学的内容。例如，可以让学生观看中文短视频并在下一节课上进行讨论，阅读与课堂内容相关的材料并进行总结，录制就课堂上所学主题发表意见的音频，使用课堂上所学的语法写句子等；其次，由于智利学生在书写汉字方面仍有困难，建议每周要求学生写一定数量的汉字，并通过每周听写来检测，或者开设一门专门侧重于介绍汉字相关知识的课程。同时，为避免每门课程的学生水平参差不齐，宜在每学期开学前进行诊断性测试，从而将他们分配到与其水平相匹配的班级。最后，为了弥补学生未能深入探讨与中国文化和国情相关话题的遗憾，可以专门开设一门中国文化课程。还需要完善 IC-UC 文化活动的传播和交流计划，使学生能够及时、充分地获得与中国文化和国情相关的信息。

第二，在中文教学方面。首先，为了改善在线课程"很累""不太活跃"或"太长"等现象，教师需要努力提升课堂的动态性和交互性。可以要求所有学生在线上课时都打开摄像头，鼓励他们更多地参与到与老师、同学的交流中来；其次，为了吸引学生的注意力，激发其学习兴趣，老师可以根据学生的接受程度设计课堂活动，如分享中文歌曲、视频，小组活动，游戏，竞赛等。最后，由于在线授课形式比面对面授课更容易让学生过度用脑、疲惫不堪，建议教师把控好上课时长，适当休息、避免超时。

第三，在课外文化活动方面。需要加强文化活动的宣传，提升学生的参与度。虽然在网络平台上开展太极拳课要比线下课复杂得多，但它对帮助学生和社区成员多方位了解中国的作用不容忽视。可以尝试通过 IC-UC 网站、社交媒体等进行宣传，宣传范围不局限于学校，也包括天主教大学社区和其他外部社区。

第二部分

国际中文跨文化适应心理研究

蒙古国来华留学生跨文化人际交往问题研究

【摘要】中蒙两国在政治、经贸、文化、科技等各个领域的合作日益深入，蒙古国来华留学生人数日益增多，这加速了中国高等教育的国际化进程。与此同时，蒙古国来华留学生跨文化人际交往问题也日益成为国际中文教育和高等教育领域关注的问题。本篇通过问卷调查与深入访谈，描述了蒙古来华留学生跨文化朋友圈的基本情况，归纳了业缘型、趣缘型、地缘型、情缘型 4 种交往类型，探讨了人际交往的障碍与原因。基于研究发现，对蒙古国来华留学生增强跨文化人际交往意识，提高跨文化交际能力提出建议。

【关键词】蒙古来华留学生　跨文化人际交往　交往类型　交往障碍

引　言

1952 年，中国和蒙古国两国之间开始开展教育交流与合作。[①] 此后，两国的教育合作一直在顺利发展，呈现出蓬勃生机。目前蒙古国来华留学生与日俱增。2017 年以来，蒙古国在来华留学生人数国别排序中占第 13 位（共 8508 人）[②]，从享受中国政府奖学金的 183 个国家的在华学习人数来看，蒙古国占第

① 参见《中国同蒙古国的关系》，2023 年 7 月，https://www.mfa.gov.cn/web/gjhdq_676201/gj_676203/yz_676205/1206_676740/sbgx_676744/。

② 参见《2016 年度我国来华留学生情况统计》，2017 年 3 月 1 日，http://www.moe.gov.cn/jyb_xwfb/xw_fbh/moe_2069/xwfbh_2017n/xwfb_170301/170301_sjtj/201703/t20170301_297677.html。

2位。[①] 由此可见，蒙古国留学生已经成为亚洲来华留学生的主力军，这加速了中国高等教育的国际化进程。与此同时，蒙古国来华留学生跨文化人际交往问题也日益成为国际中文教育和高等教育领域逐步关注的问题。跨文化交际状态影响着蒙古国留学生的在华学业状态和心理状态。研究蒙古国留学生在华跨文化人际交往情况对于提升针对蒙古国留学生的跨文化管理策略也具有一定借鉴价值。因此，此领域的研究值得引起重视。

本篇基于笔者在华留学期间的亲身体验，以100位蒙古国来华留学生为研究对象，通过问卷调查与访谈的方式，深入了解在华蒙古国留学生的学习和生活现状，对其基本信息、来华学习动机、一般人际交往等情况进行充分描述，从而揭示蒙古国来华留学生的人际交往现状，分析其交往的群体与类型，探讨跨文化人际交往的心理特征，剖析人际交往的障碍及原因，力求为提升蒙古国留学生跨文化人际交往能力提出有效的对策性建议。

一、研究综述

跨文化人际交往是指具有不同文化背景的人之间进行交往，即运用语言或非语言符号交换意见、交流思想、表达感情和需要的过程。跨文化人际交往与跨文化适应息息相关，因此，在研究蒙古国来华留学生跨文化人际交往情况时，我们既要借鉴跨文化交际理论的相关研究，也要参考与之相关的跨文化适应理论相关研究。

（一）跨文化人际交往理论研究综述

跨文化人际交往理论研究可以追溯到20世纪20年代的一些以青年为导向的研究课题中。爱德华·霍尔(Edward T. Hall)在1959年出版的《无声的语言》中提出了“文化即是交流”[②]的命题。这种视文化为交流的观点发人深思。人本主义学家马斯洛(Maslow)提出的需要层次理论，强调人对人际交往的需

① 参见于淼：《“一带一路”沿线国家来华留学生数据增幅明显》，2017年3月1日，http://www.moe.gov.cn/jyb_xwfb/xw_fbh/moe_2069/xwfbh_2017n/xwfb_170301/170301_mtbd/201703/t20170302_297943.html。

② ［美］爱德华·霍尔：《无声的语言》，何道宽译，北京大学出版社2010年版，第75页。

求[①]，这一理论也成为人际关系研究的理论基础。

在中国，跨文化人际交往被作为一门学科最早开始于20世纪80年代初。当时，中国已经从国外引入了跨文化传播学的概念，但中国有关来华留学生跨文化适应方面的研究还不成熟，数量也比较少。20世纪90年代中叶，众多学者在实际考察的基础上，对这一领域做了许多大胆且有效的探索，其中，广为人知的是陈向明的研究。陈向明对一群留美中国学生与美国人的人际交往情况进行了长达2年的追踪调查，研究指出留美中国学生不能建立良好的跨文化人际关系的原因在于他们无法与当地文化融合。[②] 在来华留学生跨文化人际交往问题的研究上，雷龙云将来华留学生的交往对象分为中国人、本国人和其他国家人3类，研究发现，在学习活动方面，来华留学生更多地和中国人交往，而在非学习活动方面，则更多地和本国人以及其他国家的人交往。[③] 杨军红对在中国6所高校就读的200多位来自世界各地的留学生进行了问卷调查与访谈，研究发现留学生普遍认为在人际交往方面存在困难，语言障碍、兴趣爱好差异、缺乏沟通与交流的常设机制、惰性心理、交际风格差异等都是影响留学生人际交往的主要因素。[④] 何淼等考察了美国留学生在上海的人际交往情况，研究发现由于友谊观念的不同，美国留学生和中国人在择友理念上存在差异。[⑤] 周源在研究中提到人际交往的影响因素主要有生活习惯差异、兴趣爱好差异、语言障碍、文化差异等[⑥]，但是研究者并没有对该研究对象进行国别的区分和量化的考量，也没有提出相对应的改善方法或解决方法。片山怜在针对来华韩国留学生群体人际交往的研究中发现，适应能力，如学习适应和文化适应能力弱的留学生，都没有明确的短期目标和职业规划；而那些有明确的目标和去向，并且能够为实现自己的目标而努力学习的学生，在各方面的适应能力都较为突出。[⑦]

以上研究在指出跨文化人际交往的重要性的同时，也分析了跨文化群体人

---

① 参见[美]亚伯拉罕·马斯洛：《动机与人格》，许金声译，中国人民大学出版社2013年版，第21页。

② 参见陈向明：《旅居者和"外国人"：留美中国学生跨文化人际交往研究》，教育科学出版社2020年版，第293页。

③ 参见雷龙云：《来华留学生的跨文化适应研究——社会交往及其在外向性、和谐性、文化涵化态度与跨文化适应之间的中介作用》，北京大学硕士学位论文，2003年，第64页。

④ 参见杨军红：《来华留学生跨文化适应问题研究》，华东师范大学博士学位论文，2005年，第137页。

⑤ 参见何淼等：《来沪美国留学生跨文化人际交往问题》，《青年研究》2008年第10期。

⑥ 参见周源：《在华留学生跨文化适应与沟通分析》，《知识经济》2009年第13期。

⑦ 参见片山怜：《来华韩国留学生群体人际交往研究：以J大学N校区为例》，吉林大学硕士学位论文，2013年，第46页。

际交往的特点、跨文化人际交往中存在的问题及其影响因素。它们为我们研究蒙古国来华留学生的跨文化人际交往情况提供了方向和方法上的借鉴。

(二)跨文化适应理论研究综述

跨文化适应就是不同文化背景的双方进行持续性的直接接触,以此来达到一方或者双方文化改变的目的。布莱克(Black)将跨文化社会适应分为一般性适应、工作性适应和交往性适应 3 个维度。① 其中,交往性适应是旅居者最难达到的,原因是在与异国群体交际时,双方的文化差异巨大。而这样的差异容易在交流和理解对方文化时造成困难。② 由此可见跨文化适应能力对人们学习、工作、生活的重要性。

中国的跨文化适应研究相较于国外开始得较晚,但发展迅速,取得了众多研究成果。李萍对 68 名在华留学生的跨文化适应状况进行了调查,研究结果表明留学生跨文化适应情况与他们的中文水平、海外经历等因素有一定的关系,并据此对留学生的管理工作提出了相应的建议。③ 柴平、何江川对东盟各国留学生的跨文化适应情况进行了调查,研究发现部分学生在跨文化适应中会表现出紧张,甚至是愤怒的情绪。抑郁、疲劳、压抑等不良情绪成为影响东盟各国留学生心理健康的重要因素。④ 跨文化适应水平会对留学生的人际交往、身心健康等产生重要影响。

目前关于来华留学生人际交往的研究数量仍比较少,针对蒙古国在华留学生跨文化人际适应方面的调查研究几乎是空白。因此,在蒙古国来华留学生日益增多的情况下,以跨文化人际交往调查研究为主题,探讨蒙古国留学生跨文化人际交往问题十分必要。

---

① J.Stewart Black, Mark Mendenhall and Gary Oddou,"Toward a comprehensive model of international adjustment: An integration of multiple theoretical perspectives," *The Academy of Management Review*, vol. 16, no. 2 (April 1991), pp.291-317.

② 参见张卫东、吴琪:《跨文化适应能力理论之构建》,《河北学刊》2015 年第 1 期。

③ 参见李萍:《留学生跨文化适应现状与管理对策研究》,《浙江社会科学》2009 年第 5 期。

④ 参见柴平、何江川:《跨文化交际适应研究现状综述》,《井冈山大学学报》(社会科学版)2013 年第 1 期。

二、研究设计

本篇以在华留学的蒙古国留学生群体为对象，采用问卷调查与访谈的方法开展研究。问卷内容分为三部分，第一部分主要是年龄、性别、学校、专业、中文水平等基本信息；第二部分调查蒙古国来华留学生的朋友圈，分别了解与中国人、外国人及同胞的交往现状；第三部分是人际交往适应方面的情况。问卷题型包括单选题、多选题、填空题、排序题。部分题项采用李克特（Likert）5 点计分法，“1＝完全不同意”“2＝比较不同意”“3＝一般”“4＝比较同意”“5＝完全同意”。

以在线问卷的方式发放问卷，共计收回 100 份。被试者来自中国的 19 个省市，44 所高校。其中，男生 26 人，女生 74 人；语言班学生 14 人，本科在读生 29 人，硕士在读生 54 人，博士在读生 3 人。从年龄来看，语言生大多处于 16～25 岁，而学历生的年龄在 20～40 岁。此外，从被调查者的中文水平来看，绝大多数被调查者的中文水平在汉语水平考试（HSK）4 级以上，占比 94%。

除了问卷调查，本篇还选取 5 名有代表性的蒙古国留学生进行了访谈。访谈对象分别为 A（男，23 岁，硕士研究生）、B（女，24 岁，硕士研究生）、C（男，25 岁，本科生）、D（女，21 岁、本科生）、E（女，19 岁，语言生）。下文将引述访谈者的话语以佐证本篇的调查发现。

三、蒙古来华留学生跨文化人际交往情况探讨

基于对调查数据和访谈资料的分析，本对蒙古国来华留学生的学习动机以及跨文化人际交往朋友圈中的各个群体、交往类型、心理获得、人际交往障碍等问题分别加以探讨。

（一）来华学习动机

本篇发现，激励多数蒙古国学生来华留学的主要原因是地理因素和经济因素两大方面。地理因素方面，中蒙是友好近邻；经济因素方面，中国经济日益发

达、物价在可接受范围内、获得奖学金相对容易等。

调查显示，蒙古国留学生来华学习的首要目的是取得学位和提高中文水平，分别占 60% 与 57%。此外，来华读书目的为体验中国文化的留学生占 18%，希望在中国工作的留学生占 10%。在“其他目的”的陈述中，主要包含对中文、中国文化感兴趣，为提高社会地位等。

（二）跨文化朋友圈描述

蒙古国来华留学生的朋友圈是怎样的？我们设计了“您在华留学期间，朋友主要有哪些人？”这一问题。结果显示，最多的是“同胞”，其次是“外国人（除中国人以外）”，再次是“中国人”。被调查者大概平均有 2 个同胞朋友、有 1 个外国人朋友、有 1 个中国人朋友。以下就这三类人际交往群体分别展开介绍。

1.与中国人的交往情况与认知心理分析

根据调查统计，蒙古国留学生拥有中国朋友的情况如下：18%表示从来没有过中国朋友，10%只有 1 位，41%有 2～5 位，17%有 6～10 位，8%有 20～50 位，5%有 80 位中国朋友。其中，拥有中国朋友数量达 20 位及以上的蒙古国留学生占 13%。中国朋友数量较多的原因是，不少蒙古国留学生与中国学生在同一班级学习，他们认为平时交流比较频繁的中国同学都可以算作朋友。笔者认为，中国人和蒙古人对朋友的定义在认知上有所差异。对中国人来说，朋友是指对自己非常重要的人，友谊关系一般是长久的，甚至是可以持续终生的。但蒙古国人会认为，只要是认识的、可以说话的人就算是朋友。两个人交流的时候互相接受、相谈甚欢，就足以建立朋友关系。因此，从这个角度来看，蒙古国留学生真正的中国朋友也许并没有这么多。

从交往时间上看，蒙古国留学生与中国朋友保持友谊的时间大于 3 个月的占比 20%，少于 3 个月的占比 23%，而保持友谊超过一年的较多，占比 42%。从这个数字可以看出，虽然找到亲密的中国朋友比较难，但是如果彼此建立了真正的友谊，一般两者间的交往时间就会比较长。

本篇对蒙古国来华留学生与中国人交往的心理认知进行了调查分析，结果如表 1 所示。

表 1　蒙古留学生与中国人交往的认知心理描述

题项	完全不同意	比较不同意	一般	比较同意	完全同意
中文能力差，无法跟中国人进行交流	30%	20%	28%	12%	10%
生活圈子不一样，和中国人没有机会交往	20%	20%	27%	14%	19%
对中国文化的了解不多，不知道怎样和中国人交往	33%	25%	31%	8%	3%
学习太忙，没有时间和他们交往	28%	19%	35%	9%	9%
中国学生不太愿意和我交往，觉得被他们排斥	24%	24%	35%	8%	9%
生活经历和兴趣不一样，和他们交往没有意思	27%	27%	30%	10%	6%
我认为中国人友好、热心、很容易相处	7%	18%	45%	18%	12%
我有空就喜欢在中国各地旅行，与陌生人交往	6%	13%	37%	23%	21%
我觉得跟老师建立好关系是必要的	3%	4%	19%	35%	39%
我会主动与老师交流学习方面的问题或生活情况	7%	6%	34%	30%	23%
我理解当地中国人的交际方式	4%	11%	51%	21%	13%
我理解中国人的真实情感和客套的差别	11%	19%	37%	23%	10%
我参加中国社会活动，如周末舞会，志愿者活动等	15%	22%	37%	14%	12%
与中国人的社会交往对提高我的中文水平和了解中国文化很有帮助	4%	3%	28%	26%	39%
我很喜欢了解蒙古和中国在文化上的差异	1%	7%	33%	32%	27%

分析发现，多数蒙古国留学生表示学习不太忙，有时间跟中国人进行交往，并且中国人也很愿意跟他们交往。蒙古国学生很愿意了解中蒙两国文化上的差异，觉得与中国人进行交往对提高他们的中文水平以及了解中国的生活、文化是很有帮助的。

蒙古国留学生在与中国人的交往中也存在一些问题。虽然94%的受访者获得了 HSK4 级及以上的考试成绩，但是调查发现，还是有部分人觉得自己的中文能力差，与中国人进行交流时会遇到语言障碍，彼此相处并不容易。除了认为自己的中文沟通能力不足以外，文化差异，如生活习惯不同、学习习惯不同、交际方式不同、交往的圈子不同等因素也影响着蒙古国留学生与中国人的交往。受访者 B 表示："虽然我们想一起出去玩儿，但是中国朋友比我们忙。我的中国朋友下课以后，通常去学习，睡得也很早。到了周末，也都有自己的安排。"

在访谈中还发现，中国学生与蒙古国留学生往往处于以提高语言能力为目的的利益型关系层面，较难形成情感型友谊。受访者 E 表示："如果我的中文或者英文水平不好的话，有一些中国学生会感觉跟我交际没有用，并且感觉蒙古国也不算发达，就不太想跟我保持友谊。"

此外，中国学生认为朋友圈子应小而深，而蒙古国留学生则认为朋友圈子应广泛一些。胡文仲在《跨文化交际学概论》一书中表明，一般来说，中国人不太愿意与不熟悉的人接触和交往，在他们与对方熟悉之前，他们不信任陌生人，也不愿意与他们交流。① 中国人的这一人际交往认知的特点也影响着与蒙古国来华留学生的交往。

蒙古国留学生虽然能通过已有的朋友、班级组织或学校组织的活动等方式认识新的中国人，但是这样的交往往往是一次性的。许多蒙古国学生认为和中国学生不太容易保持友谊关系，找到亲密的中国朋友则更加困难。5 名受访者都表示，需要花费较长时间才能与一些中国人建立友谊，但一旦建立友谊，随着时间的推移，他们也能逐渐变成好朋友，关系越来越亲密。

2.与其他国家人交往的情况与认知心理分析

调查结果发现，蒙古国留学生拥有外国朋友的情况如下：28%表示有 1～5 位，26%有 6～10 位，12%有 11～20 位，25%有 21～50 位，8%有 50 位以上。可见，所有的蒙古国留学生都有外国朋友。另外，他们与外国朋友保持友谊的时间相对来说比中国朋友长。友谊时间少于 3 个月的占比 23%，77%都能维持 3 个月以上。

本篇对蒙古国来华留学生与外国人交往的认知心理进行了统计分析，结果如表 2 所列。

① 参见胡文仲：《跨文化交际学概论》，外语教学与研究出版社 1999 年版，第 147 页。

表 2　蒙古留学生与其他国家人交往的认知心理描述

题项	完全不同意	比较不同意	一般	比较同意	完全同意
外语能力差，无法用对方语言进行交流	31%	23%	27%	14%	5%
生活圈子不一样，没有机会和他们交往	32%	25%	11%	18%	14%
对他们的文化的了解不太多，不知怎样和他们交往	25%	31%	31%	7%	6%
和他们的生活习惯有所不同，差别大，所以交往中经常遇到困难	21%	27%	37%	9%	6%
外国学生不太愿意和我交往，我觉得被他们排斥	35%	35%	21%	5%	4%
生活经历和兴趣不一样，和他们交往没有意思	38%	31%	19%	6%	6%
学习太忙，没有时间和他们交往	25%	25%	31%	13%	6%
我认为大部分外国人友好、热心、很容易相处	6%	4%	29%	32%	29%
我觉得在这里认识新的外国朋友的机会很多	5%	4%	23%	31%	37%
我性格内向、缺乏与他们交往的自信	15%	20%	39%	15%	11%
我很喜欢了解不同国家在文化上的差异	3%	4%	28%	29%	36%
学习和生活方面，从他们的身上学到了很多	2%	3%	32%	35%	28%
我有较多能说心里话的外国朋友	8%	19%	34%	23%	16%
与外国朋友们的交往对提高我的外语水平和了解他们的文化很有帮助	7%	2%	25%	33%	33%
我有空就尽量与陌生外国人交往	8%	15%	41%	17%	19%

首先，从表 2 数据可知，只有 19%的人认为与外国人存在语言沟通上的困难，这是由于蒙古国来华留学生与外国人进行交流时，面临的语言障碍较少。两者在交流时，不仅可以借助中文和英语，还有一部分人可以使用俄语交流。其次，蒙古国留学生与外国人交往的意愿较高。有 66%的人认为跟外国人交往能提高语言能力和文化感知力，62%～65%的人表示很喜欢了解不同国家文化的差异。再次，有超过 68%的蒙古国留学生认为与外国人的交流机会很多。这是因为蒙古国留学生与其他国家学生学习和生活在同一校园，甚至是同一公寓里，因此彼此间的交流和接触较多。最后，这 100 位被调查表示，与亚洲国家留

学生的交流最多，真心朋友也多，欧美国家留学生朋友次之，非洲的留学生朋友人数较少。这或许与文化距离远近有关。文化差异越大，双方深入交往的阻碍就越大，交流就越少。

3.与蒙古国同胞的交往情况与认知心理分析

中国各个学校中的蒙古国留学生在数量上存在差异，因此同胞交往情况呈现明显的地域性特征。在北京的某些大学里，蒙古国留学生达到200多人，而在南方的大学里，整个学校可能就只有一个蒙古国学生。同胞数量的多少会给人际交往带来很大的影响，受访者B和D的情况能很好地说明这一问题。

受访者B表示，“校园里只有我一个蒙古国留学生。遇到困难时，没有说心里话的朋友，很多方面都需要自己适应，我感觉特别困难”。而受访者D表示，“我们学校里有三十多名蒙古国同胞，所以我一点也没有孤单或无聊的感觉。我们经常互相帮助，比如学中文或生活中遇到什么问题，我就会找同一个宿舍的蒙古国同胞寻求帮助”。

蒙古国留学生喜欢合群，群体凝聚力也强。调查发现，如果一所大学里的蒙古国留学生人数比较多，就会建立起同胞会。同胞会一般会经常性地组织各种活动，也能较容易地组队参加学校举办的各种活动。同胞会是蒙古国留学生最主要的朋友圈。同胞之间没有跨文化交际障碍问题，因此相比于其他人际关系，更加亲密牢固。大部分人表示跟同胞建立良好关系是十分必要的，并且会比较积极地参与同胞举办的活动。但是，同胞数量太多也会在一定程度上影响到蒙古国来华留学生的语言学习。访谈发现，同胞数量多虽然能让他们感觉比较亲切，但久而久之会减少与中国和其他国际朋友在一起的时间，这显然不利于中文水平的提高。

(三)跨文化人际交往类型分析

通过分析，本篇发现蒙古国来华学生的跨文化人际关系可以划分为以下4种类型。

1.业缘型人际关系

蒙古国留学生来华的主要任务是学习，因此，“业缘型”人际关系是最基本的，也是最重要的。这种人际关系是以学业或所学专业为链接而形成的人际关系，主要包括师生关系、同学关系、邻居关系、室友关系等。其中最主要的是师生关系和同学关系，下面分别对这两种人际关系展开介绍。

第一，师生关系。师生关系指与导师、任课教师及学校各级管理人员之间的关系。调查结果显示，74%的蒙古国留学生认为跟中国老师建立好关系很有必要，53%的留学生表示自己会非常主动地去找老师交流学习方面的问题或者生活情况（表3）。

表3　蒙古国留学生对建立良好师生关系的态度

题项	完全不同意	比较不同意	一般	比较同意	完全同意
我觉得跟中国老师建立好关系是必要的	3%	4%	19%	35%	39%
我会主动与中国老师交流学习方面的问题或生活情况	7%	6%	34%	30%	23%

第二，同学关系。同学关系是蒙古国留学生最广泛、最普遍的人际关系，包括与同班同学、校内同学及校外同学之间的关系。调查显示，同学之间共同做的事情，首先是“学习、工作”，其次是“娱乐”，其次是进行“思想交流”，最后是共同参加“社团活动”等。同学之间可以在学业上互相帮助、情感上互相依赖，这种关系比其他类型的关系保持得更加长久。

2.趣缘型人际关系

趣缘型人际关系是指因情趣相近、爱好相同而结成的人际关系。

根据图1所示，蒙古国来华留学生与其他人交往时，最在意他人的“性格”，其次是“兴趣爱好”，再次是“个人能力”和“道德品质”。由此可见趣缘型人际关系在蒙古国来华留学生中较为普遍。双方性格相投，拥有共同的兴趣爱好，就比较容易成为朋友。在趣缘型人际关系中，打球、逛街、看电影、旅行、去酒吧等活动比较频繁。适度娱乐，良好的趣缘型人际关系有利于学习和生活，会对蒙古国留学生产生积极的影响；而过度娱乐，以致沉溺于娱乐，负面的趣缘型人际关系则会影响蒙古国留学生的学业，甚至对生活产生消极影响。

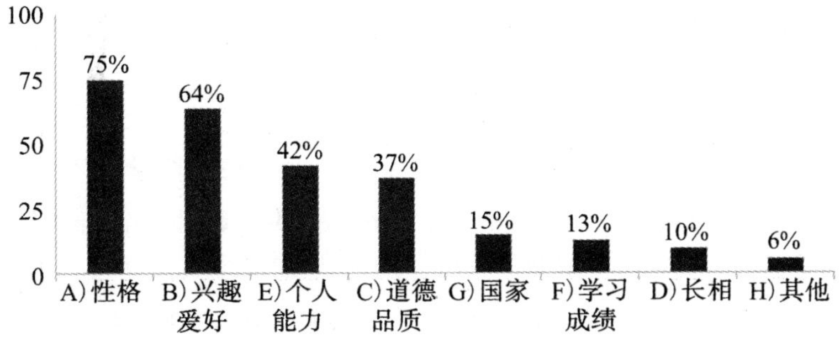

图 1　蒙古留学生与他人交往时最在意的方面

3.地缘型人际关系

因地域相同或接近而结成的人际关系，被称为地缘型人际关系。调查中，有 68%的受访者表示自己在华能找到"真心朋友"。据统计，"真心朋友"的国籍分布如下：蒙古 22 个、中国 10 个、韩国 7 个、俄罗斯 5 个、巴基斯坦 4 个，此外，乌兹别克斯坦、尼泊尔、泰国、印度、新加坡、意大利、荷兰、塔吉克斯坦、南非、日本分别为 2 个，美国、乌干达、墨西哥、西班牙、捷克、罗马、马来西亚、越南、吉尔吉斯斯坦、乌克兰、几内亚、波兰、缅甸、老挝、澳大利亚、印度尼西亚、英国、约旦和斯里兰卡分别为 1 个。相对而言，蒙古国留学生的朋友中，来自亚洲国家的占大部分，且都为蒙古国的邻国，而欧美、非洲国家的朋友人数较少。

4.情缘型人际关系

情缘型人际关系是指为满足情感需要交往主体结合成朋友关系。学生的情缘型人际关系突出地表现为亲密朋友关系，或恋人关系。部分以"业缘""地缘""趣缘"开始的交往，有发展为"情缘"交往的趋势，特别是发展为异性恋人交往。100 名被调查者中，已婚者有 24 人、未婚者有 76 人。24 个已婚者中，跟同胞结婚的有 20 人，跟俄罗斯人结婚的有 2 人，跟中国人结婚的有 2 人；76 个未婚者中，表示将来一定要跟同胞结婚的有 40 人，表示同胞或者外国人都可以选择的有 18 人，不确定的有 10 人，一定要跟外国人结婚的有 8 人。相对来说，蒙古国留学生和亚洲国家留学生组合的情侣关系多一些。对蒙古国留学生来说，情缘型人际关系也是较为常见的。

(四)跨文化人际交往障碍分析

蒙古国留学生来到中国学习和生活，必须要面对不同文化背景的人，难免产生跨文化人际交往的障碍，下面着重分析可能造成适应障碍的各方面影响因素。

1.语言障碍

留学生最焦虑的就是语言障碍，这是每位蒙古国来华留学生不可避免的问题。语言不通让他们无法和不同国家的人做有效的沟通，因此语言问题是迫切需要解决的实质性问题。

首先，语言障碍与蒙古国留学生的中文水平有很大的关系。中文水平越低，语言障碍就越多，跨文化适应水平就会越低。蒙古国留学生初到中国时，常常认为中文母语者说的中文过快、过难，还有方言和口音等语言障碍。受访者A表示，“我在蒙古国学了四年的中文，我以为我的中文已经很好了。但是来到这里以后才发现我遇到的问题太多了，中国人说得太快了，我跟不上，当地人说的话我几乎听不懂”。受访者C表示，“我是中文班的学生，授课语言是中文，同学们全都是中国学生，刚开始上课的时候真的很吃力”。

其次，语言障碍与学习时长密切相关。研究生比本科生、预科班生表现出更好的语言适应水平，他们在语言的理解能力上更有优势。因此，语言障碍会随中文学习时间的增加呈现出减低的趋势。

最后，语言障碍还和个人性格、态度有很大的关系。受访者E表示，“我虽然学中文学了半年了，但说中文时经常怕出错。我个人性格又比较内向，所以说中文时时常会感到有些尴尬、忐忑不安，对自己不自信，不敢开口”。

当然，造成语言障碍的一个因素还在于蒙古国同胞的数量。在某些城市或学校，同胞数量很大，如有的学校大概有200位蒙古国留学生。有将近三分之一的蒙古国学生表示如果同胞过多，使用中文的机会就会减少，就会影响自己的中文学习。

2.文化障碍

1960年，卡尔维罗·奥伯格(Kalervo Oberg)在“U型曲线”理论中指出，文化休克是毫无心理准备便在异国他乡生活的人所有的特定病症。[①] 蒙古国和中国在地理位置上虽然是邻国，但在文化方面却存在着不少差异。蒙古国留学生在与中国人交往时，可能会出现文化冲突，从而导致文化障碍。比如，受访者D表示：“中国人比较喜欢问一些私人的问题，比如年纪、家庭情况、感情生活等，

① Kalervo Oberg, “Cultural Shock: Adjustment to New Cultural Environments,” *Missiology*, vol. os-7, no. 4 (July-August 1960), pp.177-182.

在我们国家不熟悉的人之间不会随便问这些隐私问题，这是很不礼貌的。”受访者 A 表示：“有的时候，中国人的想法很难理解，他们回避说真实的想法。表面上说不同意，但实际上很可能是同意的，我很难判断。”

蒙古国留学生还会感受到中国人对外国人的刻板印象。部分中国学生会根据国籍、外貌、肤色等来判断留学生的个人情况，并在交往当中表现出不同的态度和行为倾向。在访谈中，有蒙古国留学生谈到，希望中国学生在跨文化人际交往中，能够将一个外国人作为一个独立个体来客观地看待，而不是片面地从国家和民族背景来判断一个人的能力和行为。由此可见，跨文化交际问题涉及互动问题，蒙古国留学生可以不断在实践中通过体验和学习新文化来解决由文化冲击所产生的困难。同样，中国学生也应不断加强跨文化交际的意识和能力，采取更为开放、包容的态度来接受来华留学生。

3.生活习惯障碍

生活习惯差异对中外学生的人际交往影响较大。

首先，在饮食方面，中国学校的就餐时间是有规律的。一般来说，早饭早上6点或7点，午饭11点，晚饭下午5点。中国学生一日三餐一般在食堂吃，而蒙古国留学生认为这些时间都太早，刚来时很不适应。此外，蒙古国人一般不能吃辣。因此，大部分蒙古国学生会选择自己做饭。

其次，作息习惯也有所不同。蒙古国留学生经常喜欢晚上去饭店吃饭，课外生活相对丰富，较为注重娱乐。而中国学生的课余生活相对保守，更注重工作和学习。

最后，来到新的环境后，留学生也会遇到其他一些生活习惯上的变化，如交通方式、气候变化、时间管理等。交通方面，中国比蒙古国方便很多，但在北京、上海等大城市却存在着比较严重的堵车问题。气候方面，一些城市太热、太冷、太湿，或太闷，尤其是雨季漫长的潮热天气，都会对蒙古国留学生的身体健康造成不良影响。这些生活习惯上的差异都会或多或少地影响到蒙古国留学生的跨文化人际交往。

4.交往环境障碍

访谈中，蒙古国留学生认为“没有中国朋友”的原因是交朋友的机会和环境有限。不少受访者指出，学校虽然会组织各类活动，但与中国人或外国人自由接触交流的时间不多。例如，像参加文化节这样的活动时，各国学生都在忙于准备自己国家的节目，跟中国人或者外国人自由交流的机会和时间反而少了。

蒙古国留学生来到中国，尤其是刚来到中国时，会遇到各种适应障碍，影响生活质量及学习效果。这既需要蒙古国来华留学生自身积极调试，努力融入环境，提高跨文化交际意识和能力，也需要学校和管理人员共同努力，为留学生创造有利的条件。

五、建议

本篇通过问卷调查与深入访谈，描述了蒙古国来华留学生跨文化朋友圈的基本情况，归纳出了业缘型、趣缘型、地缘型、情缘型 4 种交往类型，探讨了跨文化人际交往中存在的障碍及其原因。基于研究发现，对蒙古国来华留学生提高跨文化人际交往意识和能力提出以下建议。

（一）对蒙古国来华留学生的建议

第一，要有明确的来华目的。每个留学生来中国留学的目的有所不同，有的是想学习并提高中文水平，有的是要获得专业知识并取得学位，有的是要体验中国生活和文化。做事的目的性越强，相对来说成功的可能性就越大。因此，蒙古国留学生应该珍惜来华机会，明确目标，好好规划在华的生活和学业，积极参与跨文化人际交往，让自己的留学生活充实而丰富。

第二，要做好生活和心理准备。调查中发现，两国之间存在气候差异，部分留学生的身体不能很好适应当地气候，进而也影响到身心健康。因此来中国前，有必要充分了解中国当地的天气、地理位置、饮食特点等，做好充足的生活与心理准备。

第三，要有理解和包容多元文化的心态。留学期间会遇到来自不同国家的留学生。除了个体人格特点以外，每个人都有属于自己国家的一些特征。在进行跨文化交往时，应尊重他人的种族、宗教习俗、生活习惯以及个人思维特点等。在熟悉本国本族文化特点的基础上，以开放的心态去了解其他不同国家的文化，善于对比分析，这有利于增长知识，拓宽视野。

第四，要走出自己的交友舒适圈。调查发现，有些学生大多数时间只跟蒙古国同胞在一起，用母语交流。这会导致将自身封闭在同胞圈子里，缺少与其他外国学生交流的机会，对中文提高和学业进步不利。因此，蒙古国来华留学需要尽量去接触具有不同习惯、背景、性格、文化的中国学生及其他外国留学生。如选择舍友时，可与外国学生或中国学生合住，增加跨文化交际的机会。

第五，积极参加学校组织的活动。在华留学期间，一定要积极参加课堂内外的各种活动，并积极主动地与老师和同学们交流。多与他人交往才会让自己在国外的生活更加充实、更有满足感。

(二)对学校管理方面的建议

第一，重视来华留学生的语言能力培训。语言障碍是影响留学生人际交往的一个重要因素，高校可针对中文低水平的留学生开设中文学习班、语言培训班以及中外学生“一对一”学习小组，这既可以提高留学生的中文水平，也可以帮助中国学生学习不同的外语，认识彼此，扩展交际圈。而对于中文高水平的留学生，高校可以开设中外学生共同参与的公共课程、选修课，从而增加双方交流机会，拉近双方的人际距离。

第二，提供来华指导，并开展跨文化教育课程。高校可以对即将来华的留学生进行短期、集中的来华培训指导，帮助来华留学生提前了解中国的文化常识与禁忌、思维方式、可能产生的交往障碍等。此外，高校还可以观察已经在华的留学生所出现的跨文化适应与跨文化交际方面的问题，在为留学生提供相应帮助的同时，有针对性地为来华留学生开设跨文化教育培训课程，帮助来华留学生了解跨文化交际原理，用正确的心态对待跨文化交际。

第三，优化管理模式，设立留学生心理咨询室。由于中外生活习惯的差异，留学生来华后会受到生活习惯差异的困扰。生活障碍也成为影响来华留学生人际交往的重要因素之一。对此，学校可以优化管理模式，如针对留学生饮食习惯差异，开设留学生风味餐厅等。此外，还可以设立留学生心理咨询室，建立相应的心理辅导机制，帮助留学生解决由于生活习惯、文化差异所造成的心理问题。

第四，搭建沟通平台，拓宽交往渠道。学校可以积极运用学生社团的力量来搭建中外沟通平台，鼓励学生组织参加中外交流活动，如国际文化节、国际美食节等，以此来加强来华留学生与中国学生社团之间的联系，架构起中外学生人际交往平台。在这一过程中也要注意提高学生活动的质量。每个大学的留学生活动各有特色，学校之间可以互相交流、互相借鉴彼此的成功经验。而在活动过程中，如何鼓励各国学生参与，互相尊重不同文化，避免不必要的矛盾，并满足学生人际交往的需求，也是值得重视的问题。

本篇研究存在一定不足之处。参加本次调查的蒙古国留学生中文水平都较高，大部分都在 HSK4 级以上，没有涉及中文水平较低的学生。因此，本篇结论具有一定局限性，未来应扩大调研样本。

来华中文学习者社会策略调查研究*

【摘要】社会策略是影响来华学习者中文学习效果的重要因素之一。本篇通过问卷调查和访谈，了解中文学习者社会策略使用的总体情况及差异，探讨社会策略使用与个性特征、学习动机之间的关系，并对影响社会策略使用的因素进行探索性分析。总体来看，来华中文学习者的社会策略使用频率普遍较高；非华裔、中文水平高者、年龄大者、学习动机强者更善于使用社会策略；性格外向型者与内向型者在社会策略使用的各方面都存在显著差异；外向型性格、融入性动机、外语学习兴趣对社会策略的使用具有不同程度的积极作用；学习焦虑则对社会策略的使用产生消极影响。本篇研究对帮助国际中文教师增强对社会策略的科学认识，帮助来华中文学习者提高社会策略使用能力，提升语言能力，更好地融入中国环境具有一定价值。

【关键词】来华中文学习者　社会策略　影响因素

引　言

语言是人与人之间最基本的沟通工具。不同地域和民族使用的语言不同，彼此之间进行交流就会产生障碍，因此第二语言学习就产生了。语言是人们的交流媒介，具有社会性，使用语言和学习语言必然要和他人发生联系。在第二语言学习过程中，学习者通过与他人进行交流、协商和合作，可以拥有更多接触目的语、体验目的语国社会环境和文化的机会，从而获得更多的第二语言学习

* 本文系世界汉语教学学会全球中文教育主题学术活动资助计划“国际中文智慧教育背景下学习者线上学习投入实证研究”（项目批准号：SH23Y15）的阶段性研究成果。

资源。这也被认为是充分利用目的语环境的一种第二语言学习策略，即社会策略。

社会策略的研究一般包含在第二语言学习策略的相关成果中。20 世纪 70 年代开始，国内外语言研究专家开始关注第二语言学习策略，内容以认知策略与元认知策略为主，关于社会策略的研究相对较少。英语作为第二语言的社会策略研究可以为本篇研究提供借鉴。如王海云、延涛通过调查发现，英语专业研究生较少使用社交策略，主要是因为接触外国人的机会少。① 黄云飞通过调查发现，高中生在英语学习中比较常用的社交策略是请求他人解释、与同伴合作学习和请求他人纠错。② 还有学者关注社会策略使用与听、说、读、写能力之间的关系，如贺鹏科调查了社会策略与听力技能学习之间的关系，发现社会策略能有效提高听力水平。③ 唐成燕研究发现社会策略的使用对促进学生的写作能力有积极影响。④ 在社会策略使用与学习成绩之间的关系研究方面，胡桂英发现社会策略使用与外语总成绩有显著正相关关系。⑤

有关中文作为第二语言学习者社会策略使用的研究数量尚少。江新研究发现外国留学生最常用的学习策略是社会策略，原因在于他们在学习生活中都要用中文进行交际。⑥ 袁恺临、徐海英对来华中文学习者和在泰中文学习者的中文学习策略的使用情况进行了研究，发现社交策略使用频率较高，不论是在中文环境还是母语环境中，他们都期望与中国人进行交流。⑦ 赵佳发现社会策略是非洲留学生最常用的策略之一。⑧ 罗茜发现非洲学生的社会策略使用频率达到了高频状态，且中文高级水平学生的社会策略使用频率高于中级水平学生。⑨ 从以上研究成果可见，社会策略的使用对提高第二语言能力起着促进作

---

① 参见王海云、延涛:《英语专业研究生社交策略运用的调查研究》,《现代交际》2014 年第 10 期。

② 参见黄云飞:《高中生英语学习中社交情感策略运用的调查研究:以南宁市第二十八中学为例》,广西师范学院硕士学位论文,2012 年,第 2 页。

③ 参见贺鹏科:《社会情感策略对听力理解影响的实证研究》,《河南农业》2013 年第 22 期。

④ 参见唐成燕:《社会情感策略对高中生英语写作水平影响的实验研究》,广州大学硕士学位论文,2016 年,第 2 页。

⑤ 参见胡桂英:《中学生学习归因、学习自我效能感、学习策略和学业成就关系的研究》,浙江大学硕士学位论文,2002 年,第 14 页。

⑥ 参见江新:《汉语作为第二语言学习策略初探》,《语言教学与研究》2000 年第 1 期。

⑦ 参见袁恺临、徐海英:《泰国学生汉语学习策略调查与教学启示》,《中国校外教育》2012 年第 12 期。

⑧ 参见赵佳:《非洲留学生汉语学习策略研究》,东北师范大学硕士学位论文,2012 年,第 11 页。

⑨ 参见罗茜:《非洲来华留学生汉语学习策略现状调查研究》,南京师范大学硕士学位论文,2019 年,第 1 页。

用，相关研究值得进一步深入。

本篇通过定量与定性相结合的方式研究来华中文学习者使用社会策略的总体情况，探讨社会策略使用的个体差异，分析影响社会策略使用的因素，期望全面把握来华中文学习者使用社会策略的整体面貌及其影响因素，帮助中文学习者更有效率地学习中文，更好地适应中国的社会文化环境。

一、研究设计

本篇通过问卷调查了解中文学习者社会策略使用的整体情况及个性特征差异等，并结合访谈资料对问卷调查结果进行补充、解释。

(一)定量研究设计

1.研究工具

“来华中文学习者社会策略调查问卷”分为三大部分。第一部分是中文学习者社会策略使用情况问卷，主要参考奥克斯福德(Oxford)的语言学习社会策略量表①；第二部分是内/外人格特征问卷；第三部分是动机测试量表，包括来华中文学习者对外语的兴趣、对待中国人的态度、中文焦虑、动机强度、融入性动机趋向、工具性动机，以及对中文学习的态度等内容。

问卷还包括性别、国籍、是否华裔、官方语言、年龄、中文水平、学习中文的时长、是否有在中国学习的经历、通过哪种语言学习中文等基本信息。

问卷以中英两种语言发放，采用李克特量表(Likert scale)7 点计分法，从 1 到 7 分别代表完全不符合、不符合、比较不符合、不确定、比较符合、符合、完全符合。

2.调查对象

通过问卷星平台发放调查问卷，共回收问卷 208 份。调查对象分别来自山东大学、暨南大学、上海外国语大学、北京语言大学等高校。其中，男生 64 名，占 33.77%，女生 144 名，占 69.23%。

从中文水平来看，汉语水平考试(HSK)6 级学生最多，共 96 人，占 46.

① Oxford R. L., *Language learning strategies: what every teacher should know*, New York: Newbury House Publishers, 1990, pp.287-288.

15%;5 级学生 52 人,占 25%;4 级学生共 30 人,占 14.42%;3 级以下人数最少,共 5 人,占 2.4%;其余 25 人没有取得 HSK 成绩,占 12.02%。

(二)定性研究设计

为了更深入地了解学习者在目的语环境中社会策略的使用情况,本篇还对来华中文学习者进行了访谈。访谈方式有面对面访谈和微信语音访谈两种,共访谈了 6 位来华中文学习者。

1.访谈提纲

访谈提纲与调查问卷的维度基本一致,包括被访谈者的基本信息和社会策略使用情况两部分。前者尽量详细地让访谈对象描述自己的中文学习经历,并比较在自己国家与在中国学习中文的区别。后者主要了解他们在学习中文过程中使用社会策略的具体表现。

2.访谈对象

此次访谈对象共 6 人,具体情况如表 1 所示。A 是韩国非华裔,曾在暨南大学华文学院中文系学过两年中文,在中国工作过一年;B 是新西兰非华裔,是浙江大学临床医学专业的学生;C 为泰国非华裔,是泰国朱拉隆功大学中文系三年级的学生,为提高中文水平,休学一年来到山东大学国际教育学院留学两个学期;D 为毛里求斯华裔,在家中一直使用中文交流,掌握基本的中文口语,也很了解中国文化,但由于没有接受过正规的中文教育,所以汉字读写能力几乎为零;E 为蒙古非华裔,目前在中国留学读研;F 为泰国非华裔,是山东大学汉语国际教育本科三年级的学生。

表 1　访谈对象的基本信息描述

代码	性别	年龄(岁)	国籍	学习类型	中文水平
A	男	31	韩国	自费生	HSK6 级
B	男	24	新西兰卡	奖学金生	HSK5 级
C	女	22	泰国	奖学金生	HSK6 级
D	男	22	毛里求斯	奖学金生	HSK6 级
E	男	27	蒙古	自费生	HSK5 级
F	女	21	泰国	奖学金生	HSK5 级

二、来华中文学习者社会策略调查结果分析

(一)来华中文学习者社会策略使用情况

为掌握来华中文学习者社会策略的使用情况,使用 SPSS22.0 对问卷数据进行统计,结果如表 2 所列。

表 2 社会策略使用总体情况描述

	样本数	最小值	最大值	均值	标准差
社会策略使用总体情况	208	1.00	7.00	5.09	1.26

学习者社会策略使用的总体均值为 5.09,说明来华中文学习者在学习中文的过程中使用社会策略的频率普遍较高。问卷共设置了 6 个题项来考察社会策略使用的具体情况,结果如表 3 所列。

表 3 社会策略使用情况描述

题项	样本数	最小值	最大值	均值	标准差
1.请求他人重复或解释	208	1	7	5.11	1.76
2.请求他人纠错	208	1	7	4.63	1.81
3.与其他人合作	208	1	7	4.94	1.82
4.向母语者或中文水平高的人寻求帮助	208	1	7	5.13	1.75
5.了解中国文化	208	1	7	5.52	1.51
6.了解对方的思想和情感	208	1	7	5.21	1.51

对比各题项均值可发现第 5 题均值最高,说明在中文学习过程中,学习者对中国文化非常感兴趣,希望通过了解中国文化来加深对中文的理解和认知。通过访谈了解到大部分留学生都很有意愿学习中国文化。A 学生指出,“我当然要了解中国文化,因为来中国后,上课的时候会学到中国文化,学校也经常举办文化体验活动。有些中国文化我非常喜欢,有些我很难理解,但我会慢慢去

理解，因为这能帮助我学好中文”。由此可见，了解中国文化是学习者学习中文的一个重要途径。C学生提到，“在泰国学习时，我们一般只学习中文，而且是为了应付考试去学的。考完试很多知识就被忘得一干二净了。我没怎么学习过中国文化，泰国课堂也没有相关的内容。但是到了中国之后，我接触到很多有意思的中国文化，这些让我对中文也越来越感兴趣了”。可见泰国学习者对中国文化很感兴趣，尤其是来到中国之后，大家都希望对中国文化有更深刻的了解，并且认为了解和接纳中国文化有利于学习中文。

第6题“了解对方的思想和情感”均值也较高，在交际过程中，交际双方能否敏锐地察觉到对方情绪和态度的变化是影响交际效果的重要条件，所以学习者使用中文与他人进行交际时，密切关注对方的思想和感情是较为重要的一项社会策略。访谈中，E学生指出，“在进行交际时我会关注对方的思想和感情，因为从他们的思想可以知道他们的感情”。D学生表示，“要看当时的情况，我们在谈什么事情。如果这件事很重要，我就会提醒自己特别关注对方的情绪。如果是一般的聊天我就不怎么注意”。F学生提到，“有时候会关注，有时候也不会太在意。要分情况，或者是看聊天的话题”。从以上三位同学的访谈材料可知，他们会根据交谈的实际情况来判断是否需要关注对方的情绪，如果谈论的话题十分重要，则会格外关注交谈对象的情绪，以保证对话顺利进行，达到交际效果。

第4题的均值也处于较高水平，可知学习者在学习中文的过程中，会通过寻求帮助的方式积极解决问题。通过访谈我们也证实了这一点，学习者会向母语为中文者或中文水平高的留学生寻求帮助。A学生指出，“我喜欢请求别人的帮助，所以我找了中文语伴儿。他们是母语者，也比较了解中国文化”。也有些学习者不太喜欢向他人请求帮助，C学生提到，“一般不会，因为怕打扰他们。我认为如果要交朋友的话，不应该浪费朋友的时间来教自己学习”，他更偏向于一个人完成学习任务。因此，不同中文学习者对寻求他人帮助这一社会策略的使用态度有较大差异，造成这一差异的原因可能与学习者的学习风格有关，场独立型学习者更喜欢自己学习，场依存型学习者更喜欢寻求别人帮助。

第1题和第4题的均值差不多，说明如果中文学习者有不明白的地方，学习者会请对方重复对话内容或为他们解释，以帮助他们理解。中文水平较低的同学会更频繁使用这一社会策略。在访谈中，E学生指出，“有时候实在不懂的情况下，我就会请他们再说一遍或者解释”；F学生表示，“会的，开始学习中文的时候，老师说话的速度比较快，那我就会跟老师说，‘老师请说慢一点’，但现在比刚开始学习中文的时候好一点儿了”。可见，此策略的使用频率跟学习者的中文水平有一定关系。

第3题均值较低，这说明在学习的过程中，有些学习者不太喜欢和别人进行合作学习。B学生表示，“在课堂上老师常常让我们开展合作，但是下课后我比较喜欢一个人在房间学习”；D学生指出，“我一般在自己房间学习，只有上课的时候才跟同学一起”。

第2题均值最低，说明来华汉语学习者最不擅长使用“让别人纠错”这一社会策略。访谈中，A学生提到，“一般情况下，我不会请其他人纠正，因为会有些害羞，对方也会知道我不是中国人”；C学生表示，“一般的情况下不会请对方纠正，因为当我不知道怎么表达或者不知不觉说错的时候，对方会知道我要表达什么，然后主动帮我纠正或者补充”；F学生指出，“当我发音不准或语法不对时，我会找母语者帮忙纠正”。可见，不同学习者对这一社会策略使用的态度不同，有些人因害羞而不愿请别人纠正，有些人认为交谈中即使说错了也不会影响交际效果，有些学生则敢于请人纠错。这或许与学习者的个性特征有一定关系，有待探讨。

总体来看，中文学习者使用社会策略的频率较高，但在部分社会策略的使用上，学习者之间存在差异，这可能与个性特点、学习动机、学习风格等因素都有一定关系，有必要做进一步分析。

(二)来华中文学习者社会策略使用差异性分析

为进一步了解中文学习者使用社会策略的差异情况，本篇分别从性别、华裔与非华裔、年龄和中文水平等方面进行了分析。

1.性别差异

中文学习者社会策略使用的性别差异如表4所列。从整体上来看，女性比男性更擅长使用社会策略，尤其在“请求他人重复或解释”方面，男生均值是4.75，而女生均值是5.27。这说明在学习中文时，如果遇到不明白的地方，女性通常会请求对方讲慢一点，再说一遍或者进行解释，而男性则较少使用此策略。

表 4　性别差异描述

题项	性别	样本数	均值
社会策略总体使用情况	男	64	4.94
	女	144	5.16
1.请求他人重复或解释	男	64	4.75
	女	144	5.27
2.请求他人纠错	男	64	4.44
	女	144	4.72
3.与其他人合作	男	64	4.83
	女	144	4.99
4.向母语者或中文水平高的人寻求帮助	男	64	4.94
	女	144	5.22
5.了解中国文化	男	64	5.33
	女	144	5.61
6.了解对方的思想和情感	男	64	5.36
	女	144	5.15

从每个题项的具体情况来看，前 5 个题项女性的均值都高于男性，说明女性比男性更擅长使用这些社会策略。不过，在本次的调查中，男性人数少于女性，人数的差异也可能会影响分析结果。另外，值得关注的是，第 6 题男生的均值高于女生，说明在学习中文或使用中文进行交际时，男生会比女生更为密切地关注对方的思想情感。

2.华裔与非华裔的差异

华裔和非华裔社会策略使用差异如表 5 所列。从总体来看，华裔和非华裔使用社会策略的差别并不明显。从每个题项的具体情况来看，非华裔比华裔更频繁地使用社会策略。尤其是第 3 题“我会和其他学生一起合作学习中文”，华裔均值为 4.67，非华裔均值为 5.17，明显看出非华裔比华裔更常用该策略。第 2 题“请求他人纠错”也存在细微差别，非华裔比华裔常用该策略。其他项目的差别不明显。均值最接近的为第 5 题“了解中国文化”，说明不管是华裔还是非华裔，对中国文化的关注度都很高。

表5　华裔与非华裔差异描述

题项	华裔与否	样本数	均值
社会策略总体使用情况	是	96	5.04
	否	112	5.14
1.请求他人重复或解释	是	96	5.19
	否	112	5.04
2.请求他人纠错	是	96	4.49
	否	112	4.75
3.与其他人合作	是	96	4.67
	否	112	5.17
4.向母语者或中文水平高的人寻求帮助	是	96	5.21
	否	112	5.07
5.了解中国文化	是	96	5.52
	否	112	5.53
6.了解对方的思想和情感	是	96	5.15
	否	112	5.27

3.年龄差异

不同年龄学习者的社会策略使用差异如表6所示。从整体上看，年龄在24岁及以上的学习者比23岁及以下的学习者更善于使用社会策略。

表6　年龄差异描述

题项	年龄组	样本数	均值
社会策略总体使用情况	23岁及以下	135	4.99
	24岁及以上	73	5.28
1.请求他人重复或解释	23岁及以下	135	5.01
	24岁及以上	73	5.30

续表

题项	年龄组	样本数	均值
2.请求他人纠错	23 岁及以下	135	4.50
	24 岁及以上	73	4.86
3.与其他人合作	23 岁及以下	135	4.93
	24 岁及以上	73	4.95
4.向母语者或中文水平高的人寻求帮助	23 岁及以下	135	4.99
	24 岁及以上	73	5.40
5.了解中国文化	23 岁及以下	135	5.39
	24 岁及以上	73	5.77
6.了解对方的思想和情感	23 岁及以下	135	5.10
	24 岁及以上	73	5.41

从每个题项的具体情况来看，不同年龄的中文学习者在“与其他人合作”这一社会策略的使用频率相近，说明在学习中文的过程中，不同年龄段的中文学习者与他人合作学习的情况相似。第 5 题“在学习中文时，我尝试了解中国文化”差异比较明显，这说明年龄大的学习者对中国文化更感兴趣，会更频繁地通过文化学习来促进中文学习。

4.中文水平差异

本篇分析了不同中文水平来华中文学习者的社会策略使用差异，如表 7 所列，从整体上看，中文水平高的学习者会更好地使用社会策略。

表 7　中文水平差异描述

题项	中文水平	样本数	均值
社会策略总体使用情况	五六级	148	5.21
	四级及以下	60	4.81
1.请求他人重复或解释	五六级	148	5.12
	四级及以下	60	5.08

续表

题项	中文水平	样本数	均值
2.请求他人纠错	五六级	148	4.80
	四级及以下	60	4.20
3.与其他人合作	五六级	148	5.01
	四级及以下	60	4.75
4.向母语者或中文水平高的人寻求帮助	五六级	148	5.30
	四级及以下	60	4.73
5.了解中国文化	五六级	148	5.67
	四级及以下	60	5.17
6.了解对方的思想和情感	五六级	148	5.33
	四级及以下	60	4.92

从每个题项的具体情况来看，中文水平高的学生对每项社会策略的使用都处于较高水平，这说明中文水平高的学生，对中文知识以及中国文化都更感兴趣，随着他们对中国文化的了解和中文水平的提升，他们更能理解中国人的思想和情感。同时，他们在使用中文进行对话时信心更强，这促使他们更愿意寻求中国人的帮助。

(三)来华中文者学习动机与社会策略使用的关系分析

1.学习动机强度与社会策略使用的关系

本篇分析了具有不同学习动机强度的来华中文学习者使用社会策略的差异。从表8可看出，学习动机强的学生能够更加频繁地使用社会策略，而且在每个项目上都与动机强度低的学生呈现出显著差异，这说明学习动机会在很大程度上影响社会策略的使用。学习动机强的学习者，能够更好地选择适合自己的社会策略，并通过使用这些社会策略提高自己的中文水平。

表 8 学习动机强度与社会策略使用关系描述

题项	动机强度	样本数	均值
社会策略总体使用情况	动机强度低	64	4.76
	动机强度高	74	5.53
1.请求他人重复或解释	动机强度低	64	4.59
	动机强度高	74	5.74
2.请求他人纠错	动机强度低	64	4.20
	动机强度高	74	5.19
3.与其他人合作	动机强度低	64	4.63
	动机强度高	74	5.35
4.向母语者或中文水平高的人寻求帮助	动机强度低	64	4.88
	动机强度高	74	5.47
5.了解中国文化	动机强度低	64	5.38
	动机强度高	74	5.74
6.了解对方的思想和情感	动机强度低	64	4.88
	动机强度高	74	5.66

“请求他人重复或解释”这一社会策略均值差异最为明显，说明学习动机强者更能主动寻求他人帮助来解决学习问题，学习态度表现得更为积极。“了解中国文化”这一社会策略均值差异最小，说明学习动机的强弱不会影响学生对中国文化的感兴趣程度。

2.学习动机类型与社会策略使用的关系

本篇将学习动机分为工具性动机和融入性动机，并在此基础上，将所有学生按学习动机类型分为 3 种：工具性动机高者、融入性动机高者、工具/融入性动机均高者(见表 9)。

表 9 学习动机类型与社会策略使用的关系描述

题项		样本数	均值	最小值	最大值
社会策略总体使用情况	工具性动机高者	14	4.48	1.83	5.50
	融入性动机高者	33	4.95	3.50	7.00
	工具/融入性动机均高者	124	5.55	2.17	7.00
1.请求他人重复或解释	工具性动机高者	14	4.50	1.00	7.00
	融入性动机高者	33	5.18	3.00	7.00
	工具/融入性动机均高者	124	5.61	1.00	7.00
2.请求他人纠错	工具性动机高者	14	3.79	1.00	6.00
	融入性动机高者	33	4.82	3.00	7.00
	工具/融入性动机均高者	124	5.10	1.00	7.00
3.与其他人合作	工具性动机高者	14	4.86	1.00	7.00
	融入性动机高者	33	4.55	1.00	7.00
	工具/融入性动机均高者	124	5.40	1.00	7.00
4.向母语者或中文水平高的人寻求帮助	工具性动机高者	14	4.07	1.00	6.00
	融入性动机高者	33	4.91	1.00	7.00
	工具/融入性动机均高者	124	5.59	1.00	7.00
5.了解中国文化	工具性动机高者	14	5.71	3.00	7.00
	融入性动机高者	33	5.12	1.00	7.00
	工具/融入性动机均高者	124	5.90	1.00	7.00
6.了解对方的思想和情感	工具性动机高者	14	3.93	1.00	6.00
	融入性动机高者	33	5.12	2.00	7.00
	工具/融入性动机均高者	124	5.73	1.00	7.00

从整体来看，工具性动机和融入性动机都强的来华中文学习者，社会策略使用水平最高。6 项社会策略的均值都超过了 5 分，尤其是对“了解中国文化”这一社会策略的使用频率最高，而融入性动机强的学生与工具性动机强的学生相比，前者在大部分社会策略的使用上高于后者。

(四)来华中文学习者人格特征与社会策略使用的关系分析

本篇探讨了来华中文学习者的人格特征与社会策略使用的关系。首先筛选出了典型的内向型学生 37 人、外向型学生 40 人。通过统计结果可知,外向型学生与内向型学生在各项社会策略使用上都存在较大差异,具体结果如表 10 所示。

表 10 个性特征与社会策略使用的关系分析描述

题项	个性特征	样本数	均值
社会策略总体使用情况	内向	37	4.96
	外向	40	5.90
1.请求他人重复或解释	内向	37	5.08
	外向	40	6.03
2.请求他人纠错	内向	37	4.54
	外向	40	5.58
3.与其他人合作	内向	37	4.43
	外向	40	5.83
4.向母语者或中文水平高的人寻求帮助	内向	37	4.89
	外向	40	5.75
5.了解中国文化	内向	37	5.46
	外向	40	6.18
6.了解对方的思想和情感	内向	37	5.32
	外向	40	6.08

总体来看,外向型学习者使用社会策略的频率比内向型学习者高,这跟吴丽林①的调查结果相同,她指出外向型学习者会倾向于选择交际策略,而内向型学习者更倾向于选择形式操练策略。外向型学习者更喜欢与他人沟通,更喜欢察言观色,更关注交谈对象的情感,所以在寻求他人帮助与合作方面具有较大

① 参见吴丽林:《内/外性格倾向优秀语言学习者学习策略运用研究》,《外语学刊》2005 年第 2 期。

优势。

(五)来华中文者社会策略使用的影响因素探讨

本篇尝试分析外向型性格、外语兴趣、对中国人的态度、中文焦虑感、父母鼓励、融入性动机、工具性动机这些因素对社会策略使用的影响。

第一,对各项影响因素做了相关分析,如表11所示。社会策略的使用与中文学习焦虑呈负相关,说明在学习过程中产生的焦虑越多,越不能有效使用社会策略。在其他因素方面,学习者外语兴趣的均值最高,说明学习者除了学习中文之外,还可能对其他第二语言感兴趣。工具性动机也对社会策略的使用有很大的影响,因为职业需求等原因,学习者会非常重视中文学习。比如,在访谈中A学生提到,“学习中文当然很重要,因为中文可以帮助我提高自己的综合能力,这对未来求职会有帮助”。融入性动机对中文学习者使用社会策略也有影响。此外,社会策略与外向型个性学习者相关性高,对学习者的影响也较大。“对中国人的态度”与“父母与家人鼓励”这两个因素的影响效力一般。

表11　来华中文学习者使用社会策略的影响因素描述表

影响因素	社会策略	
	皮尔森(Pearson)相关	显著性
内向性格	0.33**	0.00
外向性格	0.64**	0.00
外语兴趣	0.53**	0.00
对中国人的态度	0.48**	0.00
中文焦虑	−0.02	0.73
父母与家人鼓励	0.39**	0.00
动机强度	0.29**	0.00
融入性动机	0.59**	0.00
工具性动机	0.51**	0.00
中文学习态度	0.26**	0.00

第二，运用回归分析的方法尝试探索各种因素对社会策略使用的影响。如表 12 所示，对社会策略的使用影响较大的因素有 3 个，从高到低分别是外向型性格、融入性动机、外语兴趣。三者对社会策略的使用起正向预测作用。学习焦虑则对社会策略的使用起负面作用。

表 12　社会策略使用的主要影响描述

模型	非标准化系数	标准化系数	T 值	显著性
	B	Beta		
（常数）	0.55	—	1.57	0.12
外向型性格	0.37	0.36	5.62	0.00
外语学习兴趣	0.17	0.17	2.71	0.01
对中国人的态度	0.08	0.08	1.15	0.25
中文学习焦虑	−0.03	−0.03	−0.63	0.53
父母及家人鼓励	0.01	0.02	0.26	0.80
融入性动机	0.20	0.22	2.80	0.01
工具性动机	0.05	0.06	0.86	0.39

根据分析结果可知，对社会策略的使用影响最大的因素首先是外向型性格，说明外向型性格的学习者比内向型性格学习者更擅长使用社会策略。在访谈中我们也了解到外向型性格学习者更乐于与他人交流，他们也更乐意与他人探讨中文学习中遇到的问题，喜欢在交流中互相学习；其次是融入性动机，假如学习者有想主动了解中国文化的想法，那就自然地愿意扩大与中国人交流的深度和广度，因此会频繁使用社会策略；再次是外语学习兴趣，参与调查问卷的学习者一般都有学习多种语言的经历，他们根据以往学习经验，认为多进行社会交往可以更快地学习语言知识，提升语言技能。学习焦虑则会对社会策略的使用产生负面影响，因为学习焦虑越大，学习者对与他人的交往就越谨慎小心，越不易敞开心扉，长此以往，可能会减弱对中文学习的兴趣，对其中文学习产生负面影响。

三、研究结论与建议

1.研究结论

本篇通过调查和访谈，了解中文学习者社会策略的使用情况，把握学习者社会策略使用的差异，分析学习者的学习动机、个性特征与使用社会策略的关系，探讨影响社会策略使用的若干因素。

从个体因素的差异来看，女性比男性更擅长使用社会策略，但两者差异不显著；非华裔比华裔更频繁地使用社会策略；中文水平高的学生比中文水平低的学生更频繁地使用社会策略，在多个项目上均有显著性差异；年龄大的学生比年龄小的学生更善于使用社会策略。

从学习动机、个性特征与社会策略使用的关系来看，在学习动机方面，学生学习动机越强，会越频繁地使用社会策略，工具性动机和融入性动机都强的学生社会策略使用水平最高；融入性动机强的学生使用社会策略的水平高于工具性动机强的学生。在个性特征方面，外向型学生更频繁地使用社会策略。

从影响因素来看，影响社会策略使用的因素主要有 3 个，影响程度从高到低分别是外向型性格、融入性动机、外语兴趣。三者对社会策略的使用起到正向预测作用。学习焦虑对社会策略的使用有负面影响。

2.建议

社会策略的使用对中文学习者的学习效果有一定影响，为了让教师更重视学生社会策略的使用情况，让学习者更好地使用社会策略以提升中文水平，下面分别从教学与中文学习者学习两方面提出建议。

(1)对教学的建议

第一，本篇研究发现大多被调查者对中国文化感兴趣，因此，学校可以举办文化活动来满足学习者对中国文化的学习需求，让学习者更好地了解中国文化，加深对中文知识的认知和理解，在跨文化交往中获得更多信心，进而放松情绪，降低学习焦虑。

第二，在教学过程中，教师要关注学生学习动机的水平及变化情况。通过对影响社会策略使用的因素分析，发现学生的工具性动机和融入性动机都会促进社会策略的使用，学习动机越强，就越会频繁地使用社会策略。因此，在教学中教师要不断激发学生的学习自觉性，选择适合学习者水平与个性特征的教育方式，以帮助学习者维持学习动机。

第三，提高教师对社会策略的认识，让教师意识到社会策略使用对学生中文学习的重要性。同时，教师要注意观察学生的个体差异，如对待内向型和外向型学生要做到因材施教，在课堂上不仅要关注积极活跃的学生，也要关注相对安静、沉默的学生的学习状态，给他们提供表现自己的机会。

(2)对学习者的建议

第一，激发自己的学习动机。明确中文学习目标，制订学习计划，提高学习自觉性，在学习的过程中保持求知欲和好奇心，提高学习的热情。

第二，积极参加学校组织的各种文化体验活动。多参加文化体验活动，不仅能了解中国文化知识，还能增加用中文进行社交的机会，提高口语水平和交际能力。

第三，关注自己的学习状态。初到中国的学习者一定会有不适应的地方，如可能会有学业压力大、交流不畅等问题。这时，应及时调整心态，按时完成学习任务，积极参与课堂内外的各种活动，以帮助自己更快地适应中国文化环境。

四、结语

社会策略作为学习策略的一个重要组成部分，影响第二语言学习者的学习适应水平、学习效果，乃至社会文化适应水平。目前在中文作为第二语言习得的研究领域，关于来华中文学习者社会策略使用的实证研究较少，对社会策略使用的个体差异和影响因素的研究也相对匮乏。本篇通过调查和访谈，了解了中文学习者社会策略使用的总体情况和差异，探索了学习者的社会策略使用与学习动机、人格特征之间的关系，并对影响社会策略使用的因素进行了分析和探讨。研究发现可以帮助国际中文教师增强对社会策略的科学认识，也可以帮助来华中文学习者了解自己社会策略使用的情况，进而帮助他们更好地融入中国环境，利用好各种资源提升语言技能和个人综合素质。本篇的研究在一定程度上丰富了社会策略在中文作为二语习得领域的研究成果。

来华留学生对中国传统节日认知、情感与体验调查研究*

【摘要】传统节日是中华文化的重要组成部分，其历史悠久、内容丰富，且蕴含着深刻的思想内涵。在来华留学生群体中开展中国传统节日文化教育有利于增进其对中国的了解，提升语言学习的热情。本篇从中国传统节日入手，使用问卷调查和访谈的研究方法，较为详细地了解了来华留学生对中国传统节日的认知程度与认知途径、情感态度与期待，以及体验情况与参与动机。最后基于调查结果，探讨了来华留学生在了解中国传统节日方面的需求，并提出有关中国传统节日跨文化传播的具体建议。

【关键词】来华留学生　中国传统节日　认知　情感　体验

一、研究背景

世界上每个国家和民族都有自身独特的民族文化。中国传统节日作为中华文化的重要组成部分，融合了中华民族的民族精神和民族情感，承载着中华民族的思想精髓。在全球化背景下，加快传播中国传统节日文化，是加强中国国际传播能力建设，讲好中国故事，传播好中国声音，展示真实、立体、全面的中国，增强国家软实力的有效途径。

当下，中国传统节日不仅在亚洲地区影响广泛，对欧洲、美洲和非洲也产生了巨大的影响。一些国家已经把中国的节日确定为法定假日，许多民众用不同

* 本研究系 2022 年山东省课程思政示范项目“教育心理学课程思政示范项目建设”(项目批准号：GJKCSZ014)的阶段性研究成果。

的方式来举行庆祝活动。越来越多的外国人不仅希望学习中文,也希望能够了解中国传统节日的文化内涵,体验中国传统文化活动。

对于来华留学生而言,在中国学习与生活使他们有机会亲历中国节日、参与民俗活动、真实地体验和感受节日民俗文化。开展中国传统节日教育对他们学习中文、了解中国、增进与中国人的交流都有积极作用。此外,节庆气氛不仅能够感染来华学生,帮助他们缓解压力,还能使其亲身体会中国人的生活观、价值观和世界观。因此,关注来华留学生对中国传统节日的认识、情感和体验情况是很有价值的。

目前,关于中国传统节日的本体研究、比较研究、传承研究和跨文化传播研究均日益受到重视。中国传统节日在现代社会文化中的精神内涵和特殊作用日渐清晰,①与之有关的历史著作以及针对传统节日传承问题的调查和建议层出不穷。与此同时,中外节日的比较研究揭示了中国与其他国家节日文化的共性与差异,②为中国传统节日的跨文化传播找到了基点。当下越来越多的专家学者围绕中国传统节日的跨文化传播现状及传播手段开展了专门研究,③其中来华留学生是传播受众中一个庞大而独特的群体。

本篇以不同国别和地区的来华留学生为研究对象,从认知、情感、体验这3个维度出发,调查分析目前中国传统节日在来华留学生中的传播情况,了解来华留学生对节日知识的熟悉度、对节日思想内涵的理解,以及他们对中国传统节日的兴趣、期待、情感接受与价值认同现状和参与体验情况,并从学习者角度对中国传统节日的认知与参与过程中出现的问题进行总结。本篇的有助于找到未来进行中国传统节日跨文化传播的侧重点,既对节日教学、节日活动设计、文化实践等具有借鉴意义,又有利于增进不同文化背景的学习者对中国传统节日及其文化内涵的理解与交流。

二、研究过程

本篇的数据收集以问卷调查为主要途径。调查问卷分为两部分,第一部分

---

① 参见王霄冰:《文化记忆、传统创新与节日遗产保护》,《中国人民大学学报》2007年第1期。

② 参见吕配莹:《中美主要传统节日比较和跨文化交际》,黑龙江大学硕士学位论文,2014年,第1页。

③ 参见蔡燕:《外国人中国传统节日认知与参与情况研究——以山东大学来华留学生为例》,《民俗研究》2015年第4期。

为基本信息，主要涉及性别、国籍、受教育水平、就读大学、来华目的、中文学习时长、中文水平、来华时长等方面。第二部分则围绕来华留学生中国传统节日认知、情感与体验设计调查问卷，共36个题目，包括三方面：第一，对中国传统节日的认知广度和深度；第二，对中国传统节日的情感态度和价值认同情况；第三，对中国传统节日的参与情况与参与动机。

调查问卷共涉及10个中国传统节日，分别为春节、元宵节、二月二、清明节、端午节、七夕节、中元节、中秋节、重阳节、腊八节。其中部分有关对中国传统节日认知深度的问题以春节、端午节、中秋节、清明节等影响力更为广泛的节日为主。

本次调查面向来华留学生发放线上问卷，共收回有效问卷133份。其中，男性39人，占29.32%；女性94人，占70.68%。被调查者国籍分布较广，共涉及21个国家。被调查者中文水平从中文水平考试（HSK）1级到6级不等，以HSK5级和HSK6级居多。中文学习时长从1年以内到5年以上不等。从受教育水平来看，高中生7人，占5.26%；本科生71人，占53.38%；研究生51人，占38.35%；博士生4人，占3.01%。本次调查针对不同地域、不同中文水平、不同教育背景的留学生进行问卷投放，调查对象类型较为丰富，结果具有一定价值。全部问卷结果在检查核实后使用SPSS软件进行统计分析。

除了对调查问卷结果进行量化统计外，本篇还通过结构化访谈采集数据，进一步深入了解留学生参与中国传统节日的真实情况，补充调查问卷可能忽略的细节。访谈对象共7位，均为高级中文水平的硕博研究生。其中男性4人、女性3人；年龄从19岁到43岁不等，大多集中于24～25岁；来自欧洲、亚洲、非洲的不同国家。基本信息如表1所示。

表1　访谈对象基本信息

	性别	年龄（岁）	国籍	学习类型	中文水平
A	男	24	法国	硕士研究生	高级
B	男	43	泰国	博士研究生	高级
C	男	25	加纳	硕士研究生	高级
D	女	25	韩国	硕士研究生	高级
E	女	19	马来西亚	硕士研究生	高级

续表

	性别	年龄(岁)	国籍	学习类型	中文水平
F	女	24	印度尼西亚	硕士研究生	高级
G	男	25	越南	硕士研究生	高级

三、调查结果与分析

(一)来华留学生对中国传统节日的认知情况

本部分主要调查来华留学生对中国传统节日的认知广度和深度问题,包括节日名称、节日日期、节日活动、节日来历和典故,以及节日的精神内涵。

1.总体情况

(1)对传统节日名称的认知

在对中国节日名称的认知方面,来华留学生对四大传统节日较为熟悉。其中,春节的知晓率最高,达99.25%,可见春节对外国人的影响之大。各个国家的留学生都知道春节是中国的一个很重要的节日,越南、泰国、马来西亚、印度尼西亚等国家的大部分人民也会过春节。排在第二位的是中秋节,来华留学生几乎都知道要看月亮、吃月饼。排在第三位的是端午节,来华留学生知道端午节要吃粽子,而且南北方有不同的粽子,北方吃甜粽、南方吃咸粽,这让留学生们意识到不同地区有不同的饮食习惯。排在第四位的是清明节,来华留学生会想到祭祀先祖,但是与他们的时间与习俗不同。此外,元宵节和七夕节在来华留学生中的知晓率也很高,都超过70%。前者被大家熟知是因为春节过后的下一个节日就是"元宵节",而且留学生们还知道元宵节要吃的元宵(汤圆)。说到七夕节,留学生都会想到"牛郎织女"的浪漫故事,知道七夕节是中国的"情人节"。重阳节、中元节、腊八节、二月二这4个中国传统节日在来华留学生中的知晓率不太高,均低于50%,尤其是二月二,仅有7.52%的被调查者知悉。另外通过访谈发现,华人华侨留学生对中国传统节日的认知比非华人更多,这与他们的家庭影响密切相关。

(2)对传统节日日期的认知

春节日期的知晓率最高,为93.98%。被调查者知道2019年的春节公历是2月5号,农历是正月初一。中秋节日期的知晓率仅次于春节,为80.5%,被调查者知道农历八月十五这一天的月亮比其他几个月的满月更圆、更亮。端午节和清明节日期的知晓率都在65%以上,因此,四大传统节日日期的平均知晓率超过77%。除此之外,七夕节日期的知晓率也在60%以上,来华留学生大多知道农历七月初七是牛郎织女相会的日子。元宵节日期的知晓率也超过50%。中元节、腊八节与重阳节的日期知晓率均低于35%,二月二日期是留学生了解最少的,知晓率在10%以下,访谈中只有一名山东大学在读华人博士了解。

(3)对传统节日活动的认知

在对中国传统节日活动的认知方面,本篇调查了来华留学生对节日祭祀活动、庆祝活动和环境装饰的认知情况。

在"关于中国的节日祭祀活动,你知道哪些?"这一问题上,春节要祭天地、祭祖宗的知晓率最高,超过70%。如F提到,"我在北方的中国人家里过春节的时候,在他们家看到小小的雕塑,他们在春节的第一天早上拜"。排名第二的是清明节祭祖,知晓率为69.2%。清明节在来华留学生的观念中是为了"纪念家里去世的人的节日",他们知道中国人在这个节日要去扫墓、拜祖先。排在第三位的是端午节祭祀屈原,知晓率为54.89%。

关于春节的庆祝活动,每位被调查者都了解一二。"拜年"在留学生中的知晓率最高,超过九成。"放鞭炮"的知晓率接近七成。留学生一般都知道关于春节的传说,即"古代中国人放鞭炮是为了赶走每年都会下山吃人的怪物,人们发现怪物害怕巨响,所以春节时要放鞭炮"。"贴春联"的知晓率也较高,为67.7%。留学生认为中国人贴上春联就等于贴上了喜庆,希望来年的日子越过越红火。"给晚辈压岁钱"的知晓率为66.2%,访谈中许多学生分享了自己对压岁钱的理解。如A表示,"在中国过春节的时候我收到过红包,但我不知道压岁钱是什么,在法国元旦的时候我们也有红包,但我们不是用红色的包,用什么颜色都可以";B表示,"我觉得压岁钱是因为老人想给小孩子一点儿钱吧,春节我现在也给小孩子钱。我还记得小的时候很期待压岁钱,现在老了,就觉得快要过年了,压力也挺大的。现在我们兄弟姐妹也要给父母一笔钱,因为他们退休了,还要给孩子一点儿";D表示,"长辈给小辈压岁钱是为了健康";E认为,"长辈给小辈的压岁钱是给他们的祝福"。"看春晚"的知晓率为53.38%,接近一半,此外,“观庙会”“守岁”和其他活动的知晓率也较低。

关于清明节的庆祝活动,来华留学生的了解程度相对较低。只有接近四成的被调查者知道清明节要“踏青游春”。访谈中E提到,“来到中国,我才知道清明节是要踏青的,马来西亚没有”。约三成的被调查者了解“插柳”“放风筝”与“荡秋千”活动,因此其知晓率仅18.8%。

关于端午节的庆祝活动,来华留学生知道最多的就是“赛龙舟”,知晓率为74.44%,对于“佩香囊”“门插艾草”“避五毒”和“系五彩丝”的知晓率均低于20%。

关于中秋节的庆祝活动,来华留学生对“赏月”的知晓率超八成,远远多于其他活动。39.1%的被调查者还知道“燃灯”,而对“舞火龙”“钱塘观潮”的知晓率均低于25%。

本篇还调查了来华留学生对节日环境装饰和吉祥物的认知情况。春节装饰物的知晓率依然是最高的,超过七成。元宵节和中秋节装饰物的知晓率次之,接近六成。而清明节和端午节装饰物的知晓率不足四成,七夕节和重阳节装饰物的知晓率较低,不足三成。通过访谈了解到,春节装饰物最为人熟知的原因之一在于有些国家也有和中国一样的吉祥物,比如泰国、马来西亚、印度尼西亚等东南亚国家也有“十二生肖”。

(4)对节日来历、典故的认知

关于中国传统节日的来历和典故,被调查者中“知道一些,但不太会讲”的人最多,超过四成。35.34%的人能讲一些,但不太准确。只有14.29%的人能讲不少,而且基本准确。对于华人华侨学生而言,他们的家人从小就会讲一些传统节日的来历和典故给他们听,而非华人华侨的学生则主要通过上课、上网或者其他方式来自主了解。

对于一些具体的节日典故,超过60%的被调查者熟悉“年”兽传说和牛郎织女的故事,因为这两个典故经常在课堂上讲。而水神伍子胥和二月二龙抬头的知晓率都比较低,只有不到20%的被调查者听过。还有6.77%的被调查者对以上节日典故均不了解。

(5)对节日精神内涵的认知

我们调查了来华留学生对春节、清明节、端午节、中秋节所具有的精神内涵的认知情况。超过半数的被调查者认为,春节的精神内涵在于“辞旧迎新,阖家团圆”。有首中文歌曲唱到“有钱没钱,回家过年”,许多中国人平时离开家乡到外地工作或读书，春节时大家都希望可以回家跟家人、朋友团聚。正是春节的这份精神内涵让来华留学生感受到中国人对家庭的重视。此外，有26.32%的被调查者了解春节蕴含着中国人祭神敬祖、感恩自然的感情。另有21.05%的人不了解春节的精神内涵。

超过60%的被调查者认为清明节的精神内涵在于“扫墓祭祖，缅怀英烈先贤”，还有13.53%的人认为清明节意在“郊游踏青，回归自然”。

55.64%的被调查者知道端午节的精神内涵是“纪念屈原，弘扬爱国忧民的理想人格”，16.54%的人了解端午节有“驱邪避毒、保佑安康”的含义。

45.86%的被调查者知道中秋节的精神内涵是“望月思乡、怀念亲人”，36.09%的人认为中秋节有“祈求家人团聚、共享天伦”之意。

此外，我们还了解了留学生对中国节日存在困惑的地方。比如访谈中C说，“我不太了解为什么中国人要在门上贴门神”；D说，“其实我知道什么时候吃什么东西，但是我不知道那时候为什么要吃那些东西”；F说，“我不理解的地方就是春节的晚上为什么要一起过，为什么他们不睡觉而去跨年，这个我真的不太理解”。

从以上调查结果可知，来华留学生对四大节日的核心精神内涵的了解程度不高，只有一半左右的被调查者知晓，而完全不了解的人员比例占到两三成。由此来看，对来华留学生进行跨文化传播不能仅停留在介绍节日名称、时间、活动的层面，还要深入其精神内涵层面。

2.认知途径

(1)目前的认知途径

目前来华留学生认知中国传统节日的首要途径是在中文课堂上老师讲授词汇、语法知识时附带讲授与中国节日有关的内容。其次是在专门的中国文化课程中学习中国节日专题内容。其他常见的认知途径还包括与中国朋友交往、网络、电视节目、节庆期间的风俗氛围、参加中国传统节日活动等。少数人采用的认知途径还有去中国家庭体验、阅读报纸杂志，以及所在城市或旅游城市营造的风俗氛围和举办的民俗活动。

通过访谈得知，来华留学生一般会先从课上老师的介绍中或者从自己上网浏览的视频和电影中了解中国传统节日，而后有些学生有机会亲自到中国朋友家体验。对华人留学生而言，他们每年都会跟家人一起过春节，或者在中国亲戚家中庆祝中国传统节日。

(2)期待的认知途径

在期待的节日认知途径方面,被调查的来华留学生最期待的途径是与中国朋友交往和参加中国传统节日活动,如访谈中A表示,“我希望以后可以有更多的机会体验中国传统节日,因为只有自己去体验才能真正了解是怎么样的”。网络和中文老师讲授也是比较受欢迎的途径,如C提议,“我觉得如果做成电影也不错,因为如果是让我们看书,大部分是文字的,我们就不太想看,所以可以把传统节日做成电影或者表演”。F说:“我希望在课堂上老师多多提醒我们什么时候过什么节”。除此之外,期待开设专门的中国文化课程、去中国家庭体验的人数也不少,另外还有三成左右的人期待通过中文课本和电视节目增进了解。相对而言,想要通过报纸杂志以及城市或商家营造的节日氛围来认知传统节日的人员较少。

3.小结

从对来华留学生对中国传统节日认知情况的统计与分析来看,中国传统节日中,春节、中秋节、端午节、清明节这四大传统节日,以及元宵节和七夕节在节日名称和节日日期方面的知晓度是很高的,而对重阳节、中元节、腊八节、二月二等节日的认知有限;对祭祀活动和庆祝活动以及环境装饰的认知也是以春节、元宵节、中秋节为主,而对其他节日的了解较少;对来历、典故的认知除了年兽和牛郎织女的故事以外,其他的了解不多;对节日精神内涵的认知就更为有限。中国传统节日文化是十分丰富的,但留学生对此的认知还不太多元,因此,对来华留学生进行跨文化传播不能仅停留在对节日名称、时间、活动或者饮食的介绍,还应重视其精神内涵。

从认知途径来看,留学生最常接触的是中文课堂中老师的讲解和中文课本上与传统节日有关的内容,其次是专门的中国文化课程和与中国朋友的交往,其他途径的使用人数比例都低于40%。从期待的认知途径来看,与中国朋友的交往和参加中国传统节日活动位于首位,通过网络、中文老师、专门的中国文化课程与去中国家庭体验其次。可见与中国人的社会交往、新媒体传播、教师讲解都是提高来华留学生对传统节日认知的重要途径。

(二)来华留学生对中国传统节日的情感态度

关于来华留学生对中国传统节日的情感态度,本篇主要调查了他们对节日及活动的兴趣点、对体验中国节日的期待,以及对中国人对待节日态度的判断三方面的情况。

1.对中国传统节日的兴趣与期待

在“中国传统节日给你的第一印象是怎样的?”这一问题上,半数以上的被调查者觉得中国传统节日历史悠久,富有内涵;约三分之一的人认为习俗有趣,气氛浓郁。

在“以下中国传统节日中,你较感兴趣或者比较想深入了解的是哪些?”这一问题上,超过40%的被调查者选择了春节,其次还有端午节(10.53%)和中秋节(9.02%)。对其他传统节日感兴趣的人占比较低,且没有人对重阳节感兴趣。

在“你对中国传统节日哪些方面感兴趣?”这一问题上,呼声最高的是节日饮食(73.68%)和节庆活动(72.18%)两项,甚至在访谈中一位韩国学生表示,“每一个节日我都想知道有什么饮食”。其次,有超过40%的被调查者选择了来历典故、环境装饰和祭祀礼仪。32.33%的人对节日的精神内涵感兴趣,还有3.76%想要了解其他方面。

在“你期待过中国传统节日吗?”这一问题上,被调查者中表示不同程度的期待的人员比例为78.2%。在“你对过中国春节是什么态度?”这一问题上,有76.7%的被调查者选择了欢迎。

2.对中国人对待节日态度的判断

在“你觉得中国人重视过传统节日吗?”这一问题上,共有92.11%的被调查者认为中国人在不同程度上重视传统节日。访谈发现,来华留学生觉得中国人最重视的节日就是“春节”。如A说,“我觉得中国人比较重视春节,但我感觉不到其他节日也同样受重视,因为没什么特别的地方”;C谈了自己对中国人重视春节的原因的理解,“我觉得中国人重视春节主要是因为有假期,可以回家跟父母团圆”。

在“你觉得中国人过传统节日的气氛怎么样?”这一问题上,共有90.97%的被调查者觉得中国人过春节的氛围相当隆重。访谈中A说,“中国春节跟我们的圣诞节差不多,都很热闹,因为都要团圆”;D说,“中国人过节日的时候很热闹,我觉得他们比韩国人更重视团圆”;E说,“中国人过春节的时候很隆重,满街都是红彤彤的,很有节日的气氛,一看就知道春节要到了”;G说,“中国的春节比在越南过的春节更热闹”。相对而言,其他节日的隆重程度没有春节高,如B提到,“我觉得现在除了春节之外,在中国其他节日也没有什么特别的”。

3.小结

从对来华留学生对中国传统节日情感态度的统计与分析来看,春节是来华留学生印象最为深刻也是最感兴趣的节日，相对而言，留学生对其他节日的态度较为冷漠。其主要原因在于，留学生对其他节日的了解不够充分，甚至不了解。在体验中国节日的态度方面，春节也是最受欢迎的。整体来看，来华留学生对体验中国传统节日的期待较高，因此，应该多举办节日民俗的活动来增加外国留学生与中国节日的近距离接触，进而增进他们对节日知识和节日文化的认知。

从感兴趣的节日元素来看，节日饮食、节庆活动最受欢迎，其次节日来历和典故、环境装饰以及祭祀活动也都很受欢迎。因此，传统节日的跨文化传播可以从这些"兴趣点"着手切入。

我们进一步从留学生视角来看中国人对传统节日的态度。调查发现，来华留学生大多认为，中国人自身对传统节日的重视程度还是比较高的，节日气氛也比较浓厚。但是从访谈来看，来华留学生认为，相较于热闹的春节，其他节日的气氛没有那么浓厚。这也从侧面解释了为什么来华留学生对一些中国传统节日的印象不是特别深刻。

（三）来华留学生对中国传统节日的体验情况

这一部分，我们调查了来华留学生对中国传统节日的体验情况和体验动机，主要包括来华留学生参与过哪些中国传统节日、参与过哪些节日活动事项，以及留学生怎样过春节。

1.体验情况

在"你参与过哪些节日?"这一问题上，参与过春节的人员比例最高(76.69%)，其次是参与过中秋节的(73.68%)，排名第三的是端午节(59.4%)。不到四成的被调查者参与过清明节(39.1%)和元宵节(36.84%)，参与过七夕节(28.57%)和中元节(25.56%)的人员只有两成多。重阳节(18.8%)、腊八节(12.78%)、二月二(7.25%)的参与者不足两成，还有3.01%的人没有参与任何节日。访谈发现，7名被访者都参与过春节，他们中的有些人去中国朋友家过年，有的在北方，有的在南方，也有些华人留学生每年都在自己的国家或者在中国的亲戚家中过春节。比如C说，"我在中国的北方、南方都过过春节，但只是在学校过，除了放鞭炮以外也没有什么特别的。我也在加纳过过春节，那里的孔子学院和中国大使馆会有表演，学中文的人一定会去看。我们可以亲身体验，那里也会有人给我们解释，所以我最喜欢的是春节"。中秋节和端午节、清明节、元宵节时，有的被访者会去朋友家过，但大部分人是在学校过节，他们有机会一起吃月饼、做粽子、踏青、吃元宵。E说，“我在中国过过端午节，去看赛龙舟，但是最后没看到龙舟，因为人太多了，我们还吃了粽子。清明节还去踏青，我是在北方过的”。

在来华留学生参与过的传统节日活动中，拜年的参与人员比例最高(66.17%)，访谈中许多被访者讲述了他们拜年时的经历或感受。A说，“我跟中国朋友和他的家人去别人家拜过年。我朋友的家在小城市，春节的时候他们回农村拜年，晚上我也有机会跟他们放鞭炮”；B表示，“以前我很喜欢看春晚，但是现在不看了，感觉很无聊”。此外，贴春联(43.61%)、赏月(42.11%)、放鞭炮(37.59%)、看春晚(35.34%)、舞龙舞狮(35.34%)、观庙会(34.59%)也分别有三四成的人参与过。A说，“在中国我没有机会看舞龙和舞狮，但我在法国看到过，节日的时候他们在街上表演”；F提到，“在印度尼西亚我看到过舞龙和舞狮，当地的华人会在春节的时候搞活动”。其余的活动，如观花灯(28.57%)、赛龙舟(16.54%)、猜灯谜(15.79%)、燃灯(15.04%)、放风筝(12.03%)、荡秋千(6.02%)、系五彩丝(5.26%)、赏菊(5.26%)、佩香囊(4.51%)、佩茱萸(2.26%)、钱塘观潮(2.26%)的参与人员比例较低。

关于“中国的春节时，你是怎么过的?”这一问题，调查显示，朋友间的电话拜年(39.1%)和吃年夜饭(37.59%)是参与比例最高的两项活动，还有朋友聚会(32.33%)、购买节庆食品(30.83%)、贴春联(30.08%)三项活动的参与比例也超过三成。有超过两成的被调查者经历过包饺子(29.32%)、放鞭炮(29.32%)、祭祖(24.06%)，不足两成的人经历过逛庙会(18.8%)、守夜(15.04%)和其他活动(16.54%)。

2.体验动机

在留学生参与中国春节的动机方面，调查得知，占比最高的原因是觉得年节习俗有意思(38.35%)，其次是可以吃好吃的节日食品(34.59%)，并列第三位的是受周围朋友影响(29.32%)和可以放假(29.32%)。此外还有两成多的人选择可以跟朋友联络感情(26.32%)、可以了解中国文化(23.31%)，受电视节目吸引(17.29%)和商家宣传鼓动(9.77%)的人相对较少。

3.小结

从对来华留学生对中国传统节日的体验情况的统计与分析来看，来华留学生参与过最多的节日是中国传统四大节日，七夕节也有体验。通过访谈了解到，大部分被访谈的留学生来中国就读之后，都有机会去中国朋友家过春节，还有一些留学生是华人，他们在自己的国家或者在中国的亲戚家过春节。

从来华留学生体验过的节日活动事项来看，也是体验过四大传统节日活动的人数最多，其中，对春节活动的参与依然是最多、最充分的。从动机来看，节庆有趣的习俗和好吃的食品强烈吸引着留学生参与春节，其次，可以度假、与朋友联络、便于了解中国文化也是比较重要的动机。这启发我们一方面可以将更多讲述不同中国传统节日的资源介绍给来华留学生，让他们有机会了解其他中国传统节日，而不仅限于四大节日，尤其是春节；另一方面可以通过多种途径吸引留学生对节日的关注，比如举办游园活动，体验做月饼、包粽子等。

四、结论与建议

近些年来，随着中国国家实力和影响力的提升，越来越多的外国人来到中国留学，也有越来越多的人对中国的语言和文化感兴趣。本篇以来华留学生为研究对象，采用问卷调查和访谈的方法，就他们对中国传统节日的认知、情感与体验情况开展研究。调查问卷的统计结果显示，大部分来华留学生对中国四大传统节日（春节、中秋节、端午节和清明节）比较熟悉，其中春节是最受来华留学生欢迎的节日。大部分来华留学生都在自己国家或者中国朋友家过过春节。他们目前学到的中国传统文化知识主要是靠老师课上讲授，并且表示今后希望多从参加中国传统节日活动和与中国朋友的交往中增进对中国传统节日的了解。从来华留学生感兴趣的节日元素来看，节日饮食、节庆活动的呼声最高，节日来历和典故、节日环境装饰以及节日祭祀也都备受关注。与此同时，很多文化内涵他们还不是很了解，尤其是二月二、重阳节、中元节、腊八节等除四大传统节日之外的其他节日的内涵、典故与习俗。虽然现在有一些节日他们没有听说过、也没有机会参与，但大部分来华留学生都期待体验中国传统节日。中国传统节日有着丰富的民俗活动和精神内涵，是留学生了解中国的绝佳窗口，应该利用好这些资源，做好跨文化传播工作。

结合来华留学生对中国传统节日认知、情感与体验的具体情况，以及学生在访谈中谈到的感受和想法，本篇尝试对中国传统节日文化传播提出一些建议。

第一，提高节日认知。从认知的广度和深度上看，目前在来华留学生群体中，影响力最大的是春节、中秋节、端午节、清明节这四大传统节日，其次是元宵节和七夕节。留学生对祭祀活动、庆祝活动和节日环境装饰的认知也主要是关于春节、元宵节、中秋节的，而对其他节日的了解比较有限。虽然四大传统节日在中国文化中的地位举足轻重，但其他节日，如元宵节、重阳节、腊八节等也有其特殊意义，在传播中不应被忽视。留学生对节日饮食的认知大多是比较丰富的，而对其来历、典故的认知，除了年兽和牛郎织女的故事以外，其他都了解得不多，对节日精神内涵的认知就更为有限。

中国节日文化十分丰富，而留学生对此的认知还不太多元。因此，对来华留学生进行跨文化传播不能仅停留在对节日名称、时间等浅层文化信息的介绍，也应重视对深层文化内涵与底蕴的阐释。教师在课上可以更详细地讲解各个节日的来历、故事、功能与精神内涵，课前可以播放与节日有关的视频以激发学生的兴趣，其间可以安排课堂活动，例如，分组表演中国传统节日故事等，以增加课堂的趣味性。

从认知途径来看，留学生现在了解传统节日的途径主要包括中文老师的课堂讲解、中文课本中文化点的介绍、专门的中国文化课程，以及与中国朋友的交往。而从期待的认知途径来看，与中国朋友交往和参加中国传统节日活动居于首位，通过网络、中文老师的讲解、专门的中国文化课程和去中国家庭体验等方式也比较受欢迎。可见来华留学生希望了解中国节日的方法十分多样，但是他们最期待的方式并不是从单向的课堂讲授中了解，而是在社会的互动和交往中体悟。因此，建议教师尝试通过活动的形式来让学生在体验中了解中国节日。另外，在大学的生活中，来华留学生一般没有很多机会跟中国同学交流，他们住在独立的留学生公寓，一般只跟留学生一起上课。教师或者学院可以举办一些趣味活动以增加留学生与中国同学见面、交流的机会。这类活动不仅对留学生了解中国节日有帮助，也对他们全面了解中国文化、提升中文水平、锻炼跨文化交际能力等有所帮助。此外，在课堂上，由于每个学生的中文水平和兴趣点不同，教师在讲解文化知识时如果仅有单方面的口头输出，或者只让学生读课本，学生会很容易感到无聊。建议教师可以播放相关视频或电影，或者组织班级表演等，以提升其学习兴趣。

第二，增进节日情感。从来华留学生对中国传统节日的情感态度来看，他们对春节的印象最深，也最感兴趣，但对其他节日的了解还不够充分，甚至不了解，所以态度较为冷漠。因此要从认知方面提升留学生对中国传统节日的接受态度。

从整体来看，来华留学生对体验中国传统节日的期待较高。节日饮食和节庆活动是最受留学生欢迎的节日元素，其次是节日来历和典故、环境装饰以及祭祀活动，传统节日的跨文化传播可以从这些兴趣点着手切入。建议教师在组织中国节日活动前先调研学生的想法，对于来华留学生不太熟悉的中国节日，需要先激发学生的兴趣，可以从节日美食和节庆活动两方面重点加以设计，让参与活动的学生有机会体验节日美食、欣赏节日演出等，还可以结合中国各地节日文化的差异。

第三，增加节日体验。从来华留学生对中国传统节日体验情况来看，出于对节庆习俗的好奇和美味佳肴的吸引，留学生对春节的参与是最多、最充分的，其次是中秋节和端午节，而对其他节日的体验相对较少。因此，教师或学校在举办节日活动时，需要增加对春节以外的其他节日的重视程度，特别是那些目前只有少数留学生知道的节日。同时，虽然举办节日活动能模拟体验中国传统节日，但还是比不上身临其境。所以教师和学校应该尽量鼓励留学生跟中国同学交朋友，并同他们一起体验更多的中国传统节日。

“一带一路”沿线国家职业中文教育的发展及前景分析*

【摘要】“一带一路”倡议提出后，中国与沿线国家各行业的跨国合作催生了对“中文＋职业技能”人才的强烈需求。本篇首先从中文学习者、沿线国家企业、国家语言能力提升及国际中文教育发展的需求等视角，分析职业中文教育发展的必要性。其次，在概述沿线国家职业中文教育发展现状的基础上，从职业中文师资、职业中文教材等方面，分析沿线国家职业中文教育发展面临的挑战。最后，尝试针对职业中文师资及教材存在的问题提出应对策略，并对沿线国家职业中文教学的跨国合作模式、校企合作模式以及线上教学模式进行展望。

【关键词】职业中文教育　“一带一路”　“中文＋”国际中文教育

一、绪论

（一）研究背景

目前，世界各地中文学习者的规模不断扩大，中文正在成为世界性语言。截至 2023 年 4 月，把中文教学纳入本国国民教育体系的国家已达 82 个，外国正在学习中文的人数超过 3000 万①，国际中文教育持续升温。随着“一带一路”

* 本研究系教育部中外语言交流合作中心国际中文教育研究课题“免试认定中小学教师资格对汉语国际教育专业硕士培养的影响研究”（项目批准号：21YH98D）的阶段性研究成果。

① 参见汪文斌：《欢迎世界各地越来越多的人学习中文，欢迎越来越多外国记者朋友用中文提问》，2023 年 4 月 20 日，https://www.chinanews.com/gn/2023/04-20/9993534.shtml。

倡议的提出与实施，中国与“一带一路”沿线国家的合作交往范围扩大、程度加深、频率提高，而“一带一路”的推进需要语言来架桥铺路①，这进一步推动了沿线国家中文学习需求的扩大。

“一带一路”倡议提出后，中国与沿线国家开展了多领域的交流合作，尤其在基础设施建设、国际产能合作、贸易、金融、旅游等方面的交流大幅增加，相关领域中文人才的培养也逐渐得到重视。泰国孔敬大学孔子学院举办了多期“中泰高铁汉语培训班”，学员成为既通晓中文又掌握铁路机械等技术的复合型人才。② 随着中老铁路合作项目的推进，老挝当地开展了“中文＋铁路”专业培训，老挝教育体育部职业教育司副司长表示，这一批学员将成为老挝的铁路技术骨干、专家。③ 肯尼亚内罗毕大学孔子学院通过开设“中文＋职业技术”项目，为中国承建并参与运营维护的蒙内铁路培养了列车长、司机、机修和乘务员。④ 意大利天主教圣心大学孔子学院同该校法律系开展合作，开设“中国商务法律”课程。⑤ 老挝苏发努冯大学孔子学院与云南机电职业技术学院合作，在航空服务、轨道交通等领域，培养既具有中文交际能力又具有技术应用能力的本土人才。⑥

由此可见，在“一带一路”沿线国家，“中文＋职业技能”人才培养模式的热潮方兴未艾，为沿线国家与中国的交往合作输送了各行各业的中文技术人才。随着进驻沿线国家的中资企业、同中国存在业务往来的外资企业逐渐增多，海内外的“业务中文”教学和培训是一个亟待开发与研究的领域。⑦ 作为“一带一路”建设背景下蓬勃发展的新趋势，职业国际中文教育的可持续发展需要更多的关注与探索。

本篇所探讨的“职业中文”，是指在特定业务、特定职业环境中所使用的中文，如外贸中文、酒店中文、旅游中文、航空中文等。它们与理科专业中文、医学

---

① 参见陆俭明：《“一带一路”建设需要语言铺路搭桥》，《文化软实力研究》2016 年第 2 期。

② 参见《“中文＋”的未来之路》，2019 年 12 月 20 日，https://baijiahao.baidu.com/s?id=1653386308562707049&wfr=spider&for=pc。

③ 参见《“中文＋”服务多领域人才培养》，2021 年 4 月 13 日，https://www.sohu.com/a/460463365_99939250。

④ 参见《非洲第一所“全球示范孔子学院”隆重揭牌》，2021 年 1 月 6 日，https://baijiahao.baidu.com/s?id=1688124880000590777&wfr=spider&for=pc。

⑤ 参见《“中文＋”的未来之路》，2019 年 12 月 20 日，https://baijiahao.baidu.com/s?id=1653386308562707049&wfr=spider&for=pc。

⑥ 参见《学院与老挝苏发努冯大学孔子学院签订战略合作协议》，2020 年 5 月 27 日，https://www.ynmec.edu.cn/xwzx/xydt/content_9895。

⑦ 参见李泉：《论专门用途汉语教学》，《语言文字应用》2011 年第 3 期。

专业中文等“专业中文”共同组成了“专门用途中文”。职业中文教育的教学对象主要包括职业院校学生以及特定职业的从事者两个群体，且学习者的学习动机和需求与个人职业发展表现出高度相关性。

(二)研究综述

1.“一带一路”倡议提出前的职业中文教育早期研究

2013 年 9 月和 10 月，中国国家主席习近平先后提出共建“丝绸之路经济带”和“21 世纪海上丝绸之路”的重大倡议。此时间点之前发表的职业中文教育相关文献中，研究主题呈现出一定的集中性：所涉行业方面，商务中文研究占绝大部分，同时兼有旅游中文、科技中文相关研究，其他职业的中文教学研究则鲜有出现；研究重点方面，理论探讨、教材研究占据大部分，其他方面涉及较少。

早期发表的文献对于将职业中文教育纳入对外汉语教育的视野、厘清职业中文教育相关概念具有重要意义。石慧敏首次提出了“旅游中文”的概念，并指出旅游中文教学是一个值得大家关注的新课题。[①] 袁建民阐明了“商务中文”的性质及学习对象等，并从课程、教学和教材三方面提出了自己对商务中文教学的设想。[②] 杨东升、陈子骄则探讨了商务中文的界定等一系列理论问题。[③]

除相关理论的讨论外，教材研究也受到了学界的关注。周小兵、干红梅以 10 部商务中文教材为对象，对商务中文教材词语选用现状进行考察，发现不少教材生词等级偏高、不同教材的共选词语极少。[④] 张昆对《商务中文》系列教材与《经理人中文》系列教材开展比较研究，并对商务中文教材建设提出了选择热门商务话题切入等建议。[⑤]

早期研究为之后对职业中文教育的关注及相关研究的开展奠定了基础，但也存在不足之处。第一，概念界定有一定局限性。比如石慧敏所阐述的“旅游中文”定义，仅包括留学生来到中国后在旅游过程中经常碰到的、典型的语言和

① 参见石慧敏：《“旅游汉语”教学——对外汉语教学的一个重要课题》，《暨南大学华文学院学报》2001 年第 4 期。

② 参见袁建民：《关于“商务汉语”课程、教学和教材的设想》，《云南师范大学学报》2004 年第 2 期。

③ 参见杨东升、陈子骄：《有关商务汉语几个理论问题的探讨》，《辽宁工业大学学报》(社会科学版) 2008 年第 3 期。

④ 参见周小兵、干红梅：《商务汉语教材选词考察与商务词汇大纲编写》，《世界汉语教学》2008 年第 1 期。

⑤ 参见张昆：《〈商务汉语〉系列教材和〈经理人汉语〉系列教材比较研究——兼论零起点商务汉语教材的建设》，东北师范大学硕士学位论文，2012 年，第 27 页。

文化现象的总和，[①]即在中国本土对外国群体的“旅游中文”，而忽略了在外国环境对中国群体而言的“旅游中文”，也就是在外国存在中国游客群体的旅游相关场景中使用的中文；第二，研究重点的覆盖面有限，除教材研究外，教学设计、教学方法、教学现状等相关研究较少，这也与职业中文教育尚处于起步阶段有关。

2.“一带一路”倡议背景下的职业中文教育相关研究

与早期研究相比，2013 年后理论研究减少，针对某一具体国家、某一职校的较为微观的实证研究增多，其中，泰国、韩国出现频率较高。研究重点的覆盖面扩大，涉及方面较多，主要包括以下三类：

第一，教学现状综述类论文。此类文献占比较大，主要针对某一国家具体职校或者具体行业开展调查，国别研究下的校际、行业差异研究突出。史真进行了“中文＋”时代下泰国孔敬府两所职校的中文教学情况的调查，认为“中文＋”教学需要从国家顶层设计以及国际合作两方面进行更深入的合作。[②] 李琦聚焦泰国堪差那丕色科职业技术学院的中文教学现状，发现在教材选用、教学师资等方面存在问题。[③] 何万娇以泰国皇太后大学的旅游中文教学为例，提出了加强旅游中文教学内容的职业性等建议。[④] 费燕洪从课程、教材、教师和教学四方面，对“一带一路”倡议背景下斯里兰卡海关中文教学的现状进行了考察。[⑤]

第二，以教材为研究对象的文献。洪多誾对韩国两版《旅游中文》进行对比分析，在教材的内外部结构、发音和词汇等语言要素方面提出完善建议。[⑥] 崔泰筵聚焦韩国医疗旅游中文教材，认为韩国医疗旅游中文教材总体尚处于起步阶段。[⑦] 郑淙文针对商务中文教材的选编内容开展实用性分析，从教材编选的课

---

① 参见石慧敏：《“旅游汉语”教学——对外汉语教学的一个重要课题》，《暨南大学华文学院学报》2001 年第 4 期。

② 参见史真：《“汉语＋”时代泰国孔敬府职业院校汉语教学情况调查与思考——以 K 职业院校和 B 职业院校为例》，中央民族大学硕士学位论文，2020 年，第 100 页。

③ 参见李琦：《泰国堪差那丕色科职业技术学院汉语教学调查报告》，吉林大学硕士学位论文，2019 年，第 37 页。

④ 参见何万娇：《泰国旅游汉语教学个案研究——以皇太后大学为例》，厦门大学硕士学位论文，2018 年，第 68 页。

⑤ 参见费燕洪：《“一带一路”背景下的斯里兰卡专门用途汉语研究——以海关汉语为例》，《现代语文》2020 年第 10 期。

⑥ 参见洪多誾：《面向在韩旅游从业人员的旅游汉语教材分析——以韩国出版教材为例》，浙江大学硕士学位论文，2019 年，第 62 页。

⑦ 参见崔泰筵：《韩国医疗旅游汉语教材调查研究》，浙江大学硕士学位论文，2019 年，第 43 页。

文主题及交际话题的选取、练习内容设计规范等多个维度搭建了商务中文教材实用性评估细则。①

第三，以教学设计为主题的文献。比如，朴恩智针对韩国酒店及航空服务中文进行了教学设计，②潘可新进行了泰国职校中文零基础学生课堂设计。③

总体而言，当前"一带一路"倡议背景下沿线国家职业中文教育受到越来越多学者的关注，但既有研究也存在以下不足。

第一，个性有余，共性不足。针对泰国某一具体职校中文教学开展的实证研究数量较多，呈现一定的饱和趋势，几乎换一所职校就可以重新发表一篇文章，若研究者期待自己的研究能为改进泰国职校的中文教学提供具有一定普适价值的建议，则大量同类研究存在较多重复内容，需要对共性进行较为宏观的总结探讨；若研究者希望在文献中减少和同类研究的重复内容，则可能导致研究结论仅适用于作为研究对象的某所职校，研究价值大打折扣。

第二，对不同类型的职业中文教育的研究不均衡，研究视野需要开拓。当前"一带一路"沿线国家的职业中文教育的相关研究主要集中于对职校中文教学的研究，而对孔子学院及某行业的企业或单位开展的职业中文教学项目的研究较少，仅有的检索结果包括邱沙、魏丽华对"一带一路"倡议下泰国的孔敬大学孔子学院"中泰高铁中文培训项目"开展的 SWOT 分析④，楚舲琛对缅甸某镍矿公司中文教学基本情况开展的调查⑤，杨东彬针对泰国诗丽吉王后博物馆的职业中文培训开展学习需求等方面的调查等。⑥ 非职校主导的职业中文教育也属于职业中文教育的重要组成部分，应当逐渐加强对这一领域的关注。

---

① 参见郑淙文:《商务汉语教材编选内容的实用性分析——以〈新丝路商务汉语中级综合教程〉系列为例》，扬州大学硕士学位论文，2023 年第 72 页。

② 参见朴恩智:《韩国专门用途汉语教学调查分析与教学设计——以酒店及航空服务领域为例》，山东大学硕士学位论文，2019 年，第 85 页。

③ 参见潘可新:《泰国职校汉语零基础学生课堂教学设计——以甘着那皮斯克学校为例》，兰州大学硕士学位论文，2016 年，第 15 页。

④ 参见邱沙、魏丽华:《"一带一路"倡议下泰国高铁汉语培训项目之 SWOT 分析》，《林区教学》2020 年第 9 期。

⑤ 参见楚舲琛:《缅甸 MYANMAR CNICO 镍矿公司汉语教学调查与分析》，中央民族大学硕士学位论文，2018 年，第 22 页。

⑥ 参见杨东彬:《诗丽吉王后博物馆职业汉语培训研究——兼论泰国景点职业汉语教学》，暨南大学硕士学位论文，2018 年，第 8 页。

(三)研究目的及意义

1.全面把握"一带一路"沿线国家职业中文教育发展

既有的职业中文教育相关研究主要可分为两大类:一是从教学研究的某一方面入手,涉及教材研究、教学设计等方面;二是关于某一具体职业或行业的中文教学研究,如旅游中文、高铁中文、航空服务中文等。以上两类研究的研究对象多聚焦某一具体国家,如职业中文教育发展相对较迅速的泰国、韩国,但从较为宏观的角度整体把握当前职业中文教育现状的研究较为缺乏。本篇聚焦职业中文学习需求旺盛的"一带一路"沿线国家,扩大研究视域,将非职校主导的职业中文教育也纳入进来,尝试从宏观角度较全面地把握沿线国家职业中文教育发展现状及未来前景,丰富职业中文教育相关研究,为整体了解当前职业中文教育发展提供参考。

2.有助于促进国际中文教育学科的建设与发展

专门用途语言教学及其理论研究的深入与否,是衡量该语言作为外语教学是否完备和成熟的重要指标。[①] 职业中文教学作为专门用途中文教学中不可或缺的重要组成部分,对其开展的理论研究是学科研究与学科建设发展的重要组成部分,有助于拓展国际中文教育的领域与空间,推动中文作为外语教学日臻完善与成熟。

3.为中文教育相关决策部门提供一定参考

随着中国与"一带一路"沿线国家的交往日益密切,沿线国家的职业院校以及职业教育委员会对中文学习的重视程度逐渐提高,全方位的深入交流合作对具体领域的职业中文人才提出了更多需求,这也要求中外语言交流合作中心(以下简称"语合中心")、"一带一路"沿线国家各行业的职业教育教学指导委员会等相关单位及时调整中文教育相关政策,以满足不断增长、正在转型、逐渐多元的中文人才需求。本篇通过分析"一带一路"沿线国家职业中文教育的发展现状,探讨当前面临的问题与挑战,同时对沿线国家职业中文教育的未来发展方向进行展望,以期为相关决策部门调整职业中文教育政策提供一定参考。

4.为职业中文教学活动的开展提供一定借鉴

职业中文教育在中国与"一带一路"沿线国家互联互通中发挥着不可忽视的作用,研究沿线国家的职业中文教育有着重要的现实意义。"中文+职业技

① 参见李泉:《论专门用途汉语教学》,《语言文字应用》2011年第3期。

能”培养模式正在蓬勃发展，而“一带一路”沿线国家的职业院校、中文教育机构等在开展职业中文教学方面存在师资不足、针对性缺乏等问题。本篇尝试基于目前存在的问题提出应对策略，为开展职业中文教学活动提供可参考的建议，有助于“一带一路”沿线国家完善“中文＋职业技能”人才培养模式，开设更具针对性、更有效的“中文＋”课程。

二、职业中文教育发展的必要性

（一）中文学习者学习需求实用化、多元化的要求

作为学习动机的基本成分之一，学习需求能够激发学习动机。对于中文学习者而言，学习动机驱动了整个中文学习过程的启动、定向与维持。

中国与“一带一路”沿线国家在交通、经贸等领域开展密切合作，创造了大量就业岗位。这不仅为沿线国家的职校学生提供了更多元的就业机会选择，也为该领域的从业者提供了更广阔的事业发展空间。劳动者的工作能力不仅包括某一领域的知识与技能，还包括语言能力。而职校学生以及某行业从业者本就具备一定的行业知识与技能，若能在此基础上掌握职业中文，将大幅提升其工作能力，进而增加在劳动力市场的竞争优势，并且有助于发挥语言在就业市场中的工资效应，给劳动者带来更高的收入。也有工作单位直接鼓励员工学习职业中文，比如乌克兰国际航空公司会给通过 HSK 考试的学员加薪。因此，“一带一路”沿线国家一部分中文学习者的学习需求呈现出实用化的特点，希望通过学习中文，特别是特定行业或领域内使用的中文，为自己未来的职业选择与发展增添筹码。

此外，中国与“一带一路”沿线国家的合作交流涉及的行业领域不断丰富、拓宽，且学习者年龄层次也较为多元，既包括在读学生，也有已经步入社会的某行业从业者，不同行业、不同群体的中文学习需求存在差异，多样化的中文学习需求与日俱增。只有职业中文教育逐渐发展完善，才能满足中文学习者实用化、多元化的学习需求。

（二）沿线国家企业和机构对职业中文人才的迫切需求

随着“一带一路”倡议的深入推进，无论是“出海”进入沿线国家的中资企

业，还是海外当地的企业与机构，都面临着职业中文人才短缺的普遍困境。以东盟国家为例，在缅甸，当地企业譬如加华集团，每年都会招聘会中文的人才；在泰国，中资企业譬如罗勇工业园，耗费数月来招聘中泰双语职业人才。[①] 近年来，关于沿线国家国际化人才需求的新闻报道也并不罕见，涉及的需求领域也从“一带一路”倡议初期阶段的基础设施建设相关专业和金融贸易专业，逐渐发展到现在的全方位覆盖。[②] 可见沿线国家企业和机构亟须解决职业中文人才短缺的问题，职业中文教育需要与“一带一路”的建设接轨，为“一带一路”的建设培养一批兼具中文水平与职业技能的复合型人才，来填补职业中文人才的刚需，缓解双语技术人才的供需矛盾。

（三）发挥中文的经济价值的要求

中文作为中国文化的组成部分，其传播展示了中国的综合国力和国际形象，是文化软实力的重要体现；同时，中文在国际贸易中也有着重要的经济价值，进而与中国的硬实力相关联。

语言会影响国家之间的贸易引力。有研究表明，只要两国的人口中有一部分人使用相同的语言，双边贸易就会增长。中国与“一带一路”沿线贸易伙伴均使用通用语言英语，会对双边贸易进出口额产生显著影响。[③] 沿线国家的语言环境复杂多元，“一带一路”倡议的不断推进掀起了一股“中文热”。若中国与沿线国家在经济合作、贸易交往过程中都使用中文，有效的语言表达能够使语言障碍得到一定程度的消弭，在政策法律、磋商谈判、广告宣传以及经济纠纷处理等经贸合作的多方面更加通畅，化解甚至避免使用不同语言可能会造成的问题，进而降低交易成本并减少国际贸易间的争端，从而提升不同国家之间的贸易吸引力，促进中国与沿线国家的贸易交往与合作。

在中国与“一带一路”沿线国家经贸合作推进、加深的背景下，若想更好地发挥中文的经济价值，需要职业中文在沿线国家得到更大范围与更深程度的传播。

---

① 参见郭信麟：《“一带一路”背景下职业汉语在线教育在东盟地区的现状和前景》，《语言产业研究》2019 年第 0 期。

② 参见邢欣、宫媛：《“一带一路”倡议下的汉语国际化人才培养模式的转型与发展》，《世界汉语教学》2020 年第 1 期。

③ 参见秦莹：《英语对中国与“一带一路”沿线国家双边贸易发展影响的实证分析》，《中国商论》2021 年第 1 期。

（四）提升国家语言能力的要求

语言教育问题是国家语言能力的关键问题，可从两方面考虑：一是国家外语能力，即中国国内开展的非通用语种建设；二是国家通用语言的拓展能力，即在国际上有效提升中文的地位并达到预期效果的能力。[①] 在国外开展中文教育对提高中文地位、增强国家通用语言拓展能力有着不可忽视的作用。

中国与“一带一路”沿线国家的交往合作涉及众多专业领域，借助“一带一路”建设的契机推进沿线国家职业中文教育的开展，这不仅是“一带一路”建设减少语言障碍的要求，也是增强中文的国际拓展能力，进而提升国家语言能力的要求。把推进“一带一路”建设与提升国家语言能力结合起来，不仅将职业中文在沿线国家的传播提升至战略层面的意义，也是提升国家语言能力的一条重要路径。

（五）中文传播程度加深、规模扩大的要求

一种语言的传播程度和规模主要取决于两方面因素：一是该语言非母语学习者的数量以及分布的范围，二是该语言现实和潜在的用途及应用的领域。[②] 截至2023年6月，与中国签署了共建“一带一路”合作文件的国家已达152个，包括非洲国家52个、亚洲国家40个、欧洲国家27个、大洋洲国家11个、南美洲9个、北美洲13个。[③] 这有助于扩大中文非母语学习者的分布范围，在更多国家激发起学习中文的热情，进而促进中文非母语学习者数量的增长。中国与沿线国家的合作交往覆盖了交通运输、通信、能源、贸易等众多行业，这不仅开拓了中文在沿线国家的用途，并且拓宽了中文在沿线国家的应用领域。由此可见，中文在“一带一路”沿线国家的传播程度加深、传播规模扩大，尤其是职业中文的传播得到迅速发展，职业中文教育需要跟上职业中文传播的步伐。

---

① 参见张天伟：《我国国家通用语国际拓展能力现状与发展路径研究》，《语言文字应用》2020年第1期。

② 参见贺阳：《汉语学习动机的激发与汉语国际传播》，《语言文字应用》2008年第2期。

③ 参见曹家宁：《已同中国签订共建“一带一路”合作文件的国家一览》，2023年6月26日，https://www.yidaiyilu.gov.cn/p/77298.html。

三、“一带一路”沿线国家职业中文教育发展现状

(一)沿线国家职业中文教育的发展

1.发展概述

“一带一路”沿线国家受“中文+职业技能”复合型人才需求迫切等影响,职业中文教育应运而起。

放眼“一带一路”沿线国家,除了职业院校中的职业中文教学,孔子学院参与的各类职业中文教学培训班也已如雨后春笋般涌现。在欧洲,乌克兰国际航空公司和基辅国立语言大学孔子学院合作,为空乘人员开展航空中文培训。①在亚洲,韩国汉拿大学孔子学院、日本关西外国语大学孔子学院均开始进行“空乘中文”教学,泰国孔敬大学孔子学院的“中泰高铁中文培训班”更是被视作“中文+职业技能”人才培养模式的典型代表。在非洲,在埃及苏伊士运河大学孔子学院的帮助下,埃中应用技术学院于苏伊士运河大学成立,这也是中国、埃及两国第一次通过国际合作办学的方式,在职教领域进行合作。② 在大洋洲,昆士兰科技大学孔子学院成功试点了“中文职业技能”培训项目,学生可以选择包括旅游、酒店服务等在内的职业培训。③

职业中文教育的迅速发展不仅体现在各种培训班的成立上,也体现在国际会议的召开上。2018 年 7 月,首届东南亚“中文+”国际研讨会在雅加达召开,会议着眼于“一带一路”新形势下东南亚中文教学面临的新机遇与新挑战。④2019 年 10 月,在长沙举行的 2019 年国际中文教育大会,更是首次设立了“中

---

① 参见向芸:《孔子学院为“一带一路”国家培养“中国通”》,2018 年 12 月 4 日,http://www.ccis.sdu.edu.cn/info/1009/2463.htm。

② 参见《中国与埃及签署应用技术学院设备项目立项换文》,2019 年 7 月 23 日,https://baijiahao.baidu.com/s? id=1639860745788088113&wfr=spider&for=pc。

③ 参见《“汉语热”架起友谊桥》,2019 年 10 月 11 日,https://baijiahao. baidu. com/s? id=1647043328989873188&wfr=spider&for=pc。

④ 参见《首届东南亚“汉语+”国际研讨会在印尼首都雅加达举行》,2018 年 7 月 10 日,https://baijiahao.baidu.com/s? id=1605589936233753096&wfr=spider&for=pc。

文＋职业技能”专题论坛。[①] 大会不仅召开了偏重语言教育的会议，也举办了偏重职业教育的会议。2018 年 5 月，首届“一带一路”职业教育国际研讨会在深圳成功举办。2022 年 12 月，“一带一路”职业教育国际研讨会在北京、上海等四地召开。[②] 会议的举行为“一带一路”沿线国家就职业中文教育开展交流互鉴提供了重要平台。

在“一带一路”沿线，职业中文教育不仅覆盖地区广，参与其中的国家数量多，而且涉猎领域广，并且已有相关研讨会议召开，职业中文教育的发展逐渐受到沿线国家教育管理机构、高等院校及其他教育文化机构的关注。

2.教学内容

在“一带一路”沿线国家职业中文教学实践中，教学内容可大致分为两个方面：常规中文教学和职业中文教学。对于当地职业院校而言，一般会开设常规中文课程和职业中文课程；而孔子学院参与的职业中文培训班项目的学员，通常会先在孔子学院接受中文培训，之后进入职业技术学院接受专业培训。常规中文教学又可以分为两大部分：中文本体知识教学、中华文化知识教学，在提高学生的中文水平与中文交际能力的同时，也帮助学生认识和理解中华文化。

3.教材使用

与职业中文教学内容涵盖的“常规中文教学＋职业中文教学”两方面相对应，使用的中文教材也主要可分为两种类型：一种是常规中文教材，如《通讯中文》《中文应用》等；另一种是某一行业相关的中文教材，如《体验中文·旅游篇》《体验中文·商务篇》等。

此外，在一些职业中文教材尚未覆盖的领域，也会使用本土教师自己编写的教材，如泰国十余所在中文专业中开设酒店中文课程的高校，绝大多数都会使用高校教师的自编教材。[③]

---

① 参见《“中文＋职业教育”发展步入快车道》，2020 年 8 月 14 日，https://baijiahao.baidu.com/s?id=1674959175934020123&wfr=spider&for=pc。

② 参见林焕新：《二〇二二年“一带一路”职业教育国际研讨会召开凝聚职业教育国际交流合作新共识》，2022 年 12 月 13 日，https://baijiahao.baidu.com/s? id=1752086964421534941&wfr=spider&for=pc。

③ 参见罗秋明：《泰国高校中文专业酒店汉语教材需求分析与编写设计》，华侨大学硕士学位论文，2019 年，第 2 页。

(二)沿线国家当前职业中文发展中面临的问题与挑战

1.师资方面:职业中文师资短缺,教师素质有待提高

教师问题是"三教"问题的关键。当前"一带一路"沿线国家职业中文师资短缺,主要表现在两个方面。

第一,国内派出的中文教师志愿者任期较短,语合中心志愿者项目对任期的规定是一般不超过三年,职教委志愿者的任期同样适用此规定,并且志愿者的留任意愿不强。2019年对泰国职教委中文教师志愿者的一项调查显示,在被调查志愿者中,受到对自己未来工作、学业的担忧等因素的影响,选择不连任的志愿者比例高达88.89%,与此形成鲜明对比的是,选择留任的志愿者占比仅为11.11%[①],中文教师志愿者留任比例低无疑是沿线国家的职教委需要面对的一大问题。高流动性还会给教师的授课、学生的学习带来新的挑战,如学校的职业中文教学工作缺乏连续性、学生需要花费时间不断去适应新教师的授课风格与模式等。

第二,沿线国家缺少本土职业中文教师,并且已有的职业中文教师教学水平有限。首先,在职业院校中的教师,职业知识与技能的教学能力有一定保障,但中文基础知识与中文教学能力有待夯实与提升。在职业中文教育发展相对较快速的泰国,每个职校的本土中文教师仅有一到两人,[②]且本土中文教师的中文基础知识掌握并不扎实,比如在北碧府职业学院,两名本土中文教师接受过语合中心组织的培训,并在中国的高校参加了中文培训,但却不知道数字150的读法是"一百五"。[③] 另外,在开设职业中文相关课程的高等院校中,课程多由中文系教师负责,教师的中文教学水平有一定保障,但职业知识方面相对欠缺,授课易出现照本宣科的现象。也有高校会聘请具有中文专业及相关工作经验的专家担任教师,[④]但目前在"一带一路"沿线国家某一行业的专业人士群体中,找到能够流利讲中文的人并非易事,因而该做法的可行性相对有限。

---

① 参见杜存蛟:《赴泰职教委院校汉语教师志愿者调查报告》,渤海大学硕士学位论文,2019年,第19页。

② 参见潘霄宇:《赴泰国职校汉语教师志愿者在岗培训模式研究》,辽宁大学硕士学位论文,2017年,第11页。

③ 参见刘兰芳:《泰国北碧府职业学院汉语教学现状、问题及对策》,鲁东大学硕士学位论文,2013年,第20页。

④ 参见朴恩智:《韩国专门用途汉语教学调查分析与教学设计——以酒店及航空服务领域为例》,山东大学硕士学位论文,2019年,第25页。

由此可见，无论是中国外派至职业学院中的中文教师志愿者，还是沿线国家高校的职业中文教师，均面临优质职业中文师资数量不足与质量欠佳的问题，职业中文教师人才供给存在较大的缺口。

2.教材方面：职业中文教材针对性不足、种类单一

教材建设在教学中有着举足轻重的作用，教材不仅是学生在学习过程中具有影响力的权威书目，也是教师在教学过程中必不可少的授课工具。当前，相比于职业中文教育的迅速发展，职业中文教材的建设稍显滞后。

第一，在面向的适用群体方面，现有教材的针对性不足，海外职业中文学习者适用性较低。首先，现有中文教材的面向群体多为来华留学生，海外职业中文学习者的学习动机、学习需求与来华留学生有所区别，所以针对来华留学生编写的教材并未必适合海外的职业中文学习者。其次，"一带一路"沿线涉及的国家众多，所使用的语言也各不相同，语言环境较为复杂。语合中心编写的中文教材被翻译成不同国别的语言文字进行使用，通用型教材在编写过程中较难兼顾不同国家的文化背景、教学差异，并不一定适合众多沿线国家的职业中文实际教学；最后，职业中文学习者呈现出特有的特征。对职业院校学生而言，相较于普通院校学生，整体上更加活泼好动、有更强的动手能力，因此，针对该群体的中文教材应当更注重实践活动的开展与体验。对某行业在职人员而言，他们对所从事职业已具备一定的认知与实践经验，且心理认知水平与青少年学生也存在差异，因此，针对该学习群体的职业中文教材应具有一定的成人化倾向。

第二，现有教材的种类缺乏，适用行业有限。"一带一路"众多沿线国家所需的双语技术人才已覆盖了各行各业。当前已有的专门用途中文教材大多为商务中文、旅游中文、科技中文等，其中，商务中文教材已达 80 多种，而其他专业或行业的中文教材存在一定的缺口。① 并且同一行业的中文教材存在着同质性较高的问题，缺乏针对教材对象的细致分类，难以满足职业学习者多元化的学习需求。

此外，职业中文教材管理方面，也面临着问题与挑战。沿线国家的中文教学教材，尤其是在职业学校中使用的教材，不同学校、甚至不同教师选用的教材并不一致，既包括本土编写的中文教材（如泰国编写出版的《通讯中文》《商务中文》，韩国编写的《旅游中文》），也包括翻译成当地语言的语合中心教材（如《体验中文・旅游篇》《体验中文・商务篇》），还包括了学校教师的自编教材（如泰

① 参见余可华、徐丽丽：《"一带一路"新形势下专门用途汉语教材建设》，《教学研究》2019 年第 6 期。

国农业大学中文专业自编的《酒店中文》、泰国华侨崇圣大学中文专业教师自编的《饭店中文》)。[①] 这折射出职业中文教材选用方面存在一定的随意性,缺乏专门的管理办法,系统性与规范性有待提升。

四、"一带一路"沿线国家职业中文教育发展前景

(一)沿线国家职业中文教育中存在的问题的应对方案

1.师资方面:中外合作优化职业中文师资队伍

想要实现职业中文教育的可持续发展,职业中文优质师资短缺是亟待解决的问题。该问题的解决并非某一国家、某一单位力所能及,需要中国与沿线国家携手合作,共建职业中文教育标准。

第一,让中国的职业中文教育"走出去"。依赖赴沿线国家职教委的中文教师志愿者承担教学任务的效果有限,可以将提供"职业中文教师"的做法转变为提供"职业中文教师的培训"。"授人以鱼,不如授人以渔",中国高校、语合中心可与沿线国家的职教委、孔子学院等联合开展职业中文教师培训班,帮助沿线国家培养立足于本国职业中文教学实际的本土教师。在培训时间上,可在教师正式入职前开展岗前培训,在就职后定期开展在岗培训。在培训内容上,一方面,以当地经济社会发展的需求为导向,可根据任教国家的社会文化、所授职业中文的对应行业,对培训内容进行有重点地选择,比如针对各国家的职业院校/职业中文教学项目的办学特色、学生特点、教学方法等开展培训;另一方面,在培训中也可加入"中文+"课程相关知识,以提高教师的职业中文教学素质,这也是职业中文教师与普通中文教师的重要区别。

第二,合力培养优秀的本土职业中文教师需要一定时间,在本土职业中文师资队伍尚未形成时,尝试"中文教师+职业教师"的模式也不失为一种应对方法,即由孔子学院的中文教师先进行中文培训,学生达到一定中文水平后接受职业教师开展的职业中文教学。当前这一模式在沿线国家的职业中文培训项目中已得到应用,可以尝试在更大范围内进行推广,但需要在教学设计中考虑

---

① 参见罗秋明:《泰国高校中文专业酒店汉语教材需求分析与编写设计》,华侨大学硕士学位论文,2019年,第16页。

中文教学与职业教学的衔接性问题。

2.教材方面：编写本土化、专业性职业中文教材

对职业中文教育而言，优质的中文教材不仅有助于学生中文思维的培养，而且能够对教师的教学起到良好的助力作用，以实现职业中文教学质量的提高。目前，国际中文教育需要有的放矢的教材、有针对性的教材。[①]

第一，教材编写方面，需兼顾本土化与国际化。高质量的双语技术人才不仅要掌握良好的语言表达能力、通晓专业知识，还要具备国际化素养与世界性眼光。基于此，可鼓励“一带一路”沿线国家的本土中文教师与中国的外派中文教师及研究人员合作，编写既能体现不同国家社会环境与文化习俗，又能体现中文思维模式的本土化职业中文教材。中外教师、专家联合编写的教材不仅具有一定的国际视野，而且有助于克服单一教师群体在编撰过程中可能出现的片面性，如中国外派中文教师对不同国别的社会环境、文化背景缺乏理解，当地中文教师编写的教材可能会在语音、语句表达等方面不够严谨甚至出现错误（如泰国职校使用的《汉语应用一》《通讯汉语二》等）。[②]

第二，行业选择方面，可优先关注中国与教材适用国家的重点合作领域，编写该行业相关的职业中文教材。比如，中国与沙特阿拉伯开展的能源合作、油气投资（中石化和沙特石油公司组建天然气公司，并中标勘探开发项目；2023 年 8 月，中国石化和沙特国家石油公司又接连签订两份合作备忘录）[③]，中国与菲律宾的旅游业合作（2019 年访菲游客中，中国游客 174 万人次，同比增长 35.58%；2023 年，中国同菲律宾签署了《中华人民共和国文化和旅游部和菲律宾共和国旅游部旅游合作谅解备忘录执行计划（2023～2028）》）等。[④] 因为双方交流合作最密切的行业对双语技术人才的需求最旺盛、最迫切，这使得该行业的职业中文教育有相对更大的发展动力。

第三，编写原则方面，坚持体现职业教育特色的原则。作为针对某一行业现在或未来的从业人员的教材，在重视针对性、适用性的同时，兼顾实用性、实

---

① 参见崔希亮：《汉语国际教育“三教”问题的核心与基础》，《世界汉语教学》2010 年第 1 期。

② 参见罗智蓉：《泰国职校常见汉语教材分析——以〈汉语应用一〉〈通讯汉语二〉和〈Chinese for Communication 1〉为例》，曲阜师范大学硕士学位论文，2018 年，第 30 页。

③ 参见《重磅！中国石化在沙特拿下 52 亿大订单》，2023 年 6 月 28 日，https://baijiahao.baidu.com/s?id=1769936989018069480&wfr=spider&for=pc。

④ 参见《中华人民共和国和菲律宾共和国联合声明》，2023 年 1 月 5 日，https://www.gov.cn/xinwen/2023-01/05/content_5735098.htm。

践性,以就业为导向,贴近特定职业环境,强化全流程产教融合。职业中文学习者的学习目的是在某一行业的环境中进行交际沟通、解决实际问题,因此在中文教学方面更偏重交际能力的培养,并且要逐步扩大职业中文教材的行业覆盖面,满足职业中文学习者个性化、多元化的学习需求。教材编者还需要了解技术技能型人才成长规律与职业中文学习者认知特点,编写符合学习者成长规律与认知特点的教材。

第四,教材管理方面,需要推进职业中文教材规范管理与选用,逐步提升职业中文教材建设的科学化、制度化水平。鉴于"一带一路"沿线国家的职业中文教育发展情况各有不同,职业中文教材管理规范也不可毫无二致。语合中心可与沿线国家的职教委、孔子学院等进行合作,先针对韩国、泰国等职业中文教育基础较好的国家,根据各自实际尝试推出职业中文教材编写、审核、使用的标准与规范,在教学实践中进行调研与修正,直至形成较为完善的管理办法,然后将其经验在沿线国家逐步推广,从而在一定程度上保障职业中文教材的质量。

(二)沿线职业国际中文教育未来发展方向

1.办学机构:"中文教育平台+职业教育平台"跨国合作模式兴起

培养优秀的"中文+职业技能"复合型人才,需要兼顾中文水平的培养与职业技能的提升。中文教育平台与职业教育平台在职业中文教育方面各有利弊:中文教育平台在提高学生的中文水平方面具备优势,而在职业技能提升方面相对欠缺;职业教育平台更擅长职业知识的传授与职业技能的培养,而在中文水平提升方面相对不足。

当前,在"一带一路"沿线国家,"中文教育平台+职业教育平台"跨国合作模式正在兴起。中文教育平台以沿线国家当地高校的孔子学院为主力,职业教育平台的代表则是开展合作的中方职业院校。以泰国为例,由泰国孔敬大学孔子学院应"一带一路"倡议而提出的特色中文培训项目"中泰高铁中文培训班",和中国武汉铁路职业技术学院合作办学,中文零基础的学员首先参加由孔敬大学孔子学院负责的为期一个月的中文培训,可实现基本的中文交流后,再到武汉的职业技术学院进行一年的专业知识技能培训,从武汉回到泰国既可以选择直接就业,也可以选择再到泰国的职业学院进行更深层次的学习。这样的培训模式取得了明显的成果,获得了当地官员的高度评价,"这些项目顺应了泰中两国联合培养专业技术人才的需求……十分感谢孔子学院和中国院校为泰国高铁技术人才培养提供的支持"[①]。与此类似，在埃及苏伊士运河大学孔子学院的帮助下，苏伊士运河大学成立了埃中应用技术学院，孔子学院负责中文教学，北京一所职业技术学院则负责职业知识与技能的传授。

针对"中文教育平台＋职业教育平台"跨国合作的职业中文教学模式，孔敬大学孔院中方院长胡琳表示，将基础中文直接到专业学习的过程，转变成"基础中文—专业预备语言教学—专业学习"[②]。双边化教学将二者的长处有机结合，有助于最大限度地发挥各自的优势，实现学生中文水平与职业技能的双重提升，同时推动职业中文教育的国际合作向纵深发展。

2.培养模式：校企合作优势互补、资源共享，实现多方共赢

相比普通的中文教育，职业中文教育的"职业特点"显著。学习者不仅需要课堂学习，还需要行业中的实践经验，需要立足产业进行实践，校企合作则为学习者提供了理论与实践结合的机会。2017 年 7 月，"一带一路"人才培养校企联盟于贵阳揭牌，已有 50 多所高校与上百家企业加入其中，致力于通过校企合作，合力培养兼具国际化与本地化的复合型专业人才。[③]

校企合作是开展国际化技术人才培养培训、实现多方互惠互利的举措。第一，有助于学校和企业发挥各自优势，双方实现信息与资源的共享，合力培养符合社会和市场需要的人才。一方面，企业可以根据市场发展的需求，与学校及时进行沟通，学校则可参考企业的反馈信息并结合市场对人才的需求，精准定位人才培养、调整培养方案；另一方面，可充分利用校企双方能够提供的资源与平台，帮助学习者实现"学校学习＋企业实践"的有机结合，学校偏重职业中文知识的传授、职业素养的培养，企业则侧重工作情景的提供、职业中文交际能力的实践与提升。第二，可以实现学校、企业、学习者多方共赢。对学习者而言，企业可以提供良好的就业岗位；对企业而言，获得了高适配度、高质量的国际化技术人才；对学校而言，提高了办学质量与人才培养质量。此举为中国与沿线国家的在经贸等方面的交流合作减轻了高层次人才紧缺的障碍，助力中国与沿线国家的交往，实现多方共赢。

---

① 《"汉语＋职业技术"模式助力泰国培养铁路技术人才》，2019 年 11 月 20 日，https://baijiahao.baidu.com/s? id＝1650702006524356622&wfr＝spider&for＝pc。

② 参见《"中文＋"的未来之路》，2019 年 12 月 20 日，https://baijiahao.baidu.com/s? id＝1653386308562707049&wfr＝spider&for＝pc。

③ 参见刘鹏：《"一带一路"人才培养校企联盟贵州成立》，2017 年 7 月 28 日，https://www.sohu.com/a/160616997_123753。

对职业中文教育而言，这里的“校”除了职业院校，也应当包括开设职业中文教学的其他教学平台。深化与推进校企合作是实施校企共育新模式、提升职业中文人才培养的质量与适配度的有效举措。

3.教学方式：职业中文教育线上教学的变革

进入2020年，中国5G网络建设全面铺开，5G时代的到来促进了教育的智能化变革；加之受到新型冠状病毒感染疫情暴发的影响，各类国际交往被取消或推迟，在国内也禁止人员大规模聚集，国际中文教育的线下教学难以开展。在此背景下，孔子学院进行了线上教学的尝试，“互联网＋中文”的教学模式在“一带一路”沿线国家得到了一定范围的应用。

在第一批由孔子学院开发的10门本土中文在线课程中，泰国孔敬大学孔子学院发布的“到中国，学技术”是唯一一个职业中文类课程，于2020年6月15日上线；该职业中文在线课程将泰国4.0战略急需的铁路、物流、电子信息技术等领域作为首批建设专业。泰国首个开设了轨道交通专业的技术学院——班派职业技术学院院长表示，“学院将把该线上课程推荐给相关专业的全体学生，通过线上线下教育，把学院建成泰国铁路职业培训的样板和基地”①。

教育科技呈现快速发展态势，多位学者预测，线上与线下的混合式教学将成为未来国际中文教育的新常态②，这为职业教育的可持续发展提供了诸多便利。第一，线上教育便利了师生之间开展跨国授课与学习，突破了传统授课方式的空间限制；第二，由中国国内职业院校、海外孔子学院教师团队等共同组成的课程团队摄制的职业中文课程，汇聚了多方力量，既能为职业中文教学提供授课典范与样板，也有助于打破传统教育资源的壁垒、解决优质教育资源供给的瓶颈，在一定范围内实现优质职业中文教学资源整合共享；第三，利用教育科技为职业中文学习者提供模拟的职业场景。如“到中国，学技术”职业中文在线课程中模拟了火车驾驶室内、火车经过隧道等场景，呈现出学生将来在从业过程中常见的场景，既具有实用性与应用性，又能激发学生的学习兴趣，从而优化教学效果、达成教学目标。

2020年“一带一路”职业教育国际研讨会，联合了26个国家和地区发布了

① 《努力打造国际中文教育新生态》，2020年7月3日，https://baijiahao.baidu.com/s?id=1671164253626274632&wfr=spider&for=pc。

② 参见陆俭明等：《“新冠疫情下的汉语国际教育：挑战与对策”大家谈（下）》，《语言教学与研究》2020年第5期。

会议标志性成果——《深圳倡议》，指出大数据、人工智能等新一代信息技术对技术技能人才的培养提出了更高要求，因此职业教育数字化转型势在必行。[①]职业中文教育要抓住国际中文教育数字化发展机遇，顺应教育信息化与数字化的发展潮流，打造国际职业中文教育的新生态。

五、结语

在“一带一路”倡议下，中国想要同沿线国家实现全方位、高质量的互联互通，基础设施建设的“硬合作”必不可少，人文方面的“软交流”同样不可或缺。强化中外职业教育合作应当成为促进“一带一路”民心相通的有效抓手[②]，职业中文教育的健康发展应被更多教育平台、教师及学者纳入视域。

当前“一带一路”沿线国家的职业中文教育正处于发展过程中，面临着职业中文优质师资缺乏、教材针对性不足等挑战。应对这些问题需要中国及沿线国家通力合作，以优化师资队伍、编写本土化和专业性的职业中文教材，创新职业中文的跨国教学合作新模式，共同构建职业中文教育的国际化平台与线上平台，从而培养“中文＋职业技能”复合型人才队伍，以助力“一带一路”建设高质量发展。

由于客观条件限制等原因，本篇研究在除师资、教材以外的其他教学相关方面的建议暂未涉及，且本篇所讨论的问题及对策是从沿线国家职业中文教育的整体状况出发，综合性较强。针对某一行业的职业中文教育以及职业中文师资、教材选用等具体方面均具有较大的研究空间。

---

① 参见《2020 年“一带一路”职业教育国际研讨会在深圳召开》，2020 年 11 月 30 日，https://baijiahao.baidu.com/s? id=1684735970022739362&wfr=spider&for=pc。

② 参见刘京辉：《强化职业教育纽带共促“一带一路”民心相通》，《中国职业技术教育》2019 年第 12 期。

第三部分

国际中文智慧学习心理研究

泰国学习者中文学习软件使用情况调查研究*

【摘要】随着中国国际影响力持续增强,"中文热"在泰国持续升温。中文学习软件是许多泰国年轻人青睐的学习工具。本文主要围绕中文学习软件展开调研,第一,调查了泰国学习者常用的中文学习软件,进行了类别划分,分析了词典类、综合类、考试类软件的功能特点;第二,对泰国学习者使用中文学习软件的情况做了具体描述,探讨了学习者选用中文学习软件的原因、功能评价、使用效果评价等问题。基于调查发现,本篇指出了各类中文学习软件目前存在的问题,并提出了增加中泰互译功能、提升学习内容趣味性等改进意见。

【关键词】中文学习　中文学习软件　泰国中文学习者

引　言

随着中国国际影响力持续增强,"中文热"在泰国持续升温。泰国的中文教育事业蓬勃发展,不少泰国的中小学都开设了中文课,学习人数不断攀升。随着数字技术和网络技术的发展,中文学习软件逐渐成为中文学习的一种途径,更成为许多泰国年轻人青睐的学习方式。新型冠状病毒感染疫情暴发后,许多行业都受到了影响,教育领域也不例外,尤其是线下课堂教学受到很大冲击。许多中文学习者不能来中国学习,也无法参与线下课堂。于是,中文学习软件

* 本研究系教育部中外语言交流合作中心国际中文教育研究课题"基于技术接受模型的中文学习者线上课程学习意愿研究"(项目批准号:21YH23C)、世界汉语教学学会全球中文教育主题学术活动资助计划"国际中文智慧教育背景下学习者线上学习投入实证研究"(项目批准号:SH23Y15)的阶段性研究成果。

发挥起重要的作用。越来越多的学习者通过电脑、平板、智能手机，利用中文学习软件来学习中文知识和技能。中文学习软件为学习者带来了便利，也带来了新的学习机会，对推动中文教育事业，维持泰国学习者的中文学习热情也起到了一定作用。

国内关于中文学习软件的研究主要集中在两个方面：一是中文学习软件的辅助教学研究，如李晨认为中文学习软件对辅助口语教学有一定影响；[①]殷媛媛发现学生和老师都有使用汉字手机软件的倾向。[②] 二是中文学习软件学习者需求分析，如刘华、王敏从学习者对中文移动学习手机软件的总体需求、内容需求、功能需求、针对性需求意愿等方面进行了调查分析。[③] 胡惠茜以广西大学东盟国家留学生为调查对象，发现中文学习类手机软件会影响留学生的中文学习。[④] 廖雅萍发现高校留学生对中文学习类手机软件使用程度较高，但存在软件难以契合学习者需求等问题。[⑤] 此外，有学者专门研究泰国中文学习者使用学习软件的情况，如谭蓉通过调查发现，手机软件辅助中文词汇教学对泰国学生提升词汇量有帮助。[⑥] 金秀妍发现中文学习手机软件在不同程度上提升了泰国学生的学习成绩。[⑦]

本篇主要采用问卷调查法与对比分析法，汇总泰国学习者常用的中文学习软件，对其功能进行对比与分析。同时，调查泰国学习者选用中文学习软件的原因、功能需求、使用效果评价等问题。期望能够对泰国中文学习者选择合适的学习软件提供参考建议，为软件开发者提供关于软件内容、功能、界面设计等方面的用户反馈与改进建议。

---

① 参见李晨：《汉语学习软件辅助初级口语教学的应用研究》，辽宁师范大学硕士学位论文，2020年，第1页。

② 参见殷媛媛：《汉字 App 辅助初级对外汉字教学的研究》，辽宁师范大学硕士学位论文，2018年，第1页。

③ 参见刘华、王敏：《汉语移动学习 App 现状与需求调查研究》，《海外华文教育》2020年第2期。

④ 参见胡惠茜：《东盟国家来华留学生使用汉语学习类 App 调查研究》，广西大学硕士学位论文，2019年，第1页。

⑤ 参见廖雅萍：《汉语学习类 App 在学习者自主学习中的应用研究——以昆明三所高校留学生为例》，云南师范大学硕士学位论文，2020年，第2页。

⑥ 参见谭蓉：《泰国中学汉语词汇教学中手机 App 软件使用效果研究》，天津师范大学硕士学位论文，2018年，第42页。

⑦ 参见金秀妍：《泰国学生汉字 App 教学资源的应用分析》，天津师范大学硕士学位论文，2019年，第53页。

一、研究设计

(一)调查问卷设计

“中文学习软件使用情况调查问卷”主要包括两部分:第一部分为学习者的基本情况,包括学习动机、学习中文过程中遇到的问题等;第二部分主要是泰国学习者使用中文学习软件的具体情况,包括学习者使用何种中文学习软件、各类型学习软件的功能有哪些、选用中文学习软件的原因、对中文学习软件的功能评价如何,以及使用效果如何等。问卷使用李克特(Likert)量表,从1到5分别表示不同意、不太同意、有点同意、比较同意、非常同意。

(二)研究对象

2021年1月7日至2021年1月23日期间发放电子调查问卷,共收回103份,有效问卷88份。调查对象主要是在华留学的泰国学生和在泰学习中文的泰国学生两大类。其中,在华留学的泰国留学生分布在上海、济南、北京、天津等地。在泰国学习中文的学生主要是中学生和大学生,其中,中学生主要来自德良巫东氏莎帕塔纳甘学校(Triam Udom Suksa Pattanakarn School)和曼谷第二女子中学(Satriwitthaya 2 School);大学生主要来自诗那卡宁威洛大学(Srinakharinwirot University)、法政大学(Thammasat University)、皇太后大学(Mae Fah Luang University)和农业大学(Kasetsart University)。

二、调查结果统计与分析

(一)中文学习软件对比分析

本篇共汇总了“Pleco”“大象词典”“Hello Chinese”“HSK Online”等十几个中文学习软件。为方便对比,按照用途将软件分为词典类、综合类和考试类三种类型。

1.词典类中文学习软件功能对比

首先分析了泰国中文学习者词典类软件使用的整体情况，如图 1 所示。在本次调查中，使用人数位于第一位的是 Pleco，第二位是大象词典，第三位是网易有道词典，第四位是百度中文和 KTdict C-E。

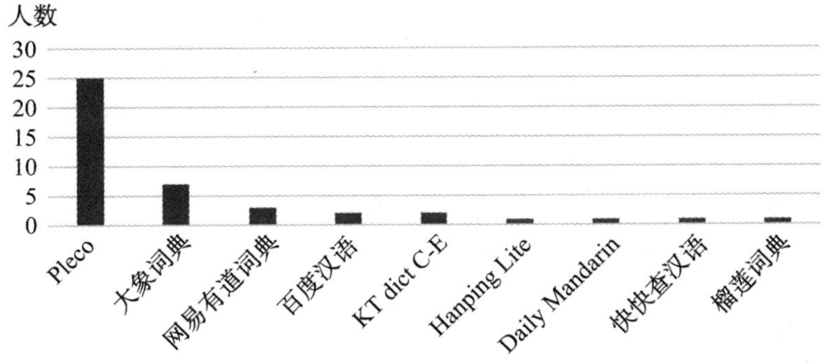

图 1　泰国中文学习者常用的词典类软件

从能否免费使用、能否离线使用、能否拍照翻译等 11 个功能对使用人数较多的 5 个词典类软件的功能进行了对比分析，如表 1 所列。Pleco 是词典类软件中功能最全面的，它具备我们列举的全部的 11 个功能；其次是网易有道词典。功能最少的软件是大象词典，只有 4 个功能可使用。

表 1　词典类中文学习软件功能对比

常用软件	免费	离线	多元输入法	词汇卡记忆	拍照翻译	文件扫码	中文母语者发音	屏幕阅读器	免广告	权威词典	显示一字多音
Pleco	+	+	+	+	+	+	+	+	+	+	+
大象词典	+	+	−	−	−	−	+	−	−	−	+
网易有道词典	+	±	+	+	+	+	+	+	+	+	+
百度中文	+	−	+	+	+	−	−	−	+	−	−
KTdict C-E	±	+	−	+	+	−	+	+	−	−	−

此外，网易有道词典、百度中文、大象词典、KTdict C-E 都有表 1 内容以外的其他功能。比如，网易有道词典的实景翻译功能运用了 AR 技术，使用者可

以通过扫描功能实现实时翻译，这给用户带来了便利；对话翻译功能可实现即说即译，能实现与国际友人零障碍交流；地道发音功能支持全球109种语言和本地发音。

百度中文具有智能问答功能，用户可以通过输入字词、成语和诗词等关键词，得到对应的结果合集。比如在搜索框中输入"AABB式的词语"，百度中文会给出AABB式格式的词语合集，如"高高兴兴""快快乐乐"等。另外，中文小游戏功能提供猜字谜、成语接龙等游戏，可以让学习者在娱乐中学习中文，提升学习的趣味性。

大象词典的搜索功能可使用繁简体中文、拼音、泰文等；词汇的发音有泰文、中文普通话、广东方言等母语者的示范。

KTdict C-E的培训师功能基于莱特纳记忆系统（Leitner System）可以创建日常学习抽认卡，帮助学习者识记生词，保持良好的学习习惯。另外需要注意的是，表1显示的是该软件的付费版功能，免费版只支持搜索功能、屏幕阅读器功能和文字识别功能（Optical Character Recognition，OCR）。

通过访谈部分学习者，我们了解到词典类软件存在的一些问题，首先是"功能单一""不能离线学习"，其次是"知识点解释不够详细""找不到适合自己水平的内容"等。此外，通过在应用商店搜索用户对此类软件的评价，我们发现部分软件存在"更换深色背景后，界面颜色混乱了""App在使用过程中闪退"等问题。

2.综合类中文学习软件功能对比

泰国学习者使用的综合类软件人数最多的是Hello Chinese，其次是Super Chinese和Chinese Skill，再次是唐风课堂和Elephant Chinese等。首先将这5个软件的主要功能进行对比，然后分析使用者的反馈。

本篇分别从使用费用、游戏化等10个功能对综合类软件进行对比分析，Hello Chinese的功能是综合类软件中最为全面的，其次是Chinese Skill，功能最少的软件是Elephant Chinese。这5个软件都有表2内容以外的其他功能。

表2　综合类中文学习软件功能对比

名称/功能	免费	游戏化	语音识别	汉字书写	离线	拼音表格	针对性练习	跨设备同步学习进度	录音功能	免广告
Hello Chinese	+	+	+	+	+	+	+	+	+	+

续表

名称/功能	免费	游戏化	语音识别	汉字书写	离线	拼音表格	针对性练习	跨设备同步学习进度	录音功能	免广告
Super Chinese	±	+	+	+	−	+	+	−	+	+
Chinese Skill	+	+	+	+	+	−	+	+	+	−
Elephant Chinese	+	−	+	−	−	+	+	−	−	−
唐风课堂	+	+	−	+	−	−	+	+	−	−

Hello Chinese 对语法和发音的解释更具体。

Super Chinese 用泰文解释词汇和语法，更有利于泰国学生理解。该软件还可查看自己的学习进度。此外，表 2 显示的是该软件的付费版功能，免费版只支持完成入门课程、每日限时播放所有内容。付费版另有动画专题视频功能，可以借助动画视频更快地理解相关概念，此外还有人工智能（Artificial Intelligence，AI）系统可实现所学内容的间隔重复。

Chinese Skill 可以选择显示拼音或汉字，或者两种皆可。

Elephant Chinese 的记忆卡功能可以将用户已看过的对话或生词中需要记忆的内容进行一键储存；趣味阅读功能可加强阅读能力；模拟测验功能有中小学生中文考试（YCT）和汉语水平考试（HSK）的各个等级试题，还有模拟计时考试，答案及解释都很详细；自学模式可模拟真实情景对话；此外，该软件还有电影片段等小视频。

唐风课堂软件开发了管理员端、教师端和学生端。此软件联合许多泰国的职业学校开发了中文远程教学系统，用以辅助中文课堂教学。此外，其作业功能打破了时间、空间限制，让学习更从容；考试功能全面支持唐风特有题型，使复习更轻松、答题更方便，教师批阅一目了然。互动功能让每位同学都能获得针对性练习，师生及同学之间可以通过内置短消息和课程问答进行交流。

泰国学习者反馈的综合类软件存在的问题中，“不能离线学习”这一选项选择人数最多，其次为“App 使用过程中有时会卡顿、闪退”“广告过多”“应该增加可以边唱歌边学习的功能”等。

我们还搜索了手机应用商店中用户对软件的使用反馈，用户认为软件使用过程中存在的问题主要包括，“最近在登录并下载课程上我遇到一些困难，没有课程显示，并且重新安装后登录也不成功”“在拼音测试中，当我单击记录按钮时，它不起作用""AI 语音反馈缓慢"等。

3.考试类中文学习软件功能对比

对于考试类软件，泰国学习者多使用 HSK Online。该软件有免费版和会员版两种。免费版可提供一次人工智能专业等级测试，具有生词训练功能等。会员版不限定人工智能专业等级测试的次数，提供无限次精华练习题目，可解锁所有测试和模拟测试，具备交互式专家指导功能，下载使用功能，提供汉语水平考试测试技巧指导，提供关键生词训练功能，以及个性化学习路径定制功能。

在调查数据的统计结果中，我们发现不愿使用软件学习中文的泰国学习者也不在少数，原因可能与学习软件的趣味性不足有关。泰国人一般性格活泼开朗，喜欢围绕娱乐活动进行学习，喜欢轻松有趣的学习氛围。比如在日常的中文学习中，他们更喜欢通过听歌、玩游戏的方式来进行学习。此外，泰国学习者学习中文的途径十分丰富，他们使用最多的途径是社交媒体，其次是中国电视剧或综艺节目。随着互联网技术的快速发展，泰国学习者可以便捷地接触到中国的电视剧和综艺节目。许多当代的中国电视剧和综艺节目都受到泰国学生的喜爱，他们喜欢通过观看这些视频来学习中文，这样的方式既轻松又有趣。因此，中文学习软件如果想要得到泰国学习者的青睐，就需要在趣味性上多下功夫。

（二）泰国学习者使用中文学习软件的情况描述

本部分对泰国学习者使用中文学习软件的情况加以描述，着重分析以下内容：泰国学习者选用中文学习软件的原因、对中文学习软件的功能评价、对中文学习软件的使用效果的评价。

1.泰国学习者选用中文学习软件的原因

本篇对泰国学习者选用中文学习软件的原因做了调查统计（见表 3）。总体来看，使用原因的均值居于前三位的分别是"这个 App 方便快捷，可以随时随地学习""这个 App 学习方式放松，容易提高兴趣""这个 App 不断更新内容，内容与时俱进"。由此可见，不管是什么类别的中文学习软件，便捷性是学习者考虑的首要因素，软件的趣味性和内容的更新速度也是学习者选用软件的重要考量标准。

表3　选用中文学习软件的原因

软件使用原因	词典类	综合类	考试类	均值
这个App学习方式轻松，容易提高兴趣	4.00	4.00	4.00	4.00
这个App方便快捷，可以随时随地学习	4.60	4.60	5.00	4.73
这个App能让我的注意力比在课堂上更集中	3.20	3.20	4.00	3.47
这个App词语和语法的练习非常充分	3.00	3.00	4.00	3.33
这个App词语和语法的解释易懂详细	4.40	3.40	3.00	3.60
这个App提供了有针对性的练习	2.20	3.60	4.00	3.27
这个App不断更新内容，内容与时俱进	4.00	3.60	4.00	3.87

三类中文学习软件中，词典类中文学习软件相关题项的均值相差较大，通过对比数值可知，学习者在选择词典类学习软件时，会优先考虑便捷性和易懂性，其次是趣味性和更新程度，较不在意练习的充分性和针对性。综合类学习软件相关题项的均值较为集中，其中均值最高的也是与便捷性、趣味性、练习和内容相关的因素。考试类软件大部分题项的均值都最高，说明学习者对该类软件的需求比较多元。首要的考虑因素依然是软件的便捷性，其次是练习充分且有针对性、内容与时俱进、学习方式轻松、对集中注意力有利等因素。

2.学习者对中文学习软件的功能评价

泰国学习者对所使用的中文学习软件的各方面功能评价如何？本篇做了调查，结果如表4所列。从所有类型的学习软件来看，学习者对语音识别功能评价最高，其次是录音回放功能，再次是拍图识字功能，这些功能都是学习者经常使用的功能，目前各类中文学习软件基本能满足学习者的这方面需求。学习者对软件离线功能评价一般，对互动功能和游戏功能评价最低，说明各类软件在这些方面还需改进。

表4　学习者对中文学习软件的功能评价

功能评价	词典类	综合类	考试类	均值
这个App有离线功能，没有网络的障碍	3.60	3.20	4.00	3.60
这个App有中文母语者的语音识别功能，能听到正宗的中文发音	3.60	3.60	5.00	4.06

续表

功能评价	词典类	综合类	考试类	均值
这个 App 有录音回放功能，可以查看自己发音的错误	2.40	4.00	5.00	3.80
这个 App 有互动/评论区，可以及时纠正自己的错误	2.00	4.00	3.00	3.00
这个 App 有游戏学习功能，让我学习不感到厌烦	2.40	3.80	3.00	3.06
这个 App 有拍图识字 OCR，可以帮助查不认识的字	3.00	3.20	5.00	3.73
总均值	2.83	3.63	4.16	

相对来说，学习者对考试类软件功能的评价总体均值最高。其中，母语者中文发音、录音回放功能和拍图识别功能最受学习者认可。前两个功能能够帮助学习者改善自己的中文发音，第三个功能可以帮助学习者随时随地查询自己需要学习的内容。相较于词典类和综合类软件，学习者对考试类软件的离线功能评价较高。互动功能和游戏功能的认可度较低。

学习者对综合类软件的功能评价处于中等水平，满意度最高的两个功能为录音回放功能和互动评论功能，这两个功能都有助于学习者纠正错误。满意度最低的是拍图识字功能和离线功能，在学习过程中，并不是所有学习环境都有较好的网络状态，因此离线功能也是学习者较为关注的，此外，拍图识字功能能够帮助学习者查询不知道读音的汉字，对学习者来说是十分必要的一项功能。

学习者对词典类学习软件功能的认可度相对来说较低。离线功能和中文母语的语音识别功能是学习者较为认可的，互动性功能或者评论区功能未能满足使用需求。

3.泰国学习者对中文学习软件的使用效果评价

中文学习软件能否帮助学习者学习汉语？本篇对中文学习软件的使用效果评价做了调查统计。由表 5 可知，学习者评价最高的是“这个 App 对中文学习有帮助”和“这个 App 让我的中文学习更方便了”，其次是“这个 App 帮我熟练掌握了日常交际中文”。从整体效果来看，中文学习软件能够让学习者更加高效地学习中文，但是在缓解学习者的学习紧张状态方面效果较不理想，在提升中文学习趣味性方面也有提升空间。

表 5　中文学习软件的使用效果评价

	词典类	综合类	考试类	均值
这个 App 对中文学习有帮助	5.00	3.80	4.00	4.26
这个 App 帮我熟练掌握了日常交际中文	4.40	3.60	4.00	4.00
这个 App 让我的中文学习更方便了	4.20	4.60	4.00	4.26
这个 App 帮我克服了表达上的紧张状态	3.40	3.40	3.00	3.26
这个 App 让我有了说中文的自信	3.80	3.40	3.00	3.40
这个 App 让我觉得学习中文更有意思了	3.80	3.80	3.00	3.53
这个 App 督促我更有计划地学习了	3.80	3.00	4.00	3.60
这个 App 让我学习中文更加自主了	4.00	3.00	4.00	3.66
总均值	4.05	3.57	3.62	—

泰国学习者对词典类软件的使用最为满意。对词典类学习软件的评价中，最让学习者满意的是“这个 App 对中文学习有帮助”。在日常学习和生活中，词典类手机软件最为常用，看不懂、不会说的词汇一查就知道了。目前软件也确实满足了学习者这一基本需求，能够帮助学习者解决词汇困难，提高语言水平。考试类学习软件各题项的均值差异较小，说明这类软件对学习者的学习自主性、制订汉语学习计划、掌握日常交际中文等方面的效果差距不大，处于中等水平。综合类软件的使用效果评价均值相对最低。综合类软件在方便泰国学习者学习上起了一定作用，但在促进学习者的学习计划性和自主性方面还有待提升。

本篇对泰国学习者的中文学习动机也做了调查，发现学习动机以兴趣和工作需要为主。以兴趣为学习动机的学习者可能对软件的趣味性、游戏性和娱乐性要求更高，而目前泰国学习者对于软件的游戏功能、趣味性等方面满意度相对较低。以工作需要为主要动机的学习者可能会对针对性练习要求更高，这也可能是造成泰国学习者认为各类软件的针对性练习功能需要加强的原因。总之，从本篇的研究发现来看，泰国学习者认为大部分软件能够帮助自己随时随地学习中文，使中文学习变得更加方便，但各类软件的实用性、针对性以及趣味性等方面还有待加强。

三、建议

基于研究发现，结合问卷调查收集到的学习者评论，以及各软件下载平台的用户反馈，对各类型中文软件提出如下建议。

（一）对于词典类中文学习软件的建议

第一，添加针对性练习题目。学习者使用反馈中与词典类软件相关的建议有“希望提供适合每个学习者水平的词语练习课程”“希望软件有笔画顺序或写作练习功能”，同时，根据调查结果，学习者在选择词典类软件时认为针对性练习功能不能满足练习需求，也无法找到适合自己水平的学习内容。基于以上反馈，软件开发者可根据不同中文水平或不同日常交际场景设计词库，使用者可以在其中挑选自己想要学习的内容。还可以在相关词条下设计对应的练习，帮助学习者巩固所查词语的意思及用法。

第二，增强软件的互动性。从功能评价的分析可知，词典类软件的互动功能或评论功能满意度较低。针对这样的情况，软件设计者可以开发自动回复功能，当使用者在搜索栏输入任意词语或对话时，系统会针对内容进行自动回答，既帮助学习者学习了词语，还有助于进行对话练习。还可设置评论区，使用者可在评论区发表对词语使用的看法等，这样使用者之间可以产生互动。

第三，学习者反映许多词典类软件的媒介语为英语，这对部分泰国学生造成了困难，因此提供中泰互译功能是很有必要的。对于以泰语为母语的学习者来说，中泰对照更有助于记忆，尤其对零基础的学习者来说，中泰对照学习效果更好。

第四，在问卷调查及软件使用评价中，学习者反馈“希望提供词汇辨析，列出每个义项不同的语用功能”“应该有图片和音频辅助注释”“希望有近义词、反义词”“如能在单词本里增加按泰文的模糊意思来查询中文对应单词就更好了”。针对以上建议，词典类软件开发者首先可以完善词语的扩展用法，添加词语的近义词、增加近义词查询功能，在词义解释上可以与漫画、图片、图表等相结合。

另外，还有软件使用者反馈，“希望可以增加更多的专门词语，如流行语、专业词汇等”。基于此，软件开发者可根据不同工作、生活场景设置专门词语专栏，以满足软件使用者的不同需求。

(二)对于综合类中文学习软件的建议

第一，功能评价结果显示大部分综合类软件不能离线使用，或有较多广告。软件开发者可以将部分或全部功能设计为离线使用，并且减少广告出现，如必须出现广告，可在最初登录软件或在使用某一功能时出现，减少广告的出现频率。

第二，功能评价结果还显示综合类学习软件的拍图识别功能有待加强。拍图识别功能可以让学习者随时随地学习自己不了解的汉语词汇、语法等，可以在很大程度上提升学习中文的便捷性，因此此功能需要加强。

第三，在软件使用效果评价结果中，综合类软件在学习计划性和自主性方面的效果较差，软件开发者可以设计固定内容的学习计划，如 7 天背单词计划，词语可以固定，也可以由学习者自主添加；还可以开发学习计划制订功能，学习者可以根据自己的实际情况自主制订计划，并设置提醒功能，每天督促学习者打卡。

(三)对于考试类中文学习软件的建议

第一，开发中泰互译功能。部分使用者表示软件上的语法解释比较难懂，这可能与词典使用英语作为媒介语有关，泰国学习者要通过英语等语言来理解中文，这增加了理解的难度，也降低了认知的准确度，因此中泰互译功能不可或缺。

第二，增强软件的练习和复习功能。学习者反馈，“希望软件增加有针对性的练习，并且能自动纠正，以及详细解释出错原因”“软件最好具备循环重复功能”。针对这两个建议，软件可以将练习功能与复习功能相结合，增加练习错题本功能。首先在练习题的答案页面增加详细解释，同时增加在线互动功能，如平台可以招募在线客服帮助软件使用者修改自己上传的句子或者文章，也可提供在线答疑服务。使用者可以在做完练习后将相关内容加入自己的错题本，还可以设计定期提醒功能，学习者可以自定义复习时间。

第三，增加软件的趣味性，帮助学习者提升学习自信心。考试软件多以题目练习为主，练习过程枯燥，且错题会降低使用者的学习自信。软件开发者可以设置一些鼓励的话语，当学习者做错题目时自动弹出，帮助使用者缓解紧张情绪，维持学习的信心。

此外，软件的练习和学习内容都应该与时俱进，让使用者能够体验在现实生活中使用的真实、鲜活的语言。总体来看，即使是考试软件，泰国学习者也希望能增加一些更有趣味性的学习内容，更轻松地进行语言学习。

四、结语

本篇介绍了泰国中文学习者常用的中文学习软件，并按词典类、综合类和考试类三种类型进行了功能对比分析，对学习者选用中文学习软件的原因、对软件的功能评价、使用效果评价进行了描述，发现了各类型中文学习软件存在的问题，最后针对这些问题提出了建议。本篇所提出的建议有待与专业的软件开发者进行商榷。

蒙古国汉字课程多媒体教学研究

【摘要】中文学习的零起点阶段有较重的汉字学习任务，识字难、写字难是蒙古国中文初学者共同面临的问题。本篇首先基于教学实践，探讨如何利用多媒体技术来优化汉字教学模式；其次，采用定量和定性相结合的研究方法，以两个初级中文班为实验对象，通过教学实验和访谈等方式收集相关数据，讨论蒙古国汉字课程多媒体教学效果的问题。研究结果表明，实验组的汉字学习成绩显著高于对照组，多媒体汉字教学模式能明显提高汉字学习效果，并且在提升学生学习兴趣、减轻焦虑情绪、强化记忆效果、鼓励学生自主行为、改善学习体验方面都表现出极大优势。

【关键词】汉字教学　多媒体教学　蒙古汉字课程

随着中蒙两国交流日益增多，蒙古国掀起了学习中文的热潮，中文学习者日益增加。但是与这一趋势不相称的是，笔者在蒙古国国立教育大学当老师的十多年来，目睹了很多中文专业的大学生在二年级开始便因不能适应学业困难而休学，甚至最终放弃中文学习的情况。学生们普遍反映，学习中文实在是太难了。学习中文的难点到底是什么？汉语和蒙古语所属的语系不同，蒙古语属于阿尔泰语系，是黏着语，通过在词根的前、中、后粘贴不同的词缀来实现语法功能，而汉语属于汉藏语系，词序和虚词是表达语法意义的重要手段。此外，两者在文字系统上也存在巨大差异。蒙古语是纯粹的拼音文字，而汉字是表意文字，数量繁多，结构复杂。对蒙古学生来说，掌握汉字这套全新的文字系统不是易事。中文学习的零起点阶段有较重的汉字学习任务，识字难、写字难是蒙古国中文初学者共同面临的问题。

随着数字技术的发展，多媒体教学逐步蓬勃发展起来，汉字课程中如何引入多媒体技术？多媒体教学手段的使用对蒙古国学生的汉字学习能否起到促进作用？能够起到哪些方面的作用？这些是本篇关注的重点。本篇期望以多媒体技术优化汉字教学，将枯燥、乏味的汉字课变得轻松、有趣，让蒙古国学习者不再将汉字学习视为一项遥不可及的挑战，而是看作一段充满乐趣和机会的学习之旅。

一、研究综述

（一）多媒体教学相关研究

多媒体计算机辅助教学（Multimedia Computer-Assisted Instruction，MCAI）是指在以班级授课制为主要形式的课堂教学中，教师依据一定的教学目标和教学内容的需要，在吸收传统教学媒体优势的基础上，适当地引进现代教学媒体，将教师的讲授与多媒体系统有机结合，互为补充，相辅相成，充分发挥各自的长处，从而达到优化教学过程的目的。[①]

随着现代科学技术的不断进步，多媒体教学已经成为教育教学改革中的一个重要手段，受到了越来越多学生和教师的青睐。多媒体教学的优势以及如何更有效地将其融入教学过程引起了许多学者的讨论和研究。作为一种现代化的教学模式，多媒体教学具有传统教学方式无法比拟的优势。一方面，多媒体教学表现力丰富、灵活，能够创设出一种生动的学习情境，这种学习情境能够吸引学生的注意力，激发学生的学习兴趣，从而调动学生学习的积极性[②]；另一方面，传统板书教学中，教学内容、教学策略、教学方法、教学步骤等都是老师事先安排好的，学生只能被动地参与和接受这个过程，而多媒体教学的一个显著特点是可以人机交互、及时反馈，这种交互性好的多媒体教学系统能够创设良好的教学情境，有利于培养学生的思维能力、想象能力和创造能力。[③]

运用多媒体计算机辅助教学效果怎么样？多媒体教学实验为我们提供了依据。郑艳群以北京语言大学中文速成学院C班（中级）的留学生作为实验对象，先后开展了三个学期的多媒体口语教学实验，100％的学生认为这样的上课

① 参见张军：《多媒体教学的回顾与思考》，《电化教育研究》2004年第10期。

② 参见郭晓光：《多媒体教学与板书教学的再认识》，《中国教育学刊》2014年第2期。

③ 参见许学军：《多媒体教学的优点及现状与对策》，《中国科技信息》2006年第1期。

方式好，原因主要是：这样的方式有意思，有助于他们回想起已学过的内容，与课本和黑板相比，他们更愿意看屏幕。①

（二）汉字多媒体教学研究

郑艳群认为对外汉语教学是一门交叉学科，语言学、教育学、心理学、现代教育技术等学科是这个学科的基础。② 因此，对教学手段进行深入细致的研究，用科学技术解决教学中的实际问题，对于中文教学有着重要作用。而汉字教学一直以来都是中文教育中的一个关键领域，提高汉字教学效率、帮助学生成功掌握汉字一直是学界关注的焦点。曹慧敏认为在传统的汉字教学方式下，由于对感官的刺激单一、不够全面、强度不够，学生学习汉字的遗忘率高、学习效率低。而多媒体教学能够将文字、声音、图像等信息结合在一起，既能看得见，又能听得到，还能用手操作，它所提供的外部刺激不是单一的刺激，而是多种感官的综合刺激，充分发挥了学生的潜能和创造力，这对于汉字的学习是非常重要的。③ 袁喜竹、唐红梅认为多媒体可以把有关汉字发展演变的图片或者视频放进课件，这种课件资源的拓宽有助于外国学生多方位地理解汉字。④ 杨贺仙认为多媒体语音系统可以提供清晰的发音，有助于弥补教师自身普通话发音和语音准确性方面的不足，对学习汉字有益。⑤ 对于那些教学经验有限的新手教师或本土教师，他们可以借助互联网上丰富的多媒体教育资源，以丰富和完善他们的教学内容和方法。

在多媒体辅助汉字的教学效果方面，杨浩亮以2005年北京语言大学出版的多媒体教材《汉字字母教程》和《相会在中国》中的汉字教学部分为例，论述了多媒体汉字教学在书写教学、文化教学、强化记忆三个方面所拥有的传统方式无法比拟的优势，建议广泛应用。⑥ 范祖奎研究了多媒体用于汉字教学时汉字

---

① 参见郑艳群：《汉语口语多媒体教学的体验和思考》，《汉语学习》2005年第2期。

② 参见郑艳群：《汉语多媒体教学课件设计》，《世界汉语教学学会通讯》2010年第1期。

③ 参见曹慧敏：《多媒体辅助手段下的对外汉语课堂教学研究》，天津师范大学硕士学位论文，2012年，第10页。

④ 参见袁喜竹、唐红梅：《浅谈多媒体在对外汉语汉字教学中的应用》，《当代教育实践与教学研究》2019年第7期。

⑤ 参见杨贺仙：《现代教学手段在对外汉字教学中的应用研究》，广州大学硕士学位论文，2012年，第22页。

⑥ 参见杨浩亮：《浅谈多媒体汉字教学的优势》，《陕西师范大学学报》（哲学社会科学版）2006年第1期。

学习的长时记忆效果，实验结果表明在多媒体环境下汉字教学在汉字的信息储存、信息提取方面要比传统媒体条件好。① 陈乃鹏通过在泰国开展教学实验证明多媒体教学对汉字笔顺教学有较大的帮助。②

三、多媒体技术辅助汉字教学的必要性

(一)汉字教学的目标

汉字是一种独特的字符系统，与表音符号不同，它们不直接记录发音，而是代表意义。汉字的演变和发展可以追溯到数千年前，它们最初是通过图像和符号来表示事物、概念和思想的。随着时间的推移，这些图像和符号逐渐演化成了现代汉语中的汉字。汉字与蒙古文字有着极大不同，如表 1 所示。

表 1　汉语与蒙古文字比较示例

水	火	木	月	日	羊
ус	гал	мод	сар	өдөр	ямаа

卞觉非认为汉字教学的核心目标在于向学生传授汉字的形、音、义，从而协助他们正确识读和书写汉字，以便掌握汉语书面应用的能力。③ 因此培养学生的汉字技能实际上就是培养学生掌握汉字形、音、义的过程。汉字是独具特色的文字，具有方块字形，同时蕴含着图形象征，这为学生对其的学习和记忆带来了独特的挑战。由于汉字书写需要遵循规定的笔画顺序，过多地进行汉字抄写可能会让学生感到单调和无聊。这就提示我们需要采用创新的教学方法，吸引学生的兴趣并加深他们对汉字的印象。根据长期的课堂观察，多媒体教学能够以更生动、直观的方式呈现汉字的形、音、义，通过视觉和听觉元素传达汉字的复杂性，能够为学生提供更具吸引力的学习体验。通过多媒体技术，学生可以

① 参见范祖奎:《基于多媒体技术的对外汉字学习长时记忆效果分析》，华东师范大学硕士学位论文，2017 年，第 52 页。

② 参见陈乃鹏:《利用多媒体推动泰国汉字笔顺教学——以泰国暖武里府客马学校为例》，天津师范大学硕士学位论文，2016 年，第 39 页。

③ 参见卞觉非:《汉字教学:教什么? 怎么教?》，《语言文字应用》1999 年第 1 期。

更容易地理解和记忆汉字，实现更好的学习效果。

(二)传统汉字教学的局限性

在传统的汉字教学课堂中，教师通常只能依赖粉笔和黑板来传授知识，然而，用黑板进行教学存在一些局限性：

第一，空间有限。黑板的空间有限，当需要书写大量内容时，教师不得不反复擦除，重新书写，这会导致课堂的教学效率低下。

第二，内容重复。在课程的中间或结束时，教师常常需要重复书写之前的内容，这可能让学生感到乏味，出现分心或走神的情况。

第三，时间浪费。在黑板上写很多内容需要花费大量时间，这就会减少课堂上其他重要活动的时间，无法保证教学任务的顺利完成。

第四，字迹与规范问题。当教师的字迹潦草或字迹较小时，学生辨认时会很困难。此外，如果教师的专业能力不够，可能会示范错误的汉字书写顺序，这将导致学生从一开始就学到错误的笔顺和结构。一旦学生形成了这些错误的习惯，后期会很难纠正。

第五，重复劳动。如果教师需要教授多个班级相同的课程，就必须在每个班级的黑板上重复写相同的内容，这是一种重复劳动。

(三)多媒体技术辅助汉字教学的理论基础

1.多维符号刺激理论

教育心理学研究表明：人们获取外部信息时，通常通过视觉、听觉、触觉、嗅觉和味觉这五种感知途径。实验心理学家赤瑞特拉(Treicher)曾通过大量的研究表明，83%的信息通过视觉获取，11%来自听觉，3.5%来自嗅觉，1.5%来自触觉，1%来自味觉。① 显然如果在教学过程中增加视觉和听觉信息，则能有效提高学生在课堂上获取的信息容量。此外，多维符号刺激理论指出，多维符号刺激所传递的信息量大于直线型符号所传递的信息量。汉字是二维的，是音、形、义的结合体，它所呈现的信息量比一维线性结构的拼音大得多，因此学习汉字可能需要更多的认知资源和神经元参与。学习汉字可能会对学习者提出更高要求，因为他们需要处理多层次的更加复杂的信息。为了帮助学习者更有效地掌握汉字，教育者可以采用多种方法，包括提供视觉和听觉刺激，以及其他多感

---

① 参见李金兰：《谈对 L2 的多媒体辅助汉字教学》，《安阳师范学院学报》2002 年第 6 期。

官的方式。

2.双重编码理论

双重编码理论强调，大脑存在两个功能独立又彼此联系的系统，一个是语言加工系统，一个是意象加工系统。如果信息能够以语言和视觉的形式编码存在于大脑中，信息将更容易被理解和记忆。与单一的文字教材或板书相比，多媒体汉字教学更具吸引力和优势，因为它同时利用了语言编码和视觉编码，模拟了现实中的语言和视觉输入。通过多媒体，学生可以听到汉字的发音(语言编码)，同时看到汉字的形状和结构(视觉编码)。这种综合性的学习体验有助于加强学习者对汉字的印象，并提高记忆效率。何健认为如果在汉字学习过程中突出视觉因素，再加上言语的表征，即结合多媒体技术进行汉字教学，可以更好地促进学生对汉字的学习。①

3.认知负荷理论

认知负荷理论认为人的工作记忆容量是有限的，当某个知识或图式包含多个相互关联的元素时，就会增加认知负荷。汉字学习本身就涉及形、音、义三个方面，字形又包括笔画、笔顺、结构等。传统的纸质教材和板书会导致信息过于集中，使学习汉字的过程变得相对复杂，需要占用较多的工作记忆容量。多媒体汉字教学通过结合文字、图像、声音等多种媒介，以多样性的方式呈现信息，有助于分散认知负荷，可以让学习者更轻松地理解和记忆汉字。

基于汉字的特点、传统教学的局限性和相关理论支持，我们深刻认识到多媒体辅助中文教学的必要性和重要性。本篇将进一步探讨多媒体汉字教学应用的关键方面，包括图像、动画、音频、视频在汉字教学中的具体应用，以期更全面地描述这一教学模式在汉字教学中的应用，并为未来的教育改革提供有益的启示。

四、汉字课程多媒体教学应用

(一)图片在汉字教学中的应用

1.示范发音部位和方法

汉字的语音具有一定特殊性，各个声母和韵母都有其特殊的发音部位和发

① 参见何建:《多媒体技术在对外汉字教学中的应用》,《吉林省教育学院学报》2015年第12期。

音方法，在进行汉字发音教学时，单凭反复的模仿很难帮助学习者掌握其中要领。此时我们可以使用舌位图来帮助学生理解不同音素的发音部位和发音方法。这对于学习新的发音和区分不同发音之间的差异非常有帮助。

例如，zh、ch、sh 是一组翘舌音，我们在教学时可以用图片清晰地展示翘舌音是由翘起的舌尖和硬腭前部配合而发音的。通过观察舌位图（见图 1），学生可以了解到，在发 zh、ch 时，舌尖要先和硬腭接触，然后打开一条缝隙让气流通过，发 zh 时没有强烈的气流呼出，而发 ch 时呼出的气流很强。在发 sh 时，舌尖不要与硬腭接触，要始终保持一条缝隙。通过这组舌位图的对比，学生不仅可以清楚地了解 zh、ch、sh 发音部位和发音方法，还能够感受到三者的区别，从而避免混淆。

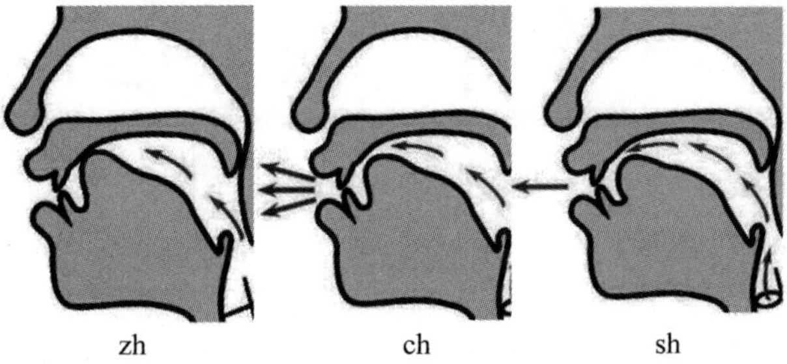

图 1　舌位图示例

2.解释汉字的含义

讲解汉字的含义时，可以将汉字与具体的图像相关联（见图 2），以帮助学生建立汉字与其含义之间的直观联系，使汉字学习变得生动有趣，并提高学习效率和记忆效果。另外，汉字本身有象形字、指事字、会意字等，它们的字形和实际事物的形状有一定相关性，这使得利用相关图片来解释汉字的意思更为有效。

例如，在讲解“人”“牛”“雨”等汉字时，可以用一个站立的人、跳起的牛、下落的雨滴等来解释汉字的含义并类比汉字的字形。

图 2　汉字示例(一)

又如，在讲解“花”和“梅”时，不仅可以展示花和梅的图片(见图 3)，还可以同时展示汉字的读音和词组。通过这种综合的教学方法，学生不但能够理解汉字的形状和实际事物之间的联系，还能够学习正确的发音和词组用法，从而更全面地掌握汉字的音、形、义。

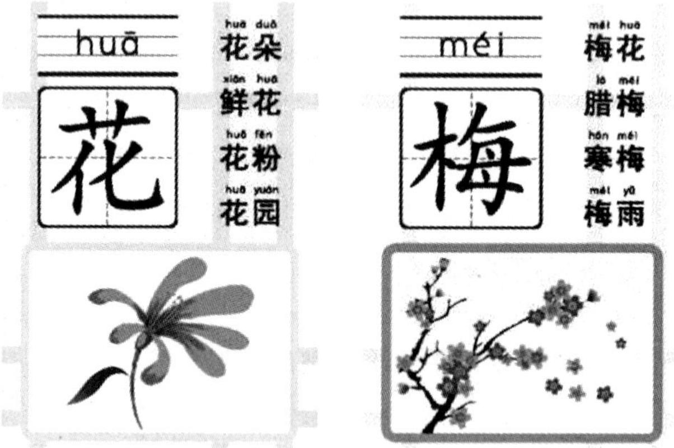

图 3　汉字示例(二)

3.展示笔画和笔顺

在展示笔画和笔顺方面，传统的板书方式往往受制于时效性问题，一次示范后，如果学生未能完全理解，需要教师反复书写，这在时间上不太经济高效。然而，多媒体图片克服了这个问题，它可以重复展现汉字的书写过程，一次性呈现汉字的笔画、书写顺序和笔顺方向，这不仅为学生提供了高度直观的学习体验，还能够在课堂上节省时间，把教师板书的时间用来给学生进行练习和记忆。另外，多媒体图片可以更方便地保存在电子媒体中，学生可以在需要时随时访问和复习。这种长期的学习支持工具有助于学生实现长时记忆和反复练习，能够提高学习的可持续性和知识的持久性。

例如，在讲解笔画时，可以给学生展示一张“永”字的图片（见图 4），它包含了汉字中的八种基本笔画。展示这张图片，可以帮助初学者了解汉字的基本笔画类型，并让学生感知这些笔画是如何组合成一个汉字的。初学者可以使用这个示例来练习不同的笔画，并逐渐掌握汉字的书写技巧。

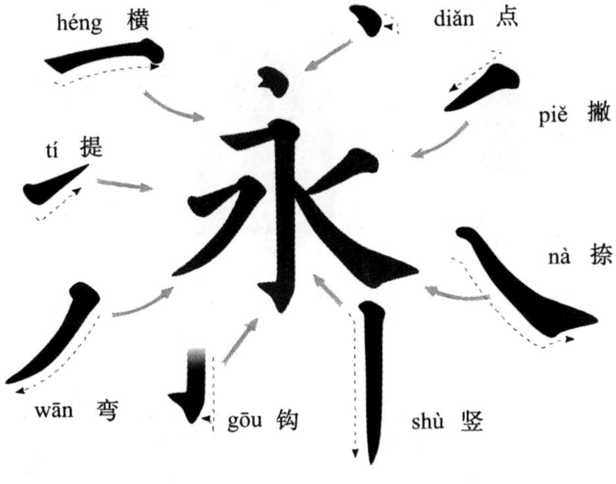

图 4　汉字笔画示例

又如，在讲解“你”的笔顺时，可以通过这种循序渐进的图片（见图 5）来做示范，让初学者清晰地看到每个笔画的书写顺序，从而更易掌握汉字的正确书写方式。类似的示范可以用于教授其他汉字的笔顺，帮助初学者建立正确的汉字书写习惯。

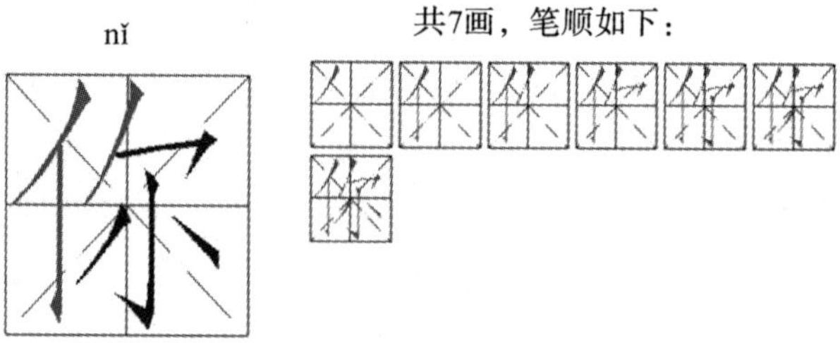

图 5　汉字笔顺示例

4.进行汉字对比

汉字数量众多且字形复杂，进行汉字对比是教授汉字的高效方法之一。通过对比不同汉字的形状、意义和用法，学生可以更深入地理解差异，提高识字技能。

例如，在讲解“横”和“竖”时，通过展示横着切苹果和竖着切苹果的两张图片（见图 6），学生很容易就能明白“横”和“竖”这两个汉字的意义。

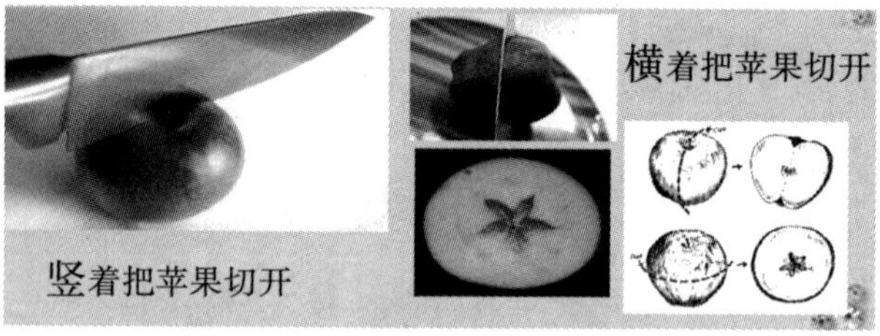

图 6　汉字对比示例

（二）动画在汉字教学中的应用

在汉字课中使用动画是一种比图像更能吸引学生的既有趣又有效的方法。动画可以通过生动的图像、颜色和动作吸引学生的注意力。这种视觉吸引力有助于提高学习体验的质量，让学生更容易记住汉字。另外，动画可以反复播放，以帮助学生多次观看并强化他们的记忆。重复是记忆汉字的关键，而动画可以轻松实现这一点。

例如，用静态图片来解释和展示“弹”“敲”“跳舞”之类的动态动词时，效果不佳，但使用动画展示汉字就可以让我们更快地理解单词的含义并识别汉字。如图 7 都是教学实验中使用的动画，学生们表示通过这种方式来记忆汉字非常有效。

图 7　动画示例(一)

又如，我们还可以用动画给学生展示汉字的笔顺。在下面所示的动画中(见图 8)，汉字笔顺依次出现，学生认为这样的形式对他们来说很有趣，而且对他们记忆汉字很有帮助，还说可以通过猜测下一个笔顺是什么来挑战自己。

图 8　动画示例(二)

(三)音频、视频在汉字教学中的应用

教授汉字时使用音频和视频数据也是高效的教学方法。汉字课件中通过适度地加入音频和视频元素，不仅可以吸引学生的兴趣，还可以提高他们的积极性和学习效果。在实验中，音频被用于演示正确的发音以及学生的听力练习，视频用来给学生拓展汉字知识，提高其汉字学习的兴趣。教学实验中使用的素材为《哈啰识字》和《巧虎学汉字》，这些音视频资源通过视觉和听觉方式为学习者提供了多样化的学习体验，激发了想象力和记忆力。

总而言之，音频和视频数据在对外汉字教学中具有巨大的潜力，可以使学习变得更生动和有趣。但在使用时，教师需要筛选出有效的视频片段辅助课堂教学，以确保它们能真正增强教学效果。

五、汉字课程多媒体教学实验

(一)实验目的

本次教学实验旨在探讨以下问题。第一,蒙古国学生对于在汉字课堂上使用多媒体教学的态度和感受是怎样的?第二,使用多媒体进行汉字教学能否有效提高学生的汉字学习效果?

(二)实验对象

本次实验选取的对象为蒙古国国立教育大学中文教师专业一年级一班和二班的学生。一年级一班有 24 人,二班有 29 人。学生年龄接近,主要集中在 18～20 岁,这有助于控制实验中年龄因素的影响。两个班的学生都是刚刚开始学习中文,他们在中文知识方面都处于相似的起点,不会有明显的中文学习经验上的差异。

(三)实验过程

1.实验设计

本研究进行了较为严格的实验设计,探讨多媒体汉字教学方法对汉字学习成绩的影响,并与传统汉字教学方法进行比较。为确保两组学生在学习上处于相似的条件下,两个班级接受相同数量的汉字课程,选用的学习材料是《发展汉语初级口语(Ⅰ)》(第 2 版)[①]前 4 课的汉字,共计 8 节课。2018 年 2 月 22 日至 3 月 19 日共进行了为期 4 周的教学实验。

2.实验方法

对照组(一年级一班):采用传统汉字教学模式,教师使用传统板书方式进行汉字教学。学生通过纸笔进行模仿学习。

实验组(一年级二班):实验组采用多媒体汉字教学模式,教师使用多媒体课件展示汉字,包括文字、图像、声音和动画等多种元素。学生通过电子媒体进行互动式的汉字学习。

---

① 参见王淑红等编著:《初级口语(Ⅰ)》(第 2 版),北京语言大学出版社 2011 年版,第 1～30 页。

3.实验测试

实验结束后，对两个班级的学生进行了汉字考试，以评估他们对课堂所学汉字的掌握情况。考试内容包含了学生在8节课上学到的汉字，题型有选择题、填空题、注音题。评分标准明确，以客观衡量学生的汉字能力。

4.收集学生反馈

考试结束后，为了深入了解实验组学生对多媒体教学的感想和意见，本研究通过问卷和访谈的方式进行了数据收集。问卷包括关于多媒体教学的相关问题，如多媒体教学方法的吸引力和学生个人学习效果感受等。访谈内容涵盖了多媒体教学的优点和不足，以及对汉字教学方法的建议。

(四)实验结果

本次实验结果分为两部分：第一部分是汉字测试的结果，对采用多媒体汉字教学模式的实验组与采用传统汉字教学模式的对照组的成绩进行对比；第二部分是分析问卷调查数据以了解学生对多媒体教学的真实感受。

表2　实验组和对照组成绩对比

成绩(分数)	对照组		实验组	
	人数	百分比	人数	百分比
91～100分	2	8.3%	13	44.8%
81～90分	6	25.0%	12	41.3%
71～80分	8	33.3%	2	6.8%
61～70分	6	25.0%	2	6.8%
60分以下(不合格)	2	8.3%	0	0.0%

表2展示了实验组和对照组成绩对比。成绩范围在91～100分的学生中，对照组有2名学生(占8.3%)，而实验组有13名学生(占44.8%)。这表明在使用多媒体教学模式的实验组中，更多的学生取得了高分，明显高于对照组。成绩在81～90分的学生中，对照组有6名(占25%)，实验组有12名(占41.3%)。在这个成绩范围内的实验组学生明显多于对照组。可见，在本次教学实验中，获得良好及优秀(成绩在80分以上)的学生实验组占比高达86.1%，而对照组只有31.3%。这充分说明了采用多媒体汉字教学模式可以极大地提升学生对

汉字学习的掌握程度。而在较低的分数范围里(80 分以下),实验组的学生明显少于对照组的学生,并且实验组没有成绩不及格的学生。这进一步说明了多媒体汉字教学的可靠性。

从平均成绩来看,对照组的平均成绩为 74.6,实验组的平均成绩为 86.9。进行独立样本 T 检验的结果表明,P 值为 0.00,说明两组成绩表现出显著性差异,因此,可以得出结论,多媒体教学模式教学效果明显,能够显著提高学生的汉字学习成绩。

(五)学生反馈

为了深入了解实验组学生对多媒体汉字教学模式的感想和意见,本研究通过访谈的方式收集了学生的反馈。以下是学生在采访中提供的真实反馈。

第一个问题:对于使用多媒体进行汉字教学,你的感受是怎么样的?

学生 A 提到,"多媒体教学方法能让课堂充满活力。我现在开始期待上汉字课";学生 B 认为,"看动画来猜测汉字的含义很有趣";学生 C 觉得,"看动画并猜测汉字笔画顺序非常有趣"。

第二个问题:你觉得使用多媒体学习汉字效果怎么样?

学生 D 认为,"看图片来背汉字,在之后能更容易回忆起来";学生 E 觉得,"多媒体教学让我对汉字充满了好奇心。我常常回家后自己查找与教学相关的图片和视频,这不仅有趣,还帮助了我更好地学习";学生 F 提到,"我觉得通过多媒体学习,我更容易记住汉字,因为它们呈现的方式更生动";学生 G 认为,"我曾经因为抄写汉字很多遍而觉得中文非常困难,但是在课堂上看到与汉字有关的图片或视频后,在家里写汉字时能回想起这些图片和视频,这时就不觉得很无聊了";学生 H 指出,"刚开始的时候,我对汉字学习感到非常紧张,因为我感觉很难,但是汉字的动画和笔画顺序真的很有趣,让我不再害怕学习汉字了"。

根据学生采访中提供的反馈,可以得出以下结论。

第一,多媒体汉字教学提升了学生的学习兴趣。学生表示,多媒体教学方法使汉字课堂充满活力,让他们期待上课。这是因为多媒体技术能够将明丽的色彩、悦耳的声音、漂亮的图片和有趣的动画结合起来,把原来枯燥的知识表现得生动活泼,这种有声有色、图文并茂的教学方式,可以化难为易,变抽象为具体,有效提高学生的汉字学习兴趣。

第二，多媒体教学方法减轻了学生学习汉字的焦虑。学生提到他们最初对汉字学习感到紧张和恐惧，但观看有趣的汉字动画和形象生动的多媒体图片，使学生理解和记忆汉字的效果变得更好了，汉字学习的自信慢慢建立起来。这表明，多媒体教学能够帮助学生建立积极的学业情绪，这有利于促进汉字学习的进步。

第三，多媒体教学强化了汉字记忆效果。学生反馈表明，通过多媒体元素，如图片、动画和视频，他们能更容易记住汉字。这是因为在传统教学中学生只能通过观看静态的视觉形象和重复书写来记忆汉字，但多媒体内容能够生动地呈现汉字特征，调用多种通道促进记忆。另外，通过应用手写板，学生能够在相关软件的协助下检查自己的笔画、笔顺、结构等因素。在练习的过程中，多媒体软件能够不断地对汉字书写过程进行监控、反馈，而且这种反馈是即时的反馈，反复进行练习能够使汉字的书写达到自动化的阶段。

第四，多媒体教学方法鼓励了学生的自主学习行为。学生提到他们回家后会主动查找与教学相关的图片和视频，这不仅有趣，还有助于更深入地学习。这表明多媒体教学方法可以激发学生的主动学习意识，并落实为自主学习行为。

第五，多媒体教学改善了汉字学习体验。学生指出，多媒体教学让他们觉得汉字学习不再无聊，而成为一种有趣的体验。在传统的汉字教学中，学生常因面临繁重的记忆任务和单调的重复抄写而产生厌倦感和挫败感。然而，多媒体教学技术以其视觉和听觉上的吸引力，增加了学习者与汉字的互动，学生能够更准确地接受汉字发音，更清晰地把握汉字结构，更直观地理解汉字含义，这种积极的学习体验有助于提高学业成绩。

六、结语

首先，本篇从汉字教学的核心目标出发，分析了传统汉字教学模式的局限性，结合多维符号刺激理论、双重编码理论和认知负荷理论阐述了多媒体教学技术应用于汉字教学的必要性。其次，基于教学实践，讨论了图片、动画、音视频等在汉字教学中的作用和具体应用。最后，利用教学实验数据和访谈资料探讨了多媒体教学模式对汉字学习的影响。研究表明，实验组的汉字学习成绩显著高于对照组，多媒体汉字教学模式能明显提高汉字学习效果，并且对提升学习兴趣、减轻焦虑情绪、强化记忆效果、鼓励自主行为、改善学习体验等方面都表现出极大优势。

未来将在教学实践中继续探索更加多元丰富的多媒体汉字教学方式，同时开展实证研究检验教学效果，如扩大样本规模，考虑学生的学业背景与认知风格等因素对学习者接受多媒体汉字教学模式的作用机制等。

基于具身认知理论的中文语法实景微课建设与应用研究*

【摘要】随着信息技术的发展，微课在国际中文教学领域逐渐兴起，一些优秀的微课资源被广泛应用于中文语法教学。“基于《国际中文教育中文水平等级标准》的初等语法实景数字化系列微课制作”教学研究项目旨在以具身认知理论为基础，研发创新型语法实景数字化微课，从而创建语法教学新形态，打造多模态教学模式。本篇从具身认知理论角度分析中文语法实景微课的典型性、功能性、真实性、文化性和趣味性原则，阐述微课内容、脚本编写、脚本修订等项目建设要素和过程，并描述了基于实景数字化系列微课的语法教学目标和实际教学应用。

【关键词】具身认知理论　语法教学　实景语法微课建设　教学应用

一、研究概述

(一)研究背景

自新型冠状病毒感染疫情暴发以来，国际中文教育事业迎来前所未有的挑战，线上中文直播、录播、“录播＋直播”混合式教学模式应运而生。目前，线上中文教学已然成为一种新常态，但如果网课不能为学生提供真实的目的语使用

* 本研究系教育部中外语言交流合作中心国际中文教育研究课题“基于技术接受模型的中文学习者线上课程学习意愿研究”(项目批准号：21YH23C)、山东大学2023年度教育教学改革研究一般项目“基于虚拟学习社区的汉语通识课程创新案例与实证研究”(项目批准号：2023Y082)的阶段性研究成果。

环境，学生会因为缺乏接触大量语言交流与互动的机会，而出现语言水平退化、学习兴趣减弱、语感降低等问题，中文习得成效会大打折扣。因此，线上中文教学资源亟须推陈出新，与时俱进。

微课是一种新兴的线上教学资源，具有知识点突出、主题明确、针对性强、短小精悍等特点。随着数字技术和网络技术的不断发展，一些优秀的中文语法微课被逐渐应用于线上与线下的国际中文课堂。由山东大学王尧美教授负责的"基于《国际中文教育中文水平等级标准》的初等语法实景数字化系列微课制作"教学研究项目旨在以具身认知理论为基础，研发创新型语法微课，从而创建语法教学新形态，打造多模态教学模式。中文语法实景微课，以《国际中文教育中文水平等级标准》(以下简称《等级标准》)为参照，为每个语法点设计多个典型的情境对话，采用真人出演的方式在多个不同的生活实景中录制出来，帮助学生在真实的语境中感知语法、记忆语法、使用语法。语法实景微课教学能够弥补传统语法教学只注重语言形式，而相对忽视语言交际功能的不足，教学内容注重"具身性"，强化学生的具身体验，注重学生对语法点的灵活应用能力，培养学生的交际技能。

建设语法实景微课将有助于建立语法教学的新形态。实景微课可以为语法教学提供系统的、丰富的语法教学资源。学生可以了解到语法点的多种应用语境，将自己置身于语法点的各个生活场景，设想自己为场景中某一人物，与其他人物进行"对话"，从而加深对语法点的理解和认识。这种语法教学方式类似于儿童习得第一语言，即儿童是通过具身体验、通过与客观世界的互动隐性地习得母语的。[①] 而成人仅仅依靠在课堂上掌握语法规则去学习一门语言是远远不够的，也需要有大量的机会沉浸在实际语境中不断体验、不断感悟。

建设中文语法实景微课将有助于实现多模态结合的教学模式。基于具身认知理论的中文语法实景微课能够集图像、声音、影像于一体，综合人物动作、表情、故事情节、环境设置等要素，为学习者创设一个真实、立体的中文学习场景。微课既注重学生的认知需要，也注重学生的情感体验，将学习内容与学生的完整身心结合在一起。中文语法实景微课也具有与时俱进、趣味性强等优势，能够从一个个故事化的生活场景中反映中国人的现实生活与文化习俗，为学生展现一个真实可感的中国。

---

① 参见鹿士义、彭聪：《具身认知理论下的二语习得》，《华文教学与研究》2022年第1期。

(二)文献综述

1.具身认知理论界说

20世纪50年代的认知革命促进了第一代认知科学的诞生,其基于表征计算范式的认知研究认为心智活动是按一定规则操作的无意义的形式符号,这种认知存在着“离身心智”的缺陷;20世纪80年代,一些新的认知观念逐渐产生,具身性、情境性、认知发展和动力系统构成了第二代认知科学的观念基础。①

具身认知理论是心理学中一个新兴的研究领域。在国内,学者叶浩生对具身认知的原理和应用进行了一系列的研究,认为具身认知理论强调身体与环境的交互关系在认知过程中的关键作用,其中心含义包括:(1)认知过程的进行方式和步骤实际上是被身体的物理属性所决定的;(2)认知的内容是身体提供的;(3)认知、身体、环境是一体的。②

2.基于具身认知理论的教学观

(1)课堂教学从“离身”到“具身”的转变

第二代认知科学观念为课堂教学观的转变奠定了基础,具身认知对语言教学具有重要价值。陈柏华认为课堂教学观应从“认知”转向“情境认知”③;梁浩指出具身认知促进了教学观念的变革,认为教学是“身体体验的过程”“是学生个性发展的过程”“是情境展开的过程”④。王会亭指出了传统认知科学对课堂教学的危害,认为具身性、生成性、情境性、动力性将成为未来课堂有效教学的方向。⑤

(2)具身认知与二语习得

许先文提出并阐释了一种新的语言认知研究范式——语言具身认知。此范式认为在语言认知过程中,存在着一个语言学习者将外部感受到的语言经验进行信息加工和心理模拟的活动。⑥ 李志河、李鹏媛、周娜娜等通过对比研究发

---

① 参见李恒威、黄华新:《“第二代认知科学”的认知观》,《哲学研究》2006年第6期。

② 参见叶浩生:《“具身”涵义的理论辨析》,《心理学报》2014年第7期。

③ 参见陈柏华:《从认知到情境认知:课程教学观的重要转向》,《教育发展研究》2011年第20期。

④ 梁浩:《具身认知对现代教学的启示》,《学理论》2014年第6期。

⑤ 参见王会亭:《从“离身”到“具身”:课堂有效教学的“身体”转向》,《课程·教材·教法》2015年第12期。

⑥ 参见许先文:《语言具身认知原理及其理论基础》,《阅江学刊》2010年第4期。

现，有效的具身认知环境可以提高学生学习的主动性与参与性，提高学习效率。① 任文静指出，身体性、情境性在儿童语言习得过程中作用显著，儿童在语言学习中通过身体感知和心理模拟，能够实现语言习得。② 洪炜、仇琳娜通过句图核证任务考察不同水平的中文二语者听力理解加工中的心理模拟机制，进一步证实二语理解加工中同样存在具身心理模拟。③ 鹿士义、彭聪认为，具身加工与二语理解具有高度相关性，对于语言理解有促进作用。④

3.中文语法微课建设与应用研究现状

(1)语法微课建设现状

中文语法微课是以中文语法点为教学主题，主要通过教师真人录制方式展示语法点的结构和用法，具有主题明确、重难点突出、短小精悍等优势。根据郭晶、吴应辉等人的调研，到2021年左右，国内的微课资源近4700个，国内中文教学微课的来源主要有三种：微课大赛、平台和国内外的视频网站。微课大赛主要有“全国研究生中文教学微课大赛”“全球华文教学微课大赛”“全球志愿者中文教学微课比赛”“中文国际教育研究生教学技能大赛”等；微课平台主要有中文联盟、全球中文学习平台、唐风“中文国际教育信息化云平台”等。⑤

(2)语法微课教学应用及相关研究

近几年，国内的一些学者对语法微课教学的课堂教学设计及应用情况进行探讨，并对留学生及教师对相关微课设计的满意度进行了调查。柯雨对学生和教师进行语法点个案微课教学设计的满意度访谈之后发现，留学生认为语法微课能够帮助学生课后完成自主预习和复习，但互动和练习的时间不足。学生希望教师在讲解语法点结构时用中英文配合讲解，在教学设计中插入短视频来帮助演示教学，提升课堂趣味性。⑥ 张思南通过微课教学设计研究发现，94%的学生认为微课视频6～10分钟是可以接受的；87%的学生认为微课插入音频、视

---

① 参见李志河、李鹏媛、周娜娜等：《具身认知学习环境设计：特征、要素、应用及发展趋势》，《远程教育杂志》2018年第5期。

② 参见任文静：《具身认知在儿童语言习得中的应用》，《校园英语》2021年第31期。

③ 参见洪炜、仇琳娜：《具身认知视域下汉语二语听解加工的心理模拟机制》，《华文教学与研究》2022年第1期。

④ 参见鹿士义、彭聪：《具身认知理论下的二语习得》，《华文教学与研究》2022年第1期。

⑤ 参见郭晶、吴应辉、谷陵等：《国际中文教育数字资源建设现状与展望》，《国际汉语教学研究》2021年第4期。

⑥ 参见柯雨：《对外汉语初级阶段语法点微课教学设计研究——以〈汉语教程〉(第一册)为例》，华中师范大学硕士学位论文，2021年，第56页。

频以及游戏环节能够激发学习兴趣；97％的学生认为双语字幕对理解知识点的帮助较大。[①] 卢悦欢通过对情景式中文语法微课个案进行调查研究发现，73％的学生认为教师录制的短视频场景对学生理解语法非常有帮助；83％的学生认为自己的授课教师出现在短视频中会有亲切感，易于引发学生的情感共鸣；70％的学生认为在微课里需要加入短视频，引起学生兴趣，帮助学生更好地结合情景学习中文；96％的学生认为真人表演拍摄的真实情景所制作出来的短视频贴近生活，容易理解。[②]

(3)目前存在的问题

微课研究在一定程度上带动了国际中文教育事业的发展，但仍存在一些不足。张喆通过分析全国微课比赛获奖作品发现，二语教学存在教学设计不够完善、教学手段有待提高、微课制作经验不足、微课视频普遍偏长等问题。[③] 传统的语法教学注重讲解语法结构，注重语言形式的掌握，缺乏真实性、交际性，学生学到的大多是"教科书语言"，且练习环节形式单一，不利于学生对语言进行灵活运用。除此之外，传统的微课大多是教师通过课堂实录、课件录屏的方式来完成的，趣味性、互动性不足。学者对于微课在中文课堂上的应用研究大多以个案为例，缺乏系统性、稳定性，基于具身认知理论的教学观念也缺少相关的教学设计与应用研究。

二、基于具身认知理论的中文语法实景微课建设原则

中文语法实景微课重在对语法点的典型用法进行情境化设计。以具身认知理论为指导，实景数字化系列语法微课应遵循以下建设原则。

(一)典型性原则

冯胜利、施春宏从中文教学的实际出发，提出一种新的二语教学语法体系——"三一语法"。"三一语法"的基本框架包含句子的形式结构、功能用途和

① 参见张思南：《初级阶段汉语语法微课教学设计研究——以第二届"全国研究生汉语教学微课大赛"作品为例》，西北师范大学硕士学位论文，2021年，第53～54页。

② 参见卢悦欢：《情景式汉语语法微课个案研究——以复合趋向补语为例》，南京师范大学硕士学位论文，2021年，第30～33页。

③ 参见张喆：《二语教学微课设计存在的问题及优化策略》，《西安外国语大学学报》2021年第1期。

典型语境三个维度，提倡用“情境”导入句型，便于让学习者直接进入语境，具有自身“场景驱动”的作用，①这符合具身认知理论的思想。根据“三一语法”理论，教学语法视野中的语境是基于学习者的习得阶段和认知经验而决定的，与特定语法项目的结构形式和功能作用相匹配，是最典型、或最具代表性特征的教学语境。② 实景语法微课遵循典型性原则，同时针对不同级别的学习者词汇量的差异，对同一语法点设置不同的典型语境。比如，将语法点“比较句”一、二级的典型语境设置为选择交通工具，比较天气、年龄、身高、数量、价格、出行方案等；三级语法点典型语境设置为比较物品差异、比较两者做事的程度等。例如：

二级语法点：比较句

典型语境：比较天气

A：今天好冷啊。

B：我以为昨天最低温度——零度已经很冷了，没想到今天比昨天还冷。

A：今天多少度呀？

B：今天最低气温零下五度。而且天气预报说，明天会比今天更冷。

A：那得多冷啊，我不想出门了。

B：还好明天没有课，咱们可以一天都待在宿舍里。

三级语法点：比较句

典型语境：比较两者做事的程度

A：李军，为什么最近你中文说得比我流利这么多？

B：最近我一直在听中国歌曲、看中文电视节目，还经常跟着练习。我还去了一家咖啡厅当歌手，和中国人在一起玩儿，所以中文说得更流利了！

A：原来是这样啊，我也要多多练习了！对了，这次考试你和安婕成绩怎么样？

B：她的写作比我考得好，我的听力比她考得好。

A：写作很重要，我们马上要实习了，要学会用中文写邮件。

B：嗯嗯，我和安婕约好互相帮对方补习，你也来吧。

A：好。

典型语境一般都是学生在生活中遇到的相似的情境。学生在课堂上通过

---

① 参见冯胜利、施春宏：《论汉语教学中的“三一语法”》，《语言科学》2011 年第 5 期。

② 参见施春宏、陈振艳、刘科拉：《二语教学语法的语境观及相关教学策略——基于三一语法的思考》，《语言教学与研究》2021 年第 5 期。

实景微课来学习语法知识，可以较容易地实现心理语言模拟，从而在现实生活中灵活地运用课堂所学。这符合具身认知理论所倡导的理念——创设具身化的教学环境以促进学生语言认知理解。

（二）功能性原则

学习语言的目的是获得运用语言进行交际的能力，学习语法不只是为了说出合乎语法的句子，也是为了完成一定的交际目的。如约定、通知、建议、商量、提醒对方、询问情况等。以二级语法点能愿动词“愿意”为例，微课设置了“工作调动”这一典型语境，突出了“意愿表达”的交际功能。

二级语法点：能愿动词（愿意）

典型语境：工作调动

A：今天怎么没看到小明来上班呢？

B：你不知道吗？他被调到分公司工作了。

A：分公司在外地，他愿意去吗？

B：不清楚。如果是你，你愿意去吗？

A：唉，我可不愿意去外地工作，离家那么远，我有些受不了。

B：小明他可能也不愿意吧。但是不愿意也没办法吧，公司上下没有比他更合适的人了。

（三）真实性原则

具身认知理论认为，语言理解加工的过程可以看作对体验痕迹的一种复演或模拟[①]，学习者只有在真实的语境中进行过学习和体验，才能将所学在生活中更好地复演或模拟。在编写实景语法微课时，我们从学生熟悉的生活场景入手，确保语法脚本的真实性，即语法点的语境是我们现实生活中经常经历的，是真实存在的，不是为了使用语法点而生编硬造的“教科书式的语言”。例如，一级语法点“还是”，我们在设计对话时，创设了“谈论饮食和安排”这一语境，符合真实性原则。

一级语法点：还是

典型语境：谈论饮食、安排等

A：你想吃什么？我一起点吧。

---

① 参见鹿士义：《汉语习得的具身认知研究专栏》，《华文教学与研究》2022年第1期。

B：我要一碗面条儿。

A：大碗的还是小碗的？

B：大碗的，今天特别饿。

A：饮料呢？你想喝可乐还是橙汁？

B：都行，你看着买。

A：咱们吃完饭，是去教室还是去图书馆？

B：你说了算，你去哪儿我就去哪儿。

（四）文化性原则

党的二十大报告指出要“增强中华文明传播力影响力”“坚守中华文化立场，提炼展示中华文明的精神标识和文化精髓，加快构建中国话语和中国叙事体系，讲好中国故事、传播好中国声音，展现可信、可爱、可敬的中国形象”。语法点语境的设计应适当融入中国传统文化、当代中国国情等方面的背景知识，通过场景对话让学生感知中国风貌、民俗文化、风土人情的同时，也体验不同的职业、场合、年龄如何影响人们的交际方式，了解亲疏关系、权利距离如何影响人们的礼貌表达。比如二级语法点“趋向补语”基本用法的对话，我们选取了“春节拜年”这一场景。学生通过学习这段对话，一方面可以对趋向补语的用法有一定把握，另一方面，可以了解春节交往方面的有关习俗文化，对跨文化交际意识和能力提升也有潜移默化的作用。

二级语法点：趋向补语

典型语境：谈具体动作的方向

A：刚才是谁来咱们家了，妈妈？怎么这么多水果？

B：小王，这不是快春节了吗？她来看看我，还送来了这么多水果。

A：我一猜就是她，每年小王都来给您拜年。

B：这么多水果，咱们也吃不了，不如你下午给奶奶拿过去一些吧。

A：对，给奶奶带去一些水果，也顺便把给奶奶买的新毛衣带过去。

B：好。快春节了，你看家里还需要什么就买回来吧。

A：好的，我看着买。

B：路上走亲访友的人多车多，你开车注意安全！

A：好的，我知道啦。

(五)趣味性原则

传统的微课教学大多是在教室或单一的密闭环境中进行录制,通过教师对语法点的讲解来帮助学生掌握语法规则,形式较为枯燥、单一。基于具身认知理论的中文语法实景微课则涉及更多样化的生活场景,内容更贴近现实,应用性强,并力求故事情节丰富有趣。以人称代词"自己"的典型语境为例,对话展示了一个家庭场景,用幽默轻松的语言多次展示了人称代词"自己"的用法。

二级语法点:人称代词(自己)

典型语境:自己的事儿自己做

A:妈妈,能帮我拿个水果吃吗?

B:我在做饭,自己去拿。

A:爸爸,能帮我倒杯水喝吗?

C:我在忙工作,自己去倒。

D:姐姐,爸爸妈妈常说,自己的事儿自己做。不过我愿意帮你。

A:还是我的弟弟最好!

D:不过,姐姐,你能陪我玩儿一会儿吗?

A:你自己去玩儿,我在学习呢!

D:呜呜呜(弟弟装作哭起来),我不想自己玩儿。

A:好了,好了,逗你玩儿的,来,姐姐陪你玩儿。

除此之外,实景微课配有背景音乐,背景音乐随着情节的发展而变化,不仅使微课视频更加生动精彩,而且有助于创设轻松愉悦的教学心理环境。这有助于学生放松心情,给予学生更好的学习体验,提高学习效率。

三、基于具身认知理论的中文语法实景微课建设过程

(一)建设内容

参照以上建设原则,中文语法实景数字化系列微课以《国际中文教育中文水平等级标准》为参照,首期建设内容将覆盖初等1～3级的全部语法点,其中,一级语法点48类、二级语法点81类、三级语法点81类。平均每类语法点至少

设计 4 个典型语境，确保实景微课研发的系统性与完整性。实景数字化系列微课全部采用真人出演的方式进行录制，辅以图片、动画、中英文字幕等多模态形式。此外，各级语法微课出现的词语基本控制在《等级标准》相应词汇等级范围之内，以符合学生的认知和语言水平。

语法微课的情境设置参照《国际中文教育中文水平等级标准》一级、二级、三级标准的"话题、任务、内容"，涵盖个人信息、家庭生活、学习生活、文体活动、用餐购物、兴趣爱好、节日习俗、教育、职业、个人感受等话题，覆盖"个体—学校—社会"三个生存圈，包含从认知到情感到行为三个层面。每类语法点会关联一个或多个情境，比如"把"字句，设置"超市购物""包饺子""整理房间"等情境。每个微课的时长控制在 3～10 分钟，共制作约 800 个视频。

（二）脚本编写流程

语法点脚本编写团队共有 15 人，每人负责约 9～10 个语法点典型语境的脚本编写工作，由项目负责人提出意见，组织修订，最后定稿。

1.脚本编写

首先，确定语法的典型使用语境，要考虑该语境涉及的场景、地点易于拍摄；其次，设定人物角色关系，包括师生、朋友、情侣、亲子关系等；最后，编写场景对话。编写对话时，要尽量避免使用超纲词，确保学生的可理解输入。

语法点脚本的撰写是一个漫长的过程，需要不断修改，细细打磨。在每一级所有语法点的初稿撰写完成之后进行第一轮修改，对照《等级标准》进行统计，将未使用到的词汇筛选出来，在语法点脚本初稿上进行增补或替换。完成之后，再进行第二轮修改，确保每个语法点用法的准确性、场景拍摄的可行性、语言的真实性与交际性。

2.脚本编写常见问题

脚本编写首先要保证语法点在对话中的用法准确，其次要注意语境选择的典型性和词汇的丰富度。在编写初期，团队主要遇到以下几个问题。

第一，用词单调。因为编写一级语法点场景对话的词汇量需要尽量控制在 600 个一级词汇范围之内，这容易出现脚本用词单调的现象。比如，想把场景设置为"食堂"，但"食堂"是四级词汇，需要用一级词汇"饭店"来代替，与"饭店"有关的一级词汇只有"包子、面条儿、米饭、牛奶"这几个词语，这就导致有些词语被重复使用，不免让人觉得单调乏味。后期团队决定从两方面来解决这个问题。一方面，扩大语法点使用的场景，而不仅仅局限在吃饭、购物等话题上；另一方面，适度扩大词汇范围，增加那些虽超出限定等级但为生活所需的常用词，比如“微信、支付宝、食堂、餐厅、薯条、可乐、汉堡、饺子”等，这样对话用语更加丰富、真实了，学生在所学即能用，提高了学习的积极性，也扩大了学生的词汇量。

第二，语境不真实。这是在脚本编写初期普遍存在的一个问题，也许是因为词汇的限制或避免场景重复，很多语法点的语境被迫舍弃，导致在词汇限制范围内选择的语境往往不是语法点的典型语境，比如初稿中二级语法点“数量补语”的语境：

二级语法点：动词＋数量补语

语境：与朋友谈论室友

A：你知道吗？我有一个很奇怪的室友。

B：怎么了？为什么奇怪？

A：她每天都要刷三次牙，洗两遍澡。而且她特别爱吃零食，每周要去四趟超市，就为了买零食吃。

B：可能就是因为她吃太多零食，所以每天才要刷三次牙吧。

A：有可能，但是她每天洗两遍澡也太奇怪了。

B：这有什么奇怪的，可能她比较爱干净吧。

以上语境不是很合适，因为有些外国留学生也有每天早晚各洗一次澡的习惯，每周去四趟超市对很多学生来说也并不奇怪，这样的语境会带有一点个人偏见，并且在背后谈论室友也并不妥当。经修改后的语境为：

二级语法点：动词＋数量补语

语境：去超市

A：我一会儿要去一趟超市，你要一起去吗？

B：我不去了，我明天就要参加演讲比赛了，可我才练了两遍，可怎么办啊？

A：别紧张，你都参加过那么多次比赛了，这次肯定也没问题！

B：你说得也对，那你等我一会儿，我再复习两遍，然后跟你一起去吧！

A：好！你看完了跟我说一声，我们一起去。

第三，拍摄难度过大。语法点场景的选择需要考虑拍摄的可行性、语境的典型性与真实性，选择熟悉的场景在一定程度上能够引起学生的情感共鸣，要尽量避免选择生僻的使用场景。

3.脚本编写举例

下面以二级语法点疑问代词为例来展示脚本编写成果，对语义、功能及典型语境做说明。疑问代词是代词的一种，疑问代词通常用来表示询问时间、事物、处所、原因、方式、性状、数量等，不仅可用于疑问句中，有时也可用于陈述句中。为疑问代词“怎样”“为什么”设计以下语境：

二级语法点：疑问代词

典型语境一：询问方式（安慰朋友）

A：大卫，你怎么了？

B：我考得不好，有很多字写错了。

A：没关系，慢慢来嘛。

B：可是我不知道怎样才能学好中文，我觉得中文好难啊！

A：其实学中文不是很难，主要是方法问题。

B：那我应该怎样做呢？

A：你可以先学怎样打字，再学怎样写字，我刚开始也觉得学中文很难，后来学着学着就喜欢上了，好好加油，你也可以的！

B：嗯嗯，我会的！

典型语境二：询问原因（同学聚会）

A：（打电话）“喂，大卫，你到哪儿啦？”

B：“快到了，快到了，再等我一下。”

B：（到了之后）对不起，我来晚了，我坐错公交车了。

A：你为什么不坐出租车来呢？

B：因为坐公交便宜嘛！

A：我知道我为什么省不下来钱了，从明天开始，我也要坐公交车。

C：那你为什么不骑自行车呢？我天天骑自行车上学，省去了等公交车的时间，而且骑自行车能一直骑到教学楼下，不仅省钱，还非常方便。

A：对啊！我怎么没想到呢！

典型语境三：询问原因（师生对话）

师：大卫，你为什么上课睡觉？

生：对不起老师，我……昨晚没睡好。

师：你晚上几点睡觉？

生：有时两三点才睡。

师：你为什么睡得这么晚？

生：我睡觉前喜欢玩手机，玩着玩着就睡不着了，我以后一定早睡。

师：睡觉前玩手机影响休息，对眼睛也不好。

生：我知道为什么我的眼睛也常常不舒服了，谢谢老师关心。

疑问代词“怎样”常用来询问方式。第一个语境是两位外国学生的对话，大多数留学生认为学好中文不是一件容易的事，“怎样学好中文？”作为这一语法点场景的主题能够引起学生的共鸣。“先学怎样打字，再学怎样写字。”对于初级水平的留学生来说是一个不错的建议。随着信息技术的发展，打字的用途越来越广泛，先学会打字有助于帮助留学生获得学习中文的成就感，也有助于让学生掌握中文拼音的用法，锻炼学生辨认异形同音字的能力。

疑问代词“为什么”常用来询问原因。在语境二中，同学聚会讨论出行问题，学生通过询问“为什么不坐出租车？”“为什么不骑自行车？”等问题，发现骑自行车具有省钱、便利等优点，而提倡骑自行车的做法也符合“低碳环保”的理念。在语境三中，师生对话中提到上课睡觉的情况，通过询问学生“为什么上课睡觉？”“为什么睡得这么晚？”，从而让学生反思个人的学习行为，树立健康作息和勤勉学习的意识。

根据具身认知理论，在教学过程中，要保持学生身心的高度统一。这就要求教学内容要符合学生的认知特点和偏好。趣味化、生活化的教学内容才能激发学生的学习动机、提高学习兴趣。以上三个语境的设定均符合语法点疑问代词的基本功能，同时具有交际性、典型性、真实性、趣味性，也传达出积极向上、健康乐观的生活态度。

（三）关于微课拍摄

语法点脚本修订完成之后，为保证实景数字化系列语法微课的顺利拍摄，需要确定几名拍摄主角，分别担任教师、学生、学生家长等主要角色，因为相同的角色重复出现在不同场景时会让学生产生亲切感。拍摄时需要考虑到学生不同等级的认知能力与语言水平，比如在拍摄一级语法点脚本对话时，为帮助学生有效理解对话内容，演员的语速要比正常语速稍慢一些，也可辅助使用手势语，帮助学生理解对话含义。

四、基于具身认知理论的中文语法实景微课教学目标与教学应用

（一）教学目标

具身认知理论认为，认知离不开身体与环境的交互作用。在教学过程中，要树立"以学生为中心，以教师为主导"的教学观，注重学生的体验性、参与性与互动性，让学生的身心都参与教学活动中去。基于具身认知理论的语法实景微课不仅致力于促进学生的中文知识和技能水平的提升，也致力于增强学生对中文学习的兴趣，以及对中国文化认知的热情。因此教学目标从认知领域、技能领域、情感领域、文化领域四个方面来确定。

认知目标：学生通过观看实景语法微课，能够借助中英文字幕、人物的动作、表情，以及故事情节来掌握语法点的形式结构，理解语法点的交际功能。技能目标：学生能够谈论个人信息、兴趣爱好、饮食、购物、职业、交通、课程情况、文体活动、家庭生活、节日习俗等日常话题，能够使用简单句、简单复句进行问答交流，提高听力和口语技能。情感目标：减少学生学习中文的畏难情绪，提高学生的学习成就感与自信心，激发中文学习兴趣与交际动机。文化目标：能够使用合乎中国人认知和情感的礼貌用语，能够了解中国的基本国情和文化背景知识，具备跨文化交际意识。

（二）教学应用

1.教学应用方式探讨

（1）独立式教学

中文语法实景微课可用于独立的中文语法课。教师在语法课堂上可以让学生通过观看微课来理解语法点使用的典型语境。在讲解语法课时，教师对于语法点结构的讲解与归纳有助于学生掌握语法规则，中文语法实景微课则能够为学生提供真实的交际场景，有助于学生更好地理解语法点的用法和功能。中文语法实景微课还可作为课下学习资源，学生可以通过碎片化时间将微课作为预习和复习资料，通过视听训练沉浸在学习中文的环境中，这有助于通过语言心理模拟促进第二语言习得。

(2)嵌入式教学

中文语法实景微课可嵌入词汇教学、听说教学、文化教学中。

用于词汇教学:语法实景微课基本涵盖《中文词汇水平等级大纲》的全部词汇内容,在讲解词汇时,实景微课可以让学生将实物与词汇相联系,有助于学生对词汇的理解和记忆。

用于听说教学:教师不仅可以播放实景微课,用盲听的方式锻炼学生的听力,还可以将它嵌入视听说课程,通过趣味问答、情境表演的方式帮助学生加深对对话内容的理解,提升学生的听力与口语能力。

用于文化教学:微课所涉及的话题包含着诸多中国文化元素、基本国情、人际关系、民俗礼仪等方面,教师在介绍中华文化知识时,通过观看实景微课可以让学生了解中国人的生活状态、思想情感、人文情怀,这对提升学生的跨文化交际意识是有益的。比如,二级语法点——表示程度加深的性质形容词的重叠形式为 AABB 式,我们设计了以下典型语境。

二级语法点:表示程度加深的性质形容词重叠(AABB 式)

典型语境:在奶奶家拜年

A:奶奶,春节好!

B:好! 好! 新年好啊!

A:祝您在新的一年里健健康康、快快乐乐!

B:真是我的好孙女! 也祝你开开心心,工作顺顺利利!

A:谢谢奶奶!

B:还有啊,你的压岁钱,快拿着。

A:不要了,奶奶,我都长大了。

B:再大也是孩子,每年都有。去买好看的衣服,穿得漂漂亮亮的,希望明年带你的男朋友来啊。

以上场景对话涉及中国传统文化节日“春节”以及拜年的文化习俗,折射出中国人重视家庭关系、尊老爱幼等文化特点,学生既能从中掌握形容词重叠的语法结构和形式,理解语法功能,也能了解中华文化知识,实现“结构—功能—文化”相结合的教学理念。

(3)混合式教学

由于线上教学的兴起,各种直播、录播、慕课、翻转课堂等教学模式丰富了教学手段。语法实景微课同样可以应用于多种教学模式,比如“翻转课堂”、直播、录播与微课教学相结合。学生通过课下观看视频进行课前预习，教师在直播课上可以通过师生互动对语法实景微课视频的内容进行提问，检验学生是否真正理解视频中语法点的含义，有助于教师在课堂上发现问题并及时解决。学生通过录播能进行复习、巩固，从而加深记忆，避免遗忘。

2.练习设计方式探讨

中文语法实景微课可以设计多种练习方式，增加课堂趣味性。从练习方法来看，大体可以分为四种：无字幕练习法、倍速练习法、角色扮演法、配音练习法。

第一，无字幕练习法。随着学生语言水平的提升，学生对语法点的掌握程度会越来越好，此时可以去掉中英文字幕，让学生仅通过观看视频来理解对话内容，通过教师的提问帮助学生获取视频的关键信息，提升理解能力。以一级语法点动态助词“了”为例：

一级语法点：动态助词（了）

典型语境：在医院看病

A：你哪儿不舒服？

B：我肚子疼，拉肚子了。

A：你今天都吃了什么？

B：早上吃了面包和牛奶，中午吃了米饭。

A：还吃别的了吗？

B：下午还吃了一些水果。

A：我给你开点儿药，注意休息。

B：好的，谢谢医生！

在教师讲解完动态助词“了”的用法之后，可以播放2～3次无字幕视频让学生了解视频对话内容。通过问学生“B为什么去看医生？B早上吃了什么？中午吃了什么？下午吃了什么？”等一系列问题让学生掌握视频的主要信息。

第二，倍速练习法。为了帮助学生逐步提升听力水平，可以适当进行倍速播放，比如当学生能够在无字幕的情况下听懂对话内容时，那就将语速设置成1.25倍速，并逐步增加难度。在练习时，要注意速度不要过快，以免造成发音不清晰、画面失真等问题。

第三，角色扮演法。角色扮演法注重学生的身心参与性，学生通过表演的方式将语法点场景对话呈现出来，不仅能够锻炼学生的语言连贯表达能力，激发学生的学习兴趣，也能让学生模拟场景交际过程，获得完成交际任务的成就感。学生在体验角色的同时，可以内化语法点的结构、意义与功能。以上面动态助词“了”的用法为例，可以让一位学生扮演医生、一位学生扮演病人，让学生体验生病就医的情境，从而让学生切实感受到视觉、听觉的反馈，这符合具身认知理论的教学理念。

第四，配音练习法。在经过了大量的视听输入之后，学生经过大量的心理模拟会产生交际欲望，剪去微课视频中某个人物的对话录音，让学生为视频进行配音，让学生体验与视频中“真人”对话的感觉，这种互动有助于帮助学生在真实的场景中使用语法，进而帮助学生进行有效输出。配音练习法在线上、线下教学均可适用，能够让学生随时随地融入多样化的角色中。

五、结语

语法实景微课的建设和教学应用仍处于探索阶段。微课建设完成之后，我们会将成果应用于国际中文教学实践中，不断探索微课利用途径，并收集教师和学习者的反馈与评价，以进一步改善微课质量。希望中文语法实景数字化系列微课能够成为国际中文教育的优秀教学资源，助力中文走向世界，让世界了解中国。

Padlet 虚拟学习社区的国际中文课程应用与学习者满意度研究*

【摘要】教育技术的蓬勃发展为国际中文教育模式变革带来新思路，探讨如何利用虚拟学习社区赋能国际中文教育发展问题具有重要意义。本篇采用个案法、调查法与访谈法，描述 Padlet 虚拟学习社区课程应用案例，了解来华预科生与教师对 Padlet 虚拟学习社区功能操作、交互情感和效用价值三方面的满意度。结果显示，师生对平台的整体满意度较高，平台的强交互性对学习者的认知水平提升有正向影响，但平台的网络问题会影响学习感受，教师也存在个人精力难以支撑平台长期运营等问题。基于研究结果，本篇在课程建设、教师发展、平台搭建等方面提出建议。

【关键词】虚拟学习社区　Padlet　国际中文教育　课程应用　满意度

2020 年的突发公共卫生事件使教育领域发生巨大变革，全球各地的教学模式从线下转为线上，这给语言教学提出了新的问题：传统的面对面教学模式难以照常运转时，语言教学如何达成其设定目标？

数智时代教育技术的发展给国际中文教育带来重大影响，李宇明指出，语言教学就某种意义而言是“拼资源”“拼技术”的行当，我们必须要顺应 5G 和语言智能时代的要求，顺应全球中文教育智能化的要求，汇聚中文教学资源，集中现代教育技术与装备。① 陆俭明认为，国际中文教育急需加速开发研制、建设灵

* 本研究系教育部中外语言交流合作中心国际中文教育研究课题“基于技术接受模型的中文学习者线上课程学习意愿研究”(项目批准号：21YH23C)、世界汉语教学学会全球中文教育主题学术活动资助计划“国际中文智慧教育背景下学习者线上学习投入实证研究”(项目批准号：SH23Y15)、山东大学 2023 年度教育教学改革研究一般项目“基于虚拟学习社区的汉语通识课程创新案例与实证研究”(项目批准号：2023Y082)的阶段性研究成果。

① 参见李宇明：《新冠疫情对汉语国际教育的影响》，《语言教学与研究》2020 年第 4 期。

便多样、有效的网上/线上汉语国际教育资源①。教育部2022年发布的工作要点中也指出，要加强全球中文学习平台建设。因此，关于在线中文教学平台建设的理论与实践研究有着重要而深远的意义。

虚拟学习社区是推动国际中文教育创新发展的重要手段。本篇着力探讨Padlet虚拟学习社区在国际中文课程中的应用路径，基于对学习者在虚拟学习社区学习实践的观察、对问卷调查结果的统计，以及对一线教师的访谈分析，发掘虚拟学习社区在功能操作、交互情感、效用价值等方面的特点，并在研究发现的基础上对此类网络教学平台的建设与完善提出建议。

一、虚拟学习社区概述

有关虚拟学习社区的定义，不同学者有着不同的界定，但其核心要素大同小异。甘永成认为虚拟社区"是由具有共同兴趣及需要的人们，利用网络传播的特性，通过网上社会互动满足自身需要而构筑的新型的生存与生活空间"，虚拟学习社区则是"基于网络的一种学习环境"②。胡勇、李宇峰将虚拟学习社区定义为"师生基于网络课程平台进行互动学习所形成的社会网络"③。有别于线下学习模式，虚拟学习社区的主要特征在于：主要交流方式是远程通信，师生与生生可以进行同步和异步交流，交互和协作是社区发展的关键因素。

作为一种在线教学工具，虚拟学习社区能够汇聚教学资源，记录教学过程，并有效支持远程教学服务，人们可以通过互联网与有着共同学习需求和学习目标的人共同构建基于网络的学习环境。钉钉、Zoom、腾讯会议、雨课堂等是常用的在线教学工具，它们具有直播、录播、在线讨论、作业上传等功能，能够广泛应用于各类学科教学，并能够运用于国际中文教学。但有些在线教学工具存在国外较难注册、教学资源难留痕、信息传递不够流畅、直播开摄像头造成学生心理紧张等问题。

Padlet是一个能够创造虚拟、可交互的便利贴墙的Web2.0工具，能够支持

---

① 参见陆俭明：《新冠疫情下的汉语国际教育急需采取的两大对策》，《语言教学与研究》2020年第5期。

② 甘永成：《虚拟学习社区中的知识建构和集体智慧研究——以知识管理与e-Learning结合的视角》，华东师范大学博士学位论文，2004年，第16～26页。

③ 胡勇、李宇峰：《虚拟学习社区的内涵及其相关研究概述》，《现代远程教育研究》2012年第3期。

多人实时协作，并为其搭建讨论交流的平台。① 最初，这只是一个大学创业项目，叫作“Whitewall”。顾名思义就是一面白墙，用户可以发挥想象，在上面随意涂画，给予用户充分的自由发挥空间。它介于文档和成熟的网站构建器之间，有着较强的通用性和包容性，且还在向着更加易用的方向改进升级。通过这一在线协作工具，只需要简单的内容上传加拖拽式操作，人们就可以快捷地制作并与他人共享内容。该平台支持的多种语言，使用地域和适用范围较广。它可以用于协同办公、教育教学，也可以用来上传照片、分享音乐等，用于国际中文教学中则可以创建出一个属于班级以及学生个人的“学习记录墙”。所有内容都展现在同一平面上，这就像过去常见的黑板报的传统模式，只是信息技术的发展赋予了它多人协作、墙外分享等丰富多彩的功能和形式多样的特色。多人协作，即教师与学生都可以上传内容到平台上，共同丰富墙面内容，而不再是传统的教师单向输出。形式上，Padlet 支持文字、图片、音频、视频等多种形式展示，很适合作为辅助教学的互动工具。

目前专门针对或适应语言教学与学习的在线平台十分有限，国际中文教育的虚拟学习社区建设尚存在缺口。崔希亮指出，现今的网络教学资源准备不足，共享资源尤其稀缺；虚拟环境的语言教学在投入上显著加大，在效果上明显打折扣②，而 Padlet 的功能特点则与国际中文教育需求有着巧妙的对接，因而本篇选择这一平台进行观察研判。

二、研究设计

本篇采用个案法、调查法与访谈法相结合的研究方法。

2021 年秋季学期对山东大学 5 个中国政府奖学金本科来华预科留学生班级（以下简称“预科班”）使用 Padlet 进行了课程创新实验。研究以预科 1 班听说课应用该平台实践为典型个案，对师生使用情况进行了观察与统计，数据包括栏目设计、内容详情、发布人、发布数量、发布频次等。同时，对比观察了其他 4 个班级汉字与写作课师生使用情况。观察的课程周期为 16 周。

为了解学生的体验感受，研究对所有使用 Padlet 平台的预科生进行了问卷

① 参见李长坤：《基于 Padlet 的探究式教学研究》，《黑龙江畜牧兽医》2017 年第 16 期。

② 参见崔希亮：《后疫情时代的汉语国际教育》，《语言教学与研究》2020 年第 5 期。

调查。调查问卷的设计主要参考蒋豪、薛影、朱东旦《高校虚拟学习社区用户满意度评价:结构维度、量表开发与测度》①一文的研究成果编制了学习社区用户满意度评价问卷。问卷主要包括3个维度:功能操作(GC)、交互情感(JQ)、效用价值(XJ)。其中,功能操作结构维度主要考察用户在社区学习时"操作环境"如何,能否高效进行在线操作,包括操作性、保障性2个分维度;交互情感结构维度主要考察学习者在虚拟学习社区中的人际交流体验,包括交互性、关怀性2个分维度;效用价值结构维度主要考察学习者对其在社区中的学习效果是否满意,或者说社区是否能满足其学习需求,包括丰富性、时效性、有用性3个分维度。问卷采用李克特七度量表打分,数值为1到7,7为最高数值。研究共收到28份有效问卷,被试者来自21个不同的国家和地区。其中,女性占46.4%,男性占53.6%,年龄集中于20～23岁,多是汉语初学者。

为了解教师对Padlet平台的使用感受,研究还访谈了3位教师,包含女性2人,男性1人。他们使用该平台的时间都在6个月及以上,对该平台已经有了较为全面的了解,对平台的功能操作也较为熟悉,能够根据Padlet平台的特点有计划地设计教学,清楚自己希望利用平台的各个功能来实现怎样的教学效果。研究努力与一线教师共同探查应用该平台的问题及其原因,寻找解决办法,以期对国际中文虚拟学习社区的建设提出建议。

三、Padlet虚拟学习社区课程应用案例

(一)Padlet虚拟学习社区的特点

第一,时空不受限。从时间来看,学习者随时都可以登录平台查看、上传或下载内容。从空间来看,任何一个可以连接互联网的学习者都能够登录到平台上参与互动。对于来自不同国家和地区的中文学习者来说,这一优势尤为重要,学习者可以在自己方便的时间登录平台进行学习,而不用担忧时差的问题。

第二,平铺式页面。页面的设计简单直观,学生通过简单的拖拽就可以找到想要了解的版块来学习相应内容。教师可以快速、全面地了解学生的学习状

① 参见蒋豪、薛影、朱东旦:《高校虚拟学习社区用户满意度评价:结构维度、量表开发与测度》,《情报杂志》2016年第9期。

况,如通过观察学生上传内容的时间与频次就可了解学习者的学习质量和积极性。

第三,交互性强。Padlet 平台可增加师生互动,教师可以跟学生进行及时反馈,并能横向对比学生之间的学习成果,也能纵向查看学生一段时期的变化情况。同时,生生互动机会也大大增加,学生之间可互相点赞或评论,并从中取长补短。此外,学生与学习资料及平台之间也有了更多交互,随着学生对平台内容和操作的熟悉,会越发明晰自己对内容和形式的偏好。

第四,知识共享最大化。来自世界各地的、不同语言水平的学习者,都能够在这个平台上分享各种主题和形式的内容,展示自己国家的风景与文化,展现自己的兴趣爱好与技能专长。并且都能够共享学习资源与学习经验,使学习资源的来源达到多元化。每个人都是知识的传播者,也是知识的受益者。

(二)Padlet 虚拟社区建设方案

下面将以预科 1 班听说课为例介绍 Padlet 虚拟学习社区建设情况。该社区共设有 4 个类目:第一类是课程教学相关栏目,主要发布课程资料和学习任务。教师将课程资料整理好后上传至相应栏目,学生下载后进行学习;教师发布学习任务与教师示范,学生根据要求完成学习任务。第二类是与教学内容相关的文化点栏目,主要依据听说教材每课所涉及的文化内容选择文化点,并围绕该文化点通过多样的形式展开介绍。第三类是学习策略类栏目,主要帮助学生养成良好的学习习惯,以便其能更好地进行中文学习。第四类是学生作业栏目,供学生提交课程作业或其他各类作品。教师会在 Padlet 平台上定期发布每周的课件与作业供学生下载学习,助教也会以丰富多样的形式准备好课程中涉及的文化点内容上传至平台。此外,不同班级教师与助教还可以合作共建教学资源库,相同课型的班级之间可以通过 Padlet 共享学习资源。

根据上述建设思路,预科 1 班的 Padlet 墙共设 14 个栏目,按发布人可分为教师(助教)和学生,按发布内容可分为课程教学类、文化类、学习策略类,具体发布内容、数量、频次如表 1 所列。

表 1　Padlet 虚拟学习社区栏目设置

发布人	类目	栏目	具体内容	内容数量	发布频次
教师/助教发布	课程教学类	学习任务	每周五布置作业	22	每次课一次
		课件和课文录音	教师分享上课使用的课件与音频	53	每次课一次
		答疑	Padlet 平台使用方法介绍；教师提出问题，学生在评论区给出答案	8	不定时发布
		教师示范	教师/助教示范作业样本	6	不定时发布
	文化类	欢迎来到山东大学	介绍山大校园、济南、孔子等	11	不定时发布
		中国文化	古诗、饮食文化、传统节日、中西方送礼文化差异、中国人的姓名等	15	每月约 4 次
		当代中国	高铁、网购、手机支付、汉语节目、中国电视剧、中文歌曲、地理、气候、景点、名人等	13	每月约 6 次
		中国的城市	助教发布中国城市介绍	6	一次性发布
	学习策略类	学习小贴士	汉语小知识、学习策略、优秀学生经验分享	19	不定时发布
学生发布	课程教学类	学生个人专栏（每人1栏，共10栏）	学生上传作业	162	视教师布置作业的时间和学生个人习惯而定
	文化类	介绍我的国家/城市	学生介绍自己的国家/城市	6	一次性作业
		我的汉语作品	学生提交读诗的音频	5	
		我的第一首中文歌	学生提交唱歌的音频	6	
		我的第二首中文歌	学生提交唱歌的音频	2	

课程教学类栏目是与听说课的课程内容和技能训练连接最紧密的栏目。“学习任务”栏与“课件和课文录音”栏的内容上传时间规律且及时，稳定性较强，为学生的在线学习提供资源支持，使学生的学习有据可依，有助于增强学生对平台的持续使用意愿，也有利于帮助学生养成良好的学习习惯。而“教师示范”栏的内容数量较少，且每次课程任务是否会发布示范并不固定，不利于学生的学习和用户黏性的维系。“答疑”栏的内容则不定时发布，这是由于预科班学生汉语水平较低，因而在该栏目中学生提问较少，多是教师发问。

学习策略类主要是“学习小贴士”这一栏目。其内容不定时发布，有汉字结构、同音字、多音字、形近字、汉语与英语的区别等语言知识，也有学习方法、学习习惯、学习网站推荐等学习策略的分享，还有往年优秀学生的学习经验分享。

学生个人专栏中，每人都有独属于自己的一栏，以上传作业作品。在一学期的课程中，教师共发布学习任务 22 项，大多数学生都能够完成老师布置的学习任务，并多以文字加音频或视频的形式展示作业，且质量较高。教师与助教老师会在每一项作业的评论中给出鼓励和积极的正向反馈，也会对学生的错误予以纠正。

文化类栏目的内容主要用来补充和丰富课程内容，增强学生的学习兴趣。有教师分享的中国文化，也有学生分享的自己国家的文化。“欢迎来到山东大学”栏目是整面墙中放在最前面的栏目，让学生可以在不能来到中国的情况下了解学校，加强学生对学校的归属感以及对中国文化的认同感，从而在主观情感上促进学习的顺利进行。“中国文化”栏目的内容选择主要依据听说课教材中涉及的中国传统文化，这些文化点往往与听说话题紧密相连。“当代中国”则展现了现代中国的生活图景。“中国的城市”一栏用以回应学生在问题墙所提出的想要了解的中国城市。“介绍我的国家/城市”和最后三栏相当于学生的“作品墙”。在“介绍我的国家/城市”栏中，学生会以图片、视频的方式展示自己国家或城市的风景，同时辅以文字和音频介绍。最后三栏为课程中单次作业的特设栏目。

四、Padlet 虚拟学习社区师生满意度分析

学生对平台各维度的满意度数据如表 2 所列，学习者对 Padlet 整体满意度

较高，均值为5.31，认为Padlet平台是非常好用的在线平台，对学习中文有很大的帮助。其中，学习者对平台操作性、关怀性、丰富性和有用性的满意度较高，对平台交互性的满意度适中，对平台保障性、时效性的满意度则偏低。下面将综合学生对各个维度的具体感受和教师的访谈资料进行分析讨论。

表2　各维度满意度

结构维度		均值
总体满意度		5.31
功能操作维度（GC）	操作性	5.55
	保障性	5.00
交互情感维度（JQ）	交互性	5.44
	关怀性	5.50
效用价值维度（XJ）	丰富性	5.64
	时效性	5.13
	有用性	5.55

（一）功能操作维度

表3　功能操作维度满意度

分维度	题项	均值
操作性	GC1　Padlet界面布局合理、栏目清晰	5.64
	GC2　Padlet操作容易、方便	5.54
	GC3　Padlet提供了必要的操作提示	5.46
保障性	GC4　Padlet网络页面响应速度较快	5.00
	GC5　Padlet在线交流顺畅	5.18
	GC6　Padlet网页链接出错率低	4.71
	GC7　Padlet安全性较高、重视用户个人隐私的保护	5.11

首先，用户对操作性方面整体满意度较高，说明 Padlet 平台具有较强的可操作性，布局与栏目设置能够使学生清晰地看到各项内容，操作提示随处可见，技术门槛低，对于新手或是不熟悉这类在线教学工具的人来说十分友好，有学生指出“Padlet 是个非常便利的网站，我很喜欢”。

其次，保障性方面总体满意度较低，均值低于其他各项维度。尤其在网页链接出错率方面，出现了整个调查中的最低分值。有 18％的同学认为平台存在加载慢、资源下载速度慢、操作难度大等问题，影响了他们的在线学习体验和学习效果。一些同学表示“Padlet 平台很好，但是有些慢”“Padlet 不能很快地下载资源，每当我们要上传作业的时候，上传过程也很慢”“这是学习中文的一个很好用的平台，但是加载时间有点长”。

最后，在功能操作性方面，教师们普遍认为该平台操作并不困难，还有一些线下教学不具备的优势：一，Padlet 的平铺式界面栏目清晰，可以实现线下教学难以实现的“平面的共享”。因为在线下教学中，教师一般只能收获单个学生的、口头的回答，较难得到这种集体的书面输出；二，拖拽式操作使教师能够调整发布内容的顺序，将近期最新的内容或是自己想让学生看到的重要内容拖拽至前列实现“议程设置”，使学生一打开网页就能看到教师想让他看到的重要内容；三，Padlet 上的内容信息可以留痕。在我们惯常使用的直播教学软件中，一旦直播结束，课堂上所讨论的内容则全部消失，难以留存。在微信等社交软件中所发布的消息也极易被大量新信息淹没。Padlet 则可以留存信息，记录教学过程。学生可以复习教师发布的内容，或是查看自己的作业与教师反馈。留痕的特点对学生学习心理与情感也有积极影响作用，尤其是每位同学都有独属于自己的一面墙，更能培养学生对班级、对虚拟学习社区的归属感，激发学生学习的积极性。教师则可以从每一个学生发布的内容中清楚地看到学生语言的发展和进步，“包括他的这种偏误，他自己是不是在这种元认知的指导下对偏误进行了一个修正”，这些都能从学生的作业中反映出来。

但是在线平台难免会在网络方面出现一些问题，比如教师给学生反馈过后评论又不见了，或是数据传输有延迟等。部分学生在网络方面的困难较为凸显，有些国家的网络不是很发达，甚至有的国家连供电都成问题。“比如说东南亚的柬埔寨、老挝这些国家，他们经常停电，一停电他就上不了课了，没有网了”。还有许多越南班上的同学反映无法打开平台。“现在虽然已经有了一些虚拟学习平台，但是有的不适合国际中文教育，因为有的国家无法注册。”网络问题我们难以改善，仍需各地区进行网络基础建设以及平台技术的维护与提升，正如一位教师在访谈中所说："我们能改变的只有自身和教学。"

（二）交互情感维度

互动是虚拟学习社区运行的重要手段，也是在线教育的核心主题。宋慧玲等从生态学习观的视角下验证了感知交互性对用户满意度总效应最大。① 本次调查结果发现，交互情感维度方面学生整体满意度较高，这显示出 Padlet 是促进在线交互发生并能获得良好交互效果的有用工具。

表 4　交互情感维度满意度

分维度	题项	均值
互动性	JQ1　Padlet 能通过各种方式参与学习和讨论过程中	5.64
	JQ2　Padlet 可以与想法相似的学习者进行交流并建立良好关系	5.45
	JQ3　Padlet 用户间交流便利	5.57
关怀性	JQ4　Padlet 关注用户的个性化需求	5.43
	JQ5　Padlet 遇到困难时可以及时得到老师的帮助	5.43
	JQ6　Padlet 页面设计美观、色彩协调	5.64

在互动性方面，大多数学生认为自己能够通过各种方式参与学习和讨论过程。信息都展示在墙面上，学生可以方便快捷地了解他人的想法，从而与其他学习者进行交流并建立良好关系。评论区可以自由评论，因而也能与其他同学自由交流。学生遇到困难时也可以在相应的栏目提出自己的问题，无论是学生提交的作业还是提出的问题，教师与助教老师都会一一给出反馈与帮助。学生评价说，"我们可以上传作业，老师都会纠正并告诉我们哪里出了错"。

在关怀性方面，平台自身的特点与教师的付出都对学生的体验感起到了重要作用。平台能够关注到用户的个性化需求，且平台页面设计美观、色彩协调，在一定程度上也提升了学生的学习体验。教师精心设计的内容也减少了与学生之间的距离感，有学生提到，"Padlet 对我们来说是一个很好的额外学习资

① 参见宋慧玲、帅传敏、李文静：《生态学习观视角下虚拟学习社区用户满意度模型构建与验证》，《中国电化教育》2019 年第 12 期。

源，因为它不仅可以让我们更新自己的作业，还可以让我们在不能亲自到中国的情况下学习和体验中国”。

在交互情感性方面，教师们对 Padlet 的优劣持有不同的看法。教师们认为该平台具有提升交互效果、加强师生与生生情感的优势，但在实时交流的有效性方面仍有不足。

有的教师认为通过该平台加强了对学生的了解，尤其是对学生课后学习状态的了解。在虚拟学习社区以外，教师难以追踪学生在课后的学习情况，也不知道学生之间是否有交流，而通过该平台上学生自己发布学习内容以及学生和学生之间在虚拟学习社区中的互动，教师能够更多地了解到学生。除师生间的互动外，有教师认为 Padlet 的优势还在于加强了生生间的互动。Padlet 是一个开放的平台，如同各类社交网站，社区中的成员都有权利在网站上发布自己的观点看法，也可以评论他人发布的内容。所以在班级平台上，学生们都可以查看其他同学的内容，“我看到我的同学做了一份很好的东西，我很感兴趣，所以我也可以在下面给他评论。”

有的教师则认为由于该平台在实时交互的便捷性方面仍有不足。平台上的留言与反馈时效性弱，不能像电话、微信等工具一样及时传达信息，因此与学生之间的交流并不是那样方便，仅将该平台作为师生与生生共享教学资源的平台是可以的。对此，有教师提出平台可以增加邮件提醒功能，将学习平台与教师邮箱关联起来，使教师能第一时间看到学生的提问并给予反馈。还有教师提出平台可以参照直播教学中一些特殊音效、鼓掌、送花、送金币等设计，增强交互效果，激发学生学习的积极性。我们有时可能会因为学生的年龄而避免使用一些稍显“幼稚”的激励方式，但实际上有时学生也需要一些这样简单活泼的鼓励。

(三)效用价值维度

效用价值维度方面既有学生满意度极高的题项，也有学生满意度极低的题项，如表 5 所列。

表 5　效用价值维度满意度

分维度	题项	均值
丰富性	XJ1　Padlet 提供的服务功能较为丰富,能满足我的学习需求	5.71
	XJ2　Padlet 能提供各种类型的学习资源,内容充实	5.57
时效性	XJ3　Padlet 资源更新及时	5.29
	XJ4　Padlet 能迅速获取/下载资源,流程快捷	4.96
有用性	XJ5　Padlet 社区的服务功能对我很有帮助	5.39
	XJ6　利用 Padlet 学习效果明显,知识水平显著提升	5.11
	XJ7　Padlet 可以激发我对某方面知识的兴趣并进行探索	5.89
	XJ8　Padlet 内容真实,信息准确,来源可靠	5.82

在丰富性方面,平台提交内容的形式丰富多样,有 21%的学生反映喜欢以视频、音频等提交作业的形式,这对他们听说能力的提升有很大帮助。如有的同学反馈,“我喜欢用 Padlet 交作业和看关于中文学习的视频”“自从在课堂上使用了 Padlet 后,我变得更加热衷于上课,尤其是交作业。我觉得使用 Padlet 增强了我对完成作业和其他任务的兴趣”。平台提供的服务功能也较为丰富,大多数学生认为可以满足他们的学习需求。学生反映他们喜欢形式多样的教学内容和学习成果提交方式,这说明尽管平台不能给出实时的智能的回应,老师也无法 24 小时在线解答问题,但学生在熟悉平台的各项功能操作后,也能够实现对学习进行有效管理。

在时效性方面,学生的满意度低于平均水平。一是因为平台资源更新的时间和频次问题,部分内容如学习任务、课件资源等做到了定时发布,但还有一些学生感兴趣的学习策略或是对学生有较大指导意义的教师示范等内容并非定时更新,这影响对学生的需求满足和持续吸引力;二是资源下载快捷度问题也极大影响着学生的学习体验。

在有用性方面,同时出现了学生满意度较高和较低的题项。大多数学生认为 Padlet 可以激发其对某方面知识的兴趣并进行探索,认为其内容真实、信息准确、来源可靠。但在学习效果和知识水平提升方面,学生打分略低,这体现出学生学习的获得感、成就感还不够高。这一方面受到了学生水平的影响,在刚开始接触中文的初级阶段,学习难度是较大的;另一方面受课型的影响,案例中的听说课偏向于技能训练，学生听说能力的提升需要依靠长久的训练和积累，难以在短时间内看到突飞猛进的变化。

在效用价值性方面，教师们认为使用 Padlet 能够较好地辅助在线国际中文教育，但教学效果也受限于学生水平、教师队伍等因素。

Padlet 不同于普遍的直播教学平台，师生与生生之间的互动多为异时异步的互动。教师多将 Padlet 作为直播教学之外的辅助工具，同时使用多个平台进行教学，如一位教师提到，“在教学设计时就要考虑好它跟你的直播课怎样从组合到结合，再从结合到融合”“将直播实时的互动与异时异步的互动结合起来，才会建立起一个比较完整的教学生态区。”因此，教师不会将所有的教学效果都寄托于这一个平台，对该平台的功能要求也不会太过复杂，Padlet 现有的功能能够满足其教学需求。

教师反映在使用该平台后，教学更加方便了。一方面体现在教学资源的共享上，“很多资源可以通过复制直接转发，不用重新编辑”；另一方面体现在与学生的反馈互动上，以收集作业这一工作为例，以往若是学生单独将作业发给教师，教师需要一个个收集并下载学生作业，然后进行整理，若要给学生反馈也需要一个个去发消息，工作量很庞杂。“但是我如果使用 Padlet 的话，他直接写在上面就可以了，不用把这个信息专门单独发给我，我不用再去收集。然后我给他们的反馈，他们直接就可以看到，我也不用再一一发给他们，所以从作业反馈的角度来讲，它减少了很多的工作量”。

有教师提出在线互动教学是否达成教学目标与学生水平有关系。交互是双方或多方共同作用才能发生的行为，除了教师方面做出的努力外，还需要学生的配合才能达成良好的互动效果。例如，零起点班的学生汉语水平有限，常用英语反馈，学习的内容比较简单，互动方式也较为单一。如果学生水平高一些，教师就能有更多办法让他们互动起来，如让学生按学号依次点评下一个同学发布的内容或作业等。想要实现这样的互动，学生的语言水平是基础条件。

此外，学习资源共享平台的便利背后是极高的时间管理成本，教师需要投入大量时间和精力打磨、检验与上传学习资源，还需要给学生的作业逐个予以反馈，工作量较大，单凭一位主讲老师的力量很难长期维持下去。即便能维持下来，其投入的成本与教学效果是否成正比也难以确定。在问到实际教学结果与预想有无出入时，就有教师提到“想的比做的更多一些，个人的力量和时间精力有限，所以还是有遗憾”。教师们期望能够打造教学团队，同更多志同道合的教师一起共建教学资源体系，使教学资源更具科学性与系统性。教师团队共同打造教学资源，既能节省时间精力，让教师个人力量得到充分有效的发挥，又能打造出可以反复利用的教学资源，形成良性循环。

五、发展建议

基于个案观察、调查数据统计、访谈资料分析，本篇对 Padlet 虚拟学习社区如何应用于国际中文课程进行了较为充分的介绍，并对学习者满意度和教师感受有了比较具体的探讨。基于研究发现，我们提出以下建议。

（一）课程建设层面

1.转变教学理念，开展生成式教学

本篇调查显示，教师不同的教学理念影响其上传内容的质量与更新的频率。与线下面对面授课相比，Padlet 这类虚拟学习社区的在线异步互动给学生带来的压力和紧张感大大减小，空间上的分散使教学过程对学生自觉、自主学习的能力要求大大提高。基于此，教师应当转变教学理念与教学方式，从传统的传授式教学转变为生成式教学，即教师在课堂教学中不是照本宣科地按照预先设定的思路进行教学，而是根据课堂互动情况因势利导，实时调整教学思路和教学行为，营造开放、动态、灵活的课堂氛围，使学生在获取知识的同时，获得学习经验与情感体验。教师要从过去的课堂主导者转变为引导者，突出学生的主体性，引导学生自主完成知识的学习与建构。

2.设计更有效的在线学习内容

生成式教学要求教师设计更有效的在线学习内容。生成教学的内容要是学生需要和感兴趣的事物，具有动态性、开放性与灵活性，而不局限于课本上静止的文本资料。[①] 教师可以设计一些语言游戏，融入控制、实践与教师反馈，通过趣味积分等形式，提高学生参与互动学习的主动性和积极性。教师要注意不能让教学设计流于表面、流于形式，而要据此发现学生的爱好倾向，有意识地深入挖掘其中的中国文化元素，以吸引学生积极参与互动，提高学习者对中华文化的兴趣。在做教学示范时，可以多邀请一些本专业的本科生或研究生参与进

---

① 参见林天伦：《论生成教学的特征、原则与实施》，《教育研究》2010 年第 6 期。

来，集思广益，让示范更加多样化，也让中文学习者看到更多的知识呈现方式，加深对知识的理解。这既增加了本专业学生的实践经验，从长远看也为本专业的发展培养了后备师资。

3.组建教师团队，协作经营平台

访谈发现，教师在平台经营中存在力不从心的问题。在线班级平台的建设与维护需要教师团队协作，如同线下集体教研备课一样，要群策群力共同打造线上教学资源。这样既能减轻教师压力，提高教学效率，也能丰富在线教学资源库，使资源得到可持续、可循环的利用。一方面，需要国家与相关的语言教学类院校与机构给予大力支持，组建教师团队，打造系统的、可持续循环利用的国际中文教育资源库。还需要制定更加完备与科学的教师评价体系与激励政策，提高教师教学成果在评价体系中的地位；另一方面，需要教师顺应时代潮流，提升线上教学能力，积极参与在线教学资源构建，贡献个人智慧。要牢记一名中文教师的初心与目标，愿意为教学花心思、下功夫，让教学落到实处，不能图轻松，只做表面功夫。

（二）教师发展层面

1.营造良好的学习氛围

教师不仅需要注重教学内容的设计，还需要注重营造良好的学习氛围。教师可以通过定期组织线上班级活动的方式来增强班级凝聚力，这更有利于学习者在社区中积极分享与交流，不断丰富自己的知识体系，从而获得对汉语和中华文化更深层次的认知。教师还可以结合课文内容设计交流话题，根据学生的不同学习阶段和汉语水平设置不同难度和深度的话题，开设“辩论接力墙”“话题分享墙”等，让学生尽量用中文来回答，分享自己国家的文化，这有助于促进学习者适应线上学习、积极利用虚拟学习社区，积极影响其对中国的情感、态度和价值观，从而培养知华懂华的中文学习者和未来本土教师。

2.加强生生互动，巧用鼓励激励

加强小组合作学习，成员之间互帮互助，既能提升学习效率，也能加强学生之间的凝聚力和对班级与社区的归属感。教师可以利用好小组专栏和优秀作品展示栏等，设立积分制或其他奖励制度来鼓励学生积极参与小组合作，如课堂上的表扬、优秀作品展示、在最后学期评价中加分等。学生通过小组合作获得更多不同角度的观点与知识，形成更加高质量的内容输出，并得到教师的正向反馈，这有利于形成生生合作与教师激励的良性循环，对提高学生获得感和成就感也大有裨益。

3.了解学生需求，个性化设计教学

根据国家国际传播的政策导向和相关要求，我们要“采用贴近不同区域、不同国家、不同群体受众的精准传播方式，推进中国故事和中国声音的全球化表达、区域化表达、分众化表达，增强国际传播的亲和力和实效性”①。从学习者的工作、求学、交友、文化等方面的需求出发，进行个性化教学内容的设计，既要考虑内容是否能吸引学生，也要考虑是否能满足其诸方面的需求、对其产生实质性帮助。教师要尽可能照顾到班级内不同国家学生的情况，一方面要尊重和理解他国文化，并在此基础上适当借鉴和融入他国文化元素，向学生展示汉语与中华文化兼容并包的宽容性与亲和力；另一方面要及时追踪学生的学习状况，可以针对不同水平的学生分梯度布置学习任务，允许学生自由选择，打消学生的畏难情绪，让每个学生都能在汉语学习中找到自信。

（三）平台建设层面

1.技术改进

信息技术的发展为学习者提供时空不受限、富于交互、形式多样的虚拟学习环境，但由于服务器在境外，链接有时并不顺畅，偶有无法链接的风险。通过学习者反馈的操作卡顿与延迟问题可知，尽管互联网与信息技术正在高速发展，但平台还需在流畅度与稳定性方面追求更高的水准。此外，平台现在已经能够提供多种文件下载的服务，如果在联网时能够自动云更新与缓存学习资料，那么不联网时也可以查看平台内容，这便于网络不稳定的同学拥有稳定的学习资源。

2.功能扩展

在线课堂互动和课下作业提交等不断丰富着平台上的内容，教师可以利用这一点追踪学生的学习过程。但目前平台缺乏自动统计与分析功能，只能通过人工对内容和数据进行逐项统计与分析。平台内容不断丰富的同时，统计的工作量与难度也有所增加。因此，平台需要增加数据导出与统计功能，便于教师对教学数据进行统计分析。

① 中共中央宣传部编：《习近平文化思想学习纲要》，学习出版社、人民出版社2024年版，第99页。

3.平台推广

如今 Padlet 平台在使用人数与范围方面与其他在线平台相比并不具有优势。在平台推广方面,还需要一线教师和平台的共同努力,通过多种途径让更多人了解这一平台的独特优势,扩大使用范围,广泛收集反馈并改进,促进在线交互平台的完善与国际中文在线教育的发展。

突发公共卫生事件给国际中文教育提出了新的研究课题。我们应当拓展网络教学空间,挖掘网络教学的潜力,完善云教学平台的建设。同时,需集合一线教师、专业学者与研究人员、网络开发商和国家国际传播与教育相关部门等多方力量,在全球范围内广泛开展国际交流与合作,共建共享教学资源,推进国别和区域研究,共同促进国际中文教育的发展。

本篇研究还有进一步完善的空间。受疫情影响,本次调查样本数量较小,且学生汉语水平较为单一。基于汉语学习需求不断扩大的实际情况,今后可以考虑扩大调研范围,调查更多地市与高校不同水平的中文学习者,进一步提高研究结果的可信度和普适性,从而为平台建设提出更具针对性的建议,提升虚拟学习社区的个性化服务水平,满足更多中文学习者的需求,促进新媒体环境下国际中文教育的创新性发展。